专业运动员科学选材

主　编　屈金亭　王刘强
副主编　户向明　唐洪渊
编　委　袁　林　苏　丽　孙雅琴
　　　　赵孟可　高巧英　胡　斌
　　　　范国领　陈玉霞

·郑州·

图书在版编目(CIP)数据

专业运动员科学选材/屈金亭，王刘强主编. -- 郑州：河南大学出版社，2023.12

ISBN 978-7-5649-5724-7

Ⅰ.①专… Ⅱ.①屈…②王… Ⅲ.①选拔运动员 Ⅳ.①G808.18

中国国家版本馆 CIP 数据核字(2023)第 248464 号

专业运动员科学选材
ZHUANYE YUNDONGYUAN KEXUE XUANCAI

责任编辑　阮林要
责任校对　郑华峰
装帧设计　高枫叶

出版发行　河南大学出版社
　　　　　地址：郑州市郑东新区商务外环中华大厦 2401 号
　　　　　邮编：450046
　　　　　电话：0371-86059715(高等教育与职业教育出版分社)
　　　　　　　　0371-86059701(营销部)
　　　　　网址：hupress.henu.edu.cn
排　　版　郑州市今日文教印制有限公司
印　　刷　郑州市今日文教印制有限公司
版　　次　2023 年 12 月第 1 版
印　　次　2023 年 12 月第 1 次印刷
开　　本　787 mm×1092 mm　1/16
印　　张　16.5
字　　数　361 千字
定　　价　56.00 元

(本书如有印装质量问题，请与河南大学出版社营销部联系调换。)

前　言

当今世界竞技体育运动水平发展之快、世界记录或项目发展的水平之高既令人振奋、惊叹，又令人有遥不可及之感。日趋紧张、激烈的竞技运动，要求运动员具备极高的运动素质与运动天赋，在此基础上经过科学合理、坚忍不拔的刻苦训练，才有可能与世界强手一争高低，称雄于世界体坛，为国争光。

袁伟民曾经提出：科学选材、科学训练、科学管理已成为制约竞技体育水平提高的三大重要因素。实践证明，只有那些具有运动天赋的运动员，才能攀登到世界的顶峰。运动员科学选材是当前体育强国攀登世界体育高峰的一个重要战略措施，也是我国体育运动赶超世界先进水平迫切需要解决的重要问题之一。源源不断地发现和选拔体育后备人才是竞技体育可持续发展之本，也是运动员选材育才这一学科的根本任务。

培养一名世界水平的运动员需要很大的人力、物力和财力，传统的选材方法，片面性大，盲目性强，经验性多，淘汰率高。易造成人力、物力、财力以及时间上的极大浪费，不适应形式发展的需要，研究和探索科学的选材方法，可以大大提高成才率，降低淘汰率，也是体育运动通向世界先进水平的一条行之有效的捷径。

随着当代竞技体育运动的迅猛发展，世界各体育强国都对运动员科学选材工作非常重视。世界各国已经充分认识到运动员科学选材工作的重要性。要赶超世界体育先进水平，选好运动员就等于成功了一半。

运动员科学选材借助于众多的学科作为自己的科学基础。它不仅涉及自然科学多方面的知识，而且应用生物科学、社会科学诸方面的理论；它不仅应用现代科学最先进的仪器设备进行多种测试评价，而且需要进行科学的统计和预测。运动员科学选材不仅要研究多学科的测评方法，而且要研究多学科测评方法的综合运用以及达到高运动水平远景目标的确定过程，它通过一整套组织和方法措施系统，揭示科学选材在某一或某些运动项目中的独特功能。

河南省体育科学研究所从1987年初就建立了运动员科学选材课题组，制定了河南省田径、自行车、足球、篮球、排球、射击等六个项目的科学选材标准，并在1989年起全省推广试行。经过试行情况进行了修订和完善，在1991年全省正式实行。

近年来，国家有关部门提出了要实现从体育大国迈向体育强国的远大目标，这一目标的核心是"三大球"的振兴。为此，国家体育总局提出并部署了"三大球"战略，且足球项目的发展已经列入国家体育振兴战略。河南省作为人口大省，体育后备人才潜力巨大，为配合国家战略，我们有必要根据发展需要，在2014年推广的河南省运动员科学选材标准基础上,对这一标准进一步进行修订和完善,为此,河南省体育科学研究所成立了由所领导为组长的课题组,结合现今科学选材的研究进展对此标准进行修订、完善和补充。由于本标准还没有经过大规模的试行,处于探索和尝试阶段,再加上编者水平有限,时间紧促,书中的不足在所难免,不妥之处,请批评指正,并提出宝贵的修改意见。

在本书编写的过程中,我们引用和参考了很多科研工作者的科研成果、经典理论,以及最新的相关参考书,为了尊重他们的研究成果,在本书中尽量予以注明,在此谨向所有被引用文献的原作者表示诚挚的感谢!对因种种原因可能遗漏标注的原作者,表示深深的歉意。

编　者

目　录

第一篇　理论篇

1 运动员科学选材概述 …………………………………………………………（003）
　1.1 运动员科学选材的概念和研究内容 ……………………………………（003）
　1.2 运动员科学选材的概况和意义 …………………………………………（005）
　1.3 科学选材的组织与管理 …………………………………………………（008）
2 遗传与科学选材 ………………………………………………………………（013）
　2.1 竞技能力遗传的物质基础 ………………………………………………（013）
　2.2 竞技能力遗传的基本规律 ………………………………………………（014）
　2.3 竞技能力的变异 …………………………………………………………（016）
　2.4 运动能力的遗传度 ………………………………………………………（016）
3 皮纹与科学选材 ………………………………………………………………（020）
　3.1 皮纹 ………………………………………………………………………（020）
　3.2 皮纹研究的发展 …………………………………………………………（021）
　3.3 皮纹选材的理论基础 ……………………………………………………（023）
　3.4 皮纹与竞技体育 …………………………………………………………（026）
　3.5 皮纹综合评价 ……………………………………………………………（032）
　3.6 皮纹选材的应用方法 ……………………………………………………（037）
4 基因选材 ………………………………………………………………………（041）
　4.1 基因选材的背景 …………………………………………………………（041）
　4.2 基因与基因选材 …………………………………………………………（041）
　4.3 基因选材研究现状 ………………………………………………………（042）
　4.4 基因选材所关注的指标 …………………………………………………（042）
　4.5 基因选材所关注的基因 …………………………………………………（043）
　4.6 基因选材的操作 …………………………………………………………（044）
　4.7 正确认识基因选材 ………………………………………………………（045）
5 年龄选材方法 …………………………………………………………………（047）
　5.1 人体生长发育的年龄特征 ………………………………………………（047）
　5.2 选材年龄 …………………………………………………………………（054）
　5.3 青少年生长发育程度及其鉴别方法概述 ………………………………（056）

6 形态选材 (067)
6.1 形态选材与指标测试意义 (067)
6.2 常用形态选材指标 (068)

7 身体素质选材 (084)
7.1 力量素质测试指标与方法 (084)
7.2 速度素质测试指标与方法 (089)
7.3 耐力素质测试指标与方法 (090)
7.4 灵敏素质测试指标与方法 (091)
7.5 柔韧素质测试指标与方法 (093)

8 生理生化选材 (096)
8.1 血清睾酮 (096)
8.2 血红蛋白 (098)
8.3 尿素氮 (099)
8.4 血清肌酸激酶 (099)
8.5 血乳酸 (100)

9 生理机能选材 (102)
9.1 不同运动项群对生理机能的基本要求 (102)
9.2 选材中常用生理指标的评定方法 (103)

10 心理选材 (125)
10.1 心理选材现状 (125)
10.2 心理选材的遗传基础 (126)
10.3 心理选材的年龄因素 (126)
10.4 心理选材的连续性 (126)
10.5 心理学及常用心理选材指标 (126)

第二篇 实践篇

11 短跑运动科学选材 (133)
11.1 选材的基本要求 (133)
11.2 选材的指标体系 (133)
11.3 选材指标的测量方法及意义 (134)
11.4 选材评价使用说明 (137)
11.5 指标类别权重和各指标权重分配表 (137)

12 中长跑运动科学选材 (139)
12.1 选材的基本要求 (139)
12.2 选材指标 (139)
12.3 选材指标的测量方法及意义 (140)
12.4 选材评价使用说明 (144)

12.5　指标类别权重和各指标权重分配表 …………………………………………（145）
13　赛艇运动项目科学选材 ……………………………………………………………（146）
　　13.1　国外赛艇选材理论 …………………………………………………………（146）
　　13.2　选材的基本要求 ……………………………………………………………（147）
　　13.3　选材指标 ……………………………………………………………………（147）
　　13.4　选材指标的测量方法及意义 ………………………………………………（149）
　　13.5　选材评价说明 ………………………………………………………………（156）
　　13.6　赛艇运动员的中级选材指标 ………………………………………………（158）
14　皮划艇运动项目科学选材 …………………………………………………………（160）
　　14.1　选材的指标 …………………………………………………………………（160）
　　14.2　选材指标的测试方法及意义 ………………………………………………（161）
　　14.3　选材评价使用说明 …………………………………………………………（166）
　　14.4　指标类别权重和各指标权重分配表 ………………………………………（167）
　　14.5　皮划艇项目选材标准 ………………………………………………………（170）
15　自行车运动项目科学选材 …………………………………………………………（174）
　　15.1　选材的基本要求 ……………………………………………………………（175）
　　15.2　选材的指标 …………………………………………………………………（176）
　　15.3　选材指标的测试方法及意义 ………………………………………………（176）
　　15.4　选材评价使用说明 …………………………………………………………（181）
　　15.5　指标类别权重和各指标权重分配表 ………………………………………（182）
16　武术散打运动项目科学选材 ………………………………………………………（183）
　　16.1　选材基本要求 ………………………………………………………………（183）
　　16.2　选材的指标 …………………………………………………………………（183）
　　16.3　选材指标的测试方法及意义 ………………………………………………（184）
　　16.4　选材评价说明 ………………………………………………………………（189）
　　16.5　评分 …………………………………………………………………………（190）
　　16.6　指标类别权重和各指标权重分配表 ………………………………………（190）
17　射击射箭项目科学选材 ……………………………………………………………（192）
　　17.1　步枪射击运动项目科学选材 ………………………………………………（192）
　　17.2　飞碟射击运动项目科学选材 ………………………………………………（198）
　　17.3　射箭运动项目科学选材 ……………………………………………………（205）
　　17.4　手枪射击运动项目科学选材 ………………………………………………（212）
18　游泳运动项目科学选材 ……………………………………………………………（218）
　　18.1　游泳项目特征 ………………………………………………………………（218）
　　18.2　游泳选材阶段划分 …………………………………………………………（219）
　　18.3　游泳选材的指标 ……………………………………………………………（219）

18.4 游泳选材指标的测试方法和意义 …………………………………… (222)
19 跆拳道选材 ………………………………………………………………… (229)
　　19.1 身体形态 ……………………………………………………………… (229)
　　19.2 身体机能 ……………………………………………………………… (231)
　　19.3 身体素质 ……………………………………………………………… (232)
　　19.4 心理素质 ……………………………………………………………… (234)
　　19.5 运动技能(技战术) …………………………………………………… (236)
　　19.6 智能选材 ……………………………………………………………… (237)
20 篮球、足球、排球选材标准 ……………………………………………… (239)
　　20.1 篮球项目选材 ………………………………………………………… (239)
　　20.2 足球项目选材 ………………………………………………………… (245)
　　20.3 排球项目选材 ………………………………………………………… (249)
参考文献 ……………………………………………………………………… (254)

第一篇 理论篇

1 运动员科学选材概述

1.1 运动员科学选材的概念和研究内容

1.1.1 运动员科学选材的概念

选材,顾名思义就是选择合适需要的人才,进一步说就是选择有某方面能力的超人。乌尔布利希博指出,科学选材就是将那些先天条件优越的、适合于某种体育项目的人才从小就选拔出来,进行有目的的培养;乌尔莫教授认为,选材是直接或间接地将应选者的天才因素测出来,并根据现有测定结果分析预测其将来竞技能力。运动员选材是把先天条件优越,适合从事某项运动的人才从小选拔出来,进行系统的、有目的的培养,以便取得优异的运动成绩。

运动员选材包括两个方面:一是测评,二是定向。前者是指运用现代科学技术和方法将适龄者的形态、生理、生化、心理、遗传等方面的特征测量出来;后者是指根据测评结果与专项特点预测未来的竞技能力。不同的竞技项目对运动员的竞技能力有着不同的特定要求。运动员本身竞技能力的特点又决定着他最适宜从事的运动项目。因此,选择最适宜的选手,接受特定项目的训练,会收到事半功倍的效果。

科学选材是指根据不同运动项目的特点和要求,运用现代科学理论、方法和手段,客观地测定人体的某些数据和指标,全面综合评价,以此预测其未来的竞技能力。实践证明,单纯依靠教练员经验选材的办法,由于没有运用科学方法进行测试和预测,缺乏科学性,容易造成主观片面性,并带有一定的盲目性和偶然性,可信度低,定向培养的目标不准,误选和漏选相当多,成才率低,淘汰率高,浪费了大量的人力、物力和时间。科学选材关系到遗传学、形态学、生理学、统计学、训练学等多种学科的领域。随着科学的日益发展,训练方法得更加客观和科学化,要创造优异的运动成绩,科学的选材就是成功的一半。

运动员科学选材包括以下几个要点。

(1) 运动员科学选材是要从成千上万的儿童、少年乃至青年中选出那些在先天和后天条件特别优秀的人,其中,早期选材是以先天条件为主,而优秀运动员选材是在先天与后天条件均优秀的情况下,以先天条件为主。

(2) 运动员科学选材是一个科学决策过程,因而它是建立在对选材对象未来最高运动能力的科学预测基础上的,可以说没有预测就没有选材。

(3)运动员科学选材是根据专项的需要而进行的。

(4)运动员科学选材是建立在对选材对象各种指标精确的测试与评定基础上的。

综上所述,我们把运动员科学选材定义为是指根据各个运动项目的特点,以科学的测试和预测方法,从众多的少年儿童和运动员后备力量中,准确地选拔出那些在先天和后天条件方面均较优越的运动人才。

1.1.2 运动员科学选材的研究内容

对于每个运动项目来说,科学选材都起着至关重要的作用,各个国家都十分重视对青少年运动员的科学选材,以便尽早发现好的运动苗子,为国家培养优秀的运动人才。早期科学选材是青少年训练工作的重点,也是高水平的科学训练的基础,是运动训练系统中的重要组成部分。多年的实践证明:优秀运动员的成才,必然是在科学选材的基础上,进行科学训练的结果。

"选材"是指根据一定的条件挑选合适的人才。运动员科学选材是发现和培养优秀后备人才的一项系统工程。"千里之行,始于足下,"就是运动员科学选材的主要本质。从不同的角度,依据不同的因素,科学选材的研究内容也不同。

遗传选材:通过对构成运动能力与遗传关系的研究,对被选运动员的直系或旁系亲属的运动史进行了解与分析,从而评定运动员在某一方面的运动能力(如家族、遗传力、皮纹等)。

年龄选材:通过对人体生长发育的年龄特征、少儿发育程度的鉴别以及各运动项目的适宜选材年龄的确定进行运动选材(如生长发育特征、骨龄、齿龄等)。

形态选材:根据运动员的体型或未来体型的发展趋势,对其进行测量和评价的选材(如体型及未来体型发展趋势、体型测量、体型预测、身高体宽预测、体型评估等)。

素质选材:通过对运动员身体素质的测评来确定运动员是否具有某一专项运动潜力(如握力、背肌力、腿力、曲臂悬垂、引体向上、俯卧撑、仰卧起坐、纵跳、跳远、不同距离跑、体后曲等)。

机能选材:通过对运动员生理机能的测评选拔运动员(心血管系统机能测试:60米跑心功指数、30秒三次蹲起机能测试、哈佛台阶试验、联合机能实验;呼吸系统机能:肺活量测定、五次肺活量测定、最大摄氧量测定、氧债测定)。

生化选材:通过对运动员生化指标测定来评选后备人才(如血乳酸、无氧阈、血红蛋白、磷酸肌酸等)。

心理选材:根据运动现代心理学理论,从心理素质选拔运动后备人才(运动心理能力:注意力、记忆力、运动知觉、反应时、运动表象、运动思维;个性心理特征:性格、气质、神经类型、兴趣、能力、意志品质)。

在实际工作中,为了精选人才,选对人才,常常把以上选材综合使用,将生长发育状况及身体形态指标、身体素质、专项运动技能、生理生化指标、心理条件、遗传因素、承受运动负荷的能力等指标统筹考虑。

1.2 运动员科学选材的概况和意义

1.2.1 运动员选材研究发展情况

运动员选材,是竞技体育的重要组成部分。运动员选材随竞技体育运动的产生而产生,亦随竞技体育运动的发展而发展。回顾历史,运动员选材大致经历了以下几个阶段。

(1) 自然选材阶段(从古奥林匹克至20世纪20年代)。在这个阶段中,人们对选材的认识是模糊的,方法是原始的、简单的,成绩是选拔的唯一标准。

(2) 经验选材阶段(20世纪30年代至50年代)。由于国际竞技体育水平的不断提高,新技术的不断出现,训练理论和方法的发展,教练员们在总结训练经验时,开始注意选材的问题及大胆地尝试了运动员定向培养,并开始考虑预测问题。

(3) 综合选材阶段(20世纪60年代至今)。由于竞技体育和体育科学的高度发展,运动训练学的诞生促进了选材的科学化,现代科学技术的发展及其所取得的成果为选材的科学化提供了一定的理论依据和研究方法,但是科学化程度仍然不高,还必须在多学科研究的基础上结合经验进行综合选材研究。

1.2.2 国外运动员选材情况

世界各国,特别是运动水平领先的国家,都将选材工作作为科研的重点。国外对运动员选材问题的研究,已达到一定的广度和深度,涉及生理学、心理学、遗传学、生物力学及运动训练学等多种学科,并建立了许多运动员科学选材测试中心和一系列选材输送系统。德国注重多学科综合研究指导科学选材,形成了一套由医生、科研专家、教练员与运动员四结合的独特的选材方法。其选材成功之路是:中小学时期,在广泛开展体育活动的基础上寻找那些运动能力强的儿童,之后再由各俱乐部学校进行筛选,由教练员把关,医生负责孩子身体的全面检查,心理学家进行各种测试和教育,生物力学专家对孩子身体各关节的比例进行测试,然后再观察1~2年,最后确定人选和定向,并进行诱导加工;罗马尼亚把运动员选材列为全国重点研究课题。每年一、二、三线教练员与科研人员一起对12岁以下的少儿进行选材,并已有一整套有关科学选材的制度;苏联仅体操选材的论文就有100多篇,并建立了选材体系,在运动队人才来源方面得到了保障。

1.2.3 我国运动员选材情况

我国科学选材的专门研究工作,是20世纪70年代以后才开始的。1974年上海体育科学研究所对业余体校运动员进行多年追踪观察,探索了少年运动员青春发育期的身高、第二性征等方面的变化规律,开始了我国少年运动员科学选材的研究。我国有组织、有领导地开展运动员科学选材,开始于1980年。20世纪80年代初是我国体操运动员科学选材研究的第一个高潮。1980年7月,国家体育运动委员会(今国家体育总局)在秦皇岛召开了"全国业余体校选材座谈会",国家科学技术委员会将"优秀青少年运动员科学选材研究"作为国家课题列入计划,组织当时的国家体育科学研究所,上海、广东、辽宁体育科学研究所,甘肃体委科研室,北京、上海、武汉体育学院共8个单位,承担该课题的研究任务,主要从运动员身体形态、运动素质、机能、心理、遗传等方面对田径、游泳、体操、足球、排球5个项目进行科学研究。历时两年半,制定了这5个项目优秀运动员的形态、素质、机能、心理等方面的评价标准,为该项目科学选拔运动员和进一步深入开展选材研究提供了参考依据和某些理论依据,是我国运动员科学选材进入起步阶段的标志。

1984年上海举办了运动员科学选材研究成果推广训练班,学习和推广了上海体委在各区、县体校建立选材网的经验。此后,各地又召开了一系列关于运动员科学选材的研讨会,相继建立选材工作组,开展大规模的科学选材测试,建立了运动员选材数据库和定期追踪测试等制度。

20世纪80年代末90年代初是我国体操运动员科学选材研究的第二个高潮。课题"我国儿童少年体操运动员科学选材标准的研究"是以优秀运动员各项指标发展变化规律为依据,包括形态、素质、心功指数、心理、基本技术和教练员评价6个方面19个指标,是我国目前体操运动员选材的主要参考资料。1988年8月成立了"国家体委运动员科学选材中心组",负责研究制定全国科学选材的工作规划和具体工作计划,指导、协调全国的科学选材工作。运动员科学选材从由科研部门单独地作为课题研究,发展成为科研部门和训练管理部门密切配合,从本地具体情况出发开展研究和积极推广应用相结合的阶段。

据1991年5月统计,全国已有26个省、市、自治区成立了选材领导小组,有18个省、市体育科学研究所成立了选材研究室,并有专职从事选材研究的研究人员,并都建立了省—地—县三级选材网,各省、市、自治区都先后组织研究力量,制定了适合本地使用的各运动项目的科学选材标准。

目前,运动员选材已不满足于各大因素的直接研究,不再是为研究形态而测量形态,为研究素质而测试素质等,体育科研工作者致力于皮纹学、血型学、遗传学等新兴学科的研究,努力研究皮纹特征、血型特征、遗传规律等与身体形态、运动素质、心理、智力等方面的联系,为运动员科学选材提供捷径。

计算机技术的高度发展使其在运动员科学选材中的作用已不仅仅是数据处理,科研人员借助计算机研究建立优秀运动员模式、IQ(智能)体操系统——体操训练和专家系统(含选材)、体育人工智能(Artifical Intelligence,AI)系统等已卓有成效,提高了选材的准确性和科学性。当前的竞技运动已超出了纯粹的运动技术、战术的竞争,而是进入了"智、技、力、勇和意志"全面较量的激烈竞争时代。未来的体坛竞争,决定胜负的可能是心理因素或智力因素。运动员选材也就进入了软硬件(硬件是指运动员的身体形态、生理机能、运动素质等方面;软件指的是运动员本身的智力素质——包括文化修养等、心理素质和精神道德素质——包括体育道德、奉献精神、爱国主义精神等)结合的阶段,并开始向软件倾斜。

1.2.4 运动员科学选材的意义

经济的发展,科技的进步推动了运动水平的飞速发展。体育强国之间的运动水平日益接近,训练手段和方法、训练条件的差异逐渐缩小,过去赖以提高运动成绩的优越物质基础,已不是某一个国家独有的条件;国际比赛交流机会的增多,体育信息的快速传播,使得先进的训练理论、训练方法和手段的保密性降低,相比之下个人先天条件的优势在提高运动成绩方面越来越明显,选材的重要性就显得更为突出了。

1. 科学选材是当前竞技运动的迫切需要

(1) 科学选材是竞技体育、科学训练必须首先解决的重要问题。苏联著名教育学博士、基翰体育学院院长 B.H.普拉托诺夫教授指出:现代运动最迫切需要运动员及早地显露出来。这就是指科学选材。苏联功勋教练员符·阿拉宾认为:不经常考虑选材问题,训练工作将是徒劳无益的。随着竞技体育的飞速发展,现代竞技运动水平正在逐步逼近人类自身能力的极限,普通的青少年是很难有希望成为未来竞技比赛中的优胜者,只有通过科学的方法和手段,挑选那些先天和后天条件优秀的运动员苗子,经过科学严格的训练,才能登上世界竞技体育的高峰。

(2) 随着体育科学和体育情报工作的迅速发展,先进的训练理论、技战术知识和训练方法、训练手段的保密性下降,使世界各国,尤其是体育发达国家的训练条件、方法手段的差异逐渐缩小,运动水平日趋接近,运动员先天条件的重要性越来越突出,这时选材就显得尤为重要。同时,传统的自然淘汰方法,已不能适应当前需要。

(3) 科学选材可以充分挖掘和利用运动员的先天运动能力。所谓先天运动能力,是指有稳定的、与训练无关的、不以人的意志为转移的、与生俱来、随着生长发育进程自然发展、表现出来的运动潜力和能力的总和。运动员潜在的先天性竞技能力被人们认识,可以激发更强的动机,为攀登高峰提供原动力。

(4) 科学选材可保证多年系统训练的顺利完成,为运动员训练过程最佳竞赛年龄区间的确定提供依据。可以尽早地发现和培养有前途的优秀苗子,经过必需的训练时间,才能确保早出成绩,出优异成绩,避免耽误人才。成功的科学选材,可以及时地为运动员确定未来发展的专项,预测其未来成绩和最佳年龄区间,并及时开始系统的多年训练进程,保证目标的顺利实现。

(5) 许多教练员已经感觉到仅凭经验进行选材和训练不能适应时代要求,渴望提高选材成功率和准确性。

2. 科学选材是后继有人的保证

体育运动的发展需要后备人才源源不断地加以补充,这样才能在国际大赛中保持优势和领先地位,科学选材无疑能够起到这种保证作用。中国乒乓球队能够长盛不衰,选材的科学性和针对性是重要因素。随着科学技术的不断发展和对竞技规律认识的不断深入,各个项目的新技术、新战术、新的训练方法和手段、仪器设备及研究成果的保密性降低了。因此,只有选到出类拔萃的人才,才能在训练和激烈的比赛中具备有利的条件。

3. 科学选材能产生较大的经济效益

现代竞技运动的一个突出特点就是高投入。运动员的成长需要较长的周期,培养一名优秀运动员需要耗费大量的人力、财力、物力。掌握了科学选材的规律和方法,就能提高成功率,减少淘汰率,使队伍少而精,密集投资,从而能以较小的代价获得较大的成功和效益。

4. 科学选材能产生良好的社会效益

在当代竞技体育体制下,青少年运动员由于较多的时间用于训练和比赛,势必在文化学习、社会活动、升学就业等方面受到一定的影响。而搞好选材工作,通过严格筛选、重点培养、层层衔接,降低淘汰率,提高成材率,从而减少上述影响并产生良好的社会效应。

1.3 科学选材的组织与管理

运动员科学选材是一项系统工程,涉及的因素很多,选材不仅取决于被选者的条件,而且有赖于选材者的素质和水平,运动选材是一个多层次、多阶段和多年连续的控制过程,因而必须建立健全组织管理机构,形成层层衔接的一条龙体系。只有体系严密,才便于优秀人才的层层入选;只有管理得当,才便于选材工作的顺利进行;只有组织完备,才便于进行科学研究,深入揭示科学选材的规律。

科学选材与运动训练具有并列发展的关系,选材应与训练形成并列适应的体制。一般将运动员科学选材分为基础、初级、中级、高级四个层次,每个层次有初选、复选、定向(含转项)、决选四个阶段,中、高级层次选材可无定向阶段,但仍可能存在转项现象,如图1-1所示。

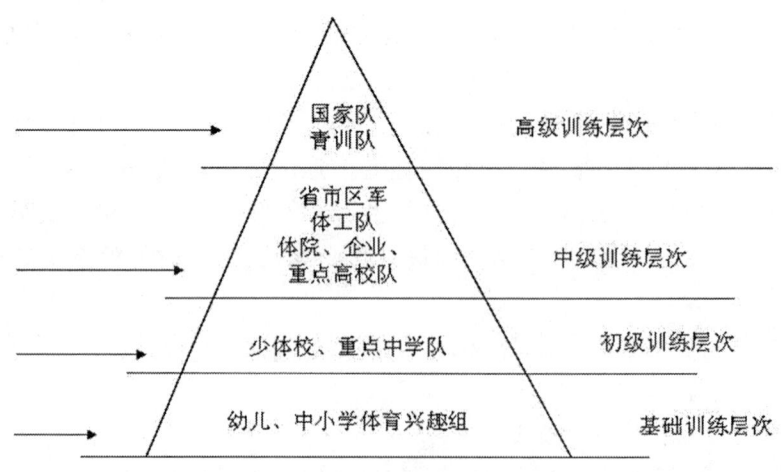

图1-1 运动员选材培养示意图

资料来源:王金灿.运动选材原理与方法[M].北京:人民体育出版社,2009.

1.3.1 基础与初级选材

基础与初级选材是运动员科学选材的基础层次，其任务是初步挑选运动人才苗子，主要通过对那些先天的、不可控的、相对稳定的因素进行测定和评价，揭示少儿运动能力的发展前景。

1. 初选阶段

初选阶段的任务是广泛发现运动人才，此时要对大量的群体进行观测。通过体质普查和组织幼儿、小学生的比赛活动，发现那些显露头角的运动苗子。同时对他们进行进一步的测定和评价，主要内容有：遗传与家系调查，发育程度的鉴别，运动员形态机能测评，对某些心理素质进行测评。

2. 复选阶段

复选阶段是通过训练和考察，验证幼儿、少年运动员的天赋条件，并对其主要因素进一步评价预测。运动天才只有经过实践才能表现出来，它不是抽象的而是具体体现在各种运动素质上。此时应对待选队员进一步进行发育程度和发育高潮期长短的鉴别，并测量其原有运动水平和集训期的成绩提高幅度、承担大运动负荷的能力和训练潜力是否超过平均水平等。

3. 定向阶段

定向阶段根据初选、复选中队员表现出来的能力、爱好、兴趣、训练项目编制和教练员状况等因素，为运动员选择一个或几个适合于他的专项，确定其未来方向和未来指标。大多数教练员选材时一开始就以从事本专项为目标进行选材，而大多数幼师或中小学教师多是通过一定时间的教学训练实践后才为运动员选择专项。此时，运动员本人的爱好固然重要，但教练、教师或科研人员的引导也尤其关键。定向好坏，直接影响运动员的成长成才。

有必要指出，在初、中级选材阶段，运动员较多出现"运动转项"现象。这里的"运动转项"，是指运动员从事某项运动、在专业队训练一年以上或业余训练两年以后，又转入另一运动项目训练或比赛（时限要求同前）的情况。运动员转项是客观存在的现象，是在运动选材和训练过程中不可避免的选择，运动转项实际上是运动定向后的再定向。

运动员转项原因多种多样，转项的趋向有其规律性，转项原因不同，导致转项趋向不同、转项效果也不同。转项的适宜年龄与转项比率、转项效果有密切联系，又与初级选材的年龄宽容度密切相关。不同等级运动员转项情况不同，即运动等级越高，转项人数、次数越少，反之亦然。且在有限的运动时间内，转项次数越多，运动成绩越差。转项引导人在初级选材定向中起着重要作用，对转项概率和转项效果影响很大。运动员在16岁以前，家长、教练、体育教师的引导对运动员转项起主要作用，随着运动员年龄的增长，家长和教练、体育教师的引导作用逐渐减弱，而自选逐渐上升为主要的引导地位，同伴的影响作用也逐渐增大。

4. 决选阶段

通过一定时间的实践考察,在以上三个阶段的基础上,根据待选对象现有的运动成绩水平、成绩提高的速度、成绩的稳定性和训练潜力,最终确定入选对象。

1.3.2 中级与高级选材

中级与高级选材是运动选材的高级层次,其任务是最终选拔出优秀运动人才。在这个层次中,测评先天和相对稳定因素的比例相对减少,而主要是测评那些后天的、可控的、相对变化的因素,选拔出接近于世界优秀运动员模式的人才。选材层次越高,各测试指标标准越高,测评考察更深入细致。图1-2比较直观地展示了选材不同层次和运动选材各因素的动态关系。

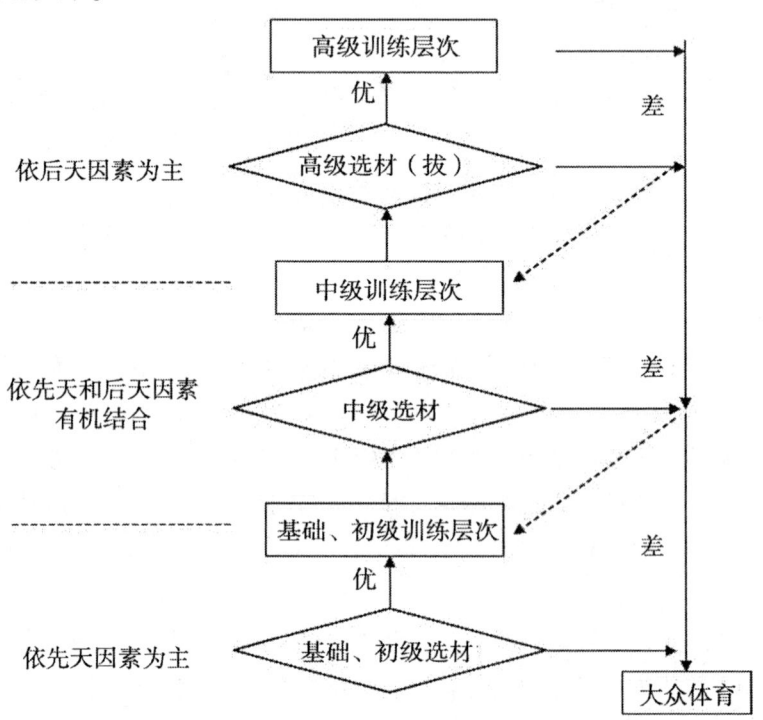

图1-2　运动选材不同层次与运动训练层次结构图

资料来源:王金灿.运动选材原理与方法[M].北京:人民体育出版社,2009.

1.3.3 科学选材的程序和计划

科学选材全过程需要进行科学的控制,这一过程包括确定选材目标、制订选材计划、组建选材组织、建立选材模式、实施选材计划、总结检验反馈等工作环节。

1. 确定选材目标

在现状调查的基础上,选材目标要根据运动选材的不同类别以及特定任务来确定。通过调查本运动项目运动成绩的现状和发展态势,各层次运动员的现状和需求,来确定本次选材的对象,拟达到的目的和应完成的任务,并预测本批运动员可能的发展趋势。

2. 制订选材计划

科学选材计划的制订应根据确定的选材目标和影响科学选材的因素来进行。影响科学选材效果的因素主要由待选对象的个人因素、各选材(包含训练)层次的衔接关系、选材人员的自身水平以及选材的物质条件等。

待选对象的个人因素主要包含遗传、生长发育状况、年龄、心理、生理、身体素质、运动技能、智力和思想品质等方面。

各选材(包含训练)层次的衔接主要指选材应适应运动队的更新节律。运动队的更新节律是指组成运动队的各成员本身存在一个运动能力上升、高峰、保持、下降的周期，要想一直保持运动队较高的运动水平并可能逐步提高，必须有节奏地将队内成员"吐故纳新"，这种有节奏的更新队员的规律就叫运动队的更新节律。

选材人员的能力水平包括多学科基础理论知识、选材理论知识、选材实践操作能力、专项或多项运动理论和实践知识、多学科人员的配合等。

选材的物质条件指投入选材的人力、物力、财力及组织机构，社会、家庭、环境习惯的影响，生活、学习、训练条件等。

在制订科学选材计划之前，应认真研究以上诸方面因素。选材计划依不同的分类依据可分为不同的计划类型。其中以计划实践长短区分为长、中、短期选材计划。

长期计划一般指为期十年以上的计划。它主要规定体育部门在比较长的时期内的发展方向、项目设置、队员人数、发展阶段和发展规模，这种选材计划常常与体育部门或某个单项的远景规划合为一体，或成为其计划的一部分。

中期计划一般指为期1~5年的计划或指某行政领导或主教练任职期间的选材计划，常作为其任职计划的一部分，为保证运动项目的配置、队员间的衔接更新起到重要作用。它可以使体育部门或单项教练为实现以二或三年为期的全国竞赛计划、四年一届的奥运会的准备工作得到保证。其他如选材科研计划、选材干部培训计划等，用中期计划形式也十分适合。

短期计划一般是指某次选材的工作计划，是长期计划和中期计划的进一步具体化，其内容和指导都比较细致，要求明确。短期计划的种类很多，其主要内容如下。

(1) 纲要部分：本次选材的目的、任务、依据，对目前运动队及运动选材状况的调查分析。

(2) 具体内容部分：应选项目人数和年龄范围，招生区域，选材工作的过程步骤，应选者的主要条件、测试项目、内容、方法和指标，选材组织结构及工作人员的分工，报名、测试的时间地点，审批的手续和办法，试训的方法，经费预算，设备条件，其他辅助内容等。

3. 组建选材组织

选材组织应与训练组织形成并列适应的体制。各级选材系统应隶属于相应一级体育局和教育局(教体局)的组织和管理。各级选材系统应有相应的组织机构，应有体育局和教育局(教体局)牵头，协同科研医务，组织多学科人才的选材领导组或工作机构。

4. 建立科学选材模式

在确定选材目标后,应建立优秀运动员模式和各级选材模式,尤其要制定本次选材的运动员模式,为科学选材提供参考依据。选材模式的建立步骤和方法如下。

（1）研究本运动项目高水平运动员的模式特征;

（2）确定影响专项成绩诸因素的指标体系及权重比例;

（3）依据多年训练或测验所获得的这些指标因素在群体、个体中平均值、最高值和变动范围,进行数据统计分析;

（4）依据统计分析结果结合教练员、专家的经验判断建立选材模式(即本次选材对待选运动员的要求)。

5. 实施选材计划

将制订的计划依据建立的科学选材模式开展工作。

1.3.4 科学选材的检验方法

（1）对选材效果的评价。检验所选出的运动人才是否为运动天才,可分为最初检验和最终检验。最初检验是对选出的人才进行多种测试,以判断选材结果是否达到预定目标。最初检验可作为反映信息,用以及时调整和修正计划。最终检验是指对选出人才的多年系统跟踪,从选出人才的最终表现(运动能力、运动成绩)来评价选材效果。对选材效果的评价还可以依以下方面进行。

① 运动员的淘汰率,即进入该运动训练体制的运动员总人数与预期达到某种水平优秀运动员人数之间的比例,比值越大,淘汰率越高,选材的效率越差。

② 训练工作的经济效果,即培养一名运动员所投入的社会总时间和花费的总资金。

③ 参加重大比赛的获奖人数与训练人数之比。

（2）对优秀运动员最佳模式评价与修正。优秀模式是相对的,可变的,随着竞技运动的发展而发展,不可能永远固定在一个模式水平上。

（3）对选材工作中的测试内容、指标等方面评价与修正,它随着人的体质发展、竞技运动的发展和预测科学的发展而变动。其常用的指标有专项运动成绩、专家评定的名词和等级比赛中具有某种数量特征的指标、合成指标(总分)、已被证明有效的标准化的实验结果等。

（4）对选材方法的评价与鉴定,其标准仍依有效性、可靠性、客观性、经济性来评价。

（5）对选材组织结构的评价,要求其高效、多能、精干、多学科人才结构合理,知识水平、实践能力要强以及具有严谨认真的工作态度。

（6）对选材的仪器设备及其操作程序的科学性评价,主要通过对实验的稳定性、一致性、等价性等方面来评价。

（7）对预测理论和预测方法等方面的评价。

对以上各因素应该常进行系统的分析检查和不断调整,促使选材工作不断提高和深入。

2 遗传与科学选材

人类遗传学的研究表明,构成人体竞技能力的许多性状都具有高度的遗传性,这就奠定了遗传与科学选材的理论基础。有研究指出,成为优秀运动员的遗传和后天训练所起的作用,前者占 2/3,后者占 1/3。德国科学家格拉娜在研究运动能力遗传问题时指出:在运动能力的遗传中,具有卓越运动才能的亲代,只要不是极端个体,其子代中有 50% 的人会有优秀的运动才能,而且还有可能超越亲代个体,亲缘越远,这种可能性也越大。如陈氏举重家族(陈镜开、陈伟强)、穆氏游泳家族(穆祥雄、穆祥豪)和姚氏篮球家族(姚志源、姚明)。

2.1 竞技能力遗传的物质基础

人类遗传学是研究遗传和变异的学科,即研究父母与子女之间在特征性状上相似的现象,又研究父母与子女之间在特征性状上差异的现象规律的科学。

人体是由细胞和细胞间质组成的。人体细胞核中遗传载体——染色体储存了大量的遗传信息。染色体主要由脱氧核糖核酸(DNA)、组蛋白、非组蛋白、少量的核糖核酸(RNA)等构成。DNA 是一个大分子双螺旋长链结构,在链上有遗传的物质基础——基因。现代分子生物学的研究已经证实,DNA 上的片段(基因)是生物遗传的基本结构和功能单位;基因不仅可以通过复制把遗传信息传递给子代,而且还可以使遗传信息在蛋白质分子结构上得以表达,从而使子代表现出与亲代相似的性状。

2.1.1 遗传的物质基础——染色体

正常的人体细胞核内含有 23 对染色体,其中 1~22 对为常染色体,男女都有,决定身体各部分的性状;第 23 对染色体为性染色体,决定男女性别,女性为 XX,男性为 XY。染色体上有遗传的基本物质——基因(Gene),其中隐藏了遗传的全部遗传信息。人类 46 条染色体上共有基因约 10000~1000000 个,如此大量的基因控制着人体各种酶和蛋白质的合成,通过生理生化过程表现出某一性状,从而决定着人体的生理生化特征与某些器官的结构与功能。根据现代遗传学的研究发现,不同染色体上的基因编码不同的蛋白质和核糖核酸,并且在多数情况下,一种基因只编码一种蛋白质;但是,由于一种基因可以产生两种以上的信使核糖核酸,并可以翻译出两种以上的蛋白质,所以一种基因也可以编码出几种不同的蛋白质。

竞技能力遗传的物质基础,如图2-1所示。

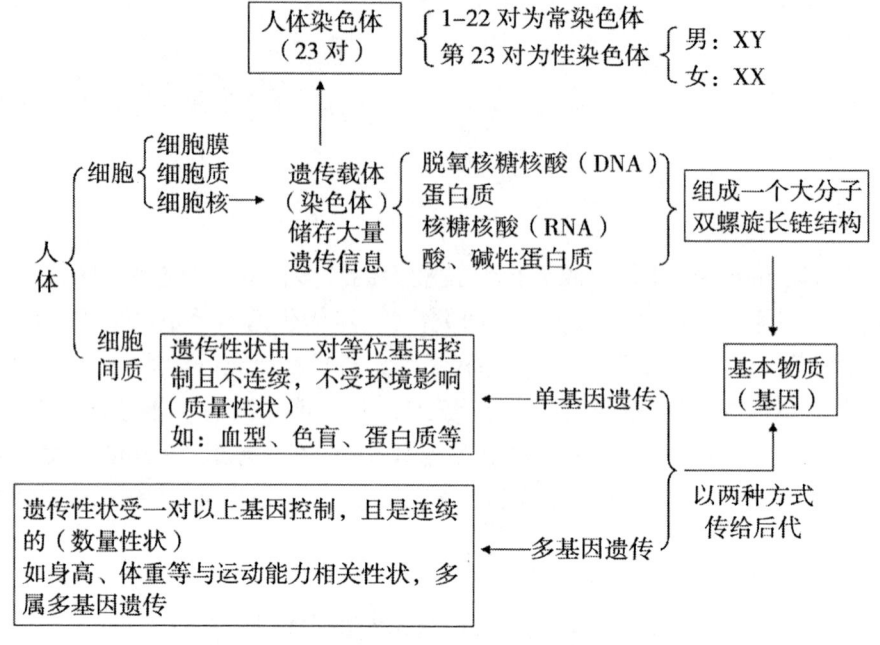

图2-1 竞技能力遗传的物质基础

资料来源:谢敏豪等.运动员基础训练的人体科学原理[M].北京:北京体育大学出版社,2005.

2.1.2 遗传的方式

1. 单基因遗传

单基因遗传是指遗传性状仅仅受到一对等位基因控制。其遗传性状是非连续的,又称为质量性状,一般不受到环境因素的影响而发生改变。如血型、色盲和血红蛋白等指标。

2. 多基因遗传

多基因遗传是指遗传性状受到多对等位基因控制。其遗传性状是连续的,并有一个过渡的中间型,又称为数量性状,一般都会不同程度地受到环境因素的影响,如身高、体重等。与人体运动能力有关的各种性状,绝大多数都是通过多基因遗传的,如运动员的长度、宽度、最大吸氧量、肌纤维类型等。

2.2 竞技能力遗传的基本规律

竞技能力的遗传不仅遵循人类遗传的基本规律,也遵循单基因与多基因的遗传方式,但运动能力的遗传又有自身特有的规律与特点。组成竞技能力的各种性状,无论是形态、机能还是素质性状等,绝大多数都属于数量性状,受多基因控制。因此,亲代具有的竞技能力性状在向子代传递过程中,均是多对基因的累加效应、基因蛋白表达方式以及环境等因素综合影响的结果,这样性状在子代间会发生程度不同的差异。竞技能力的遗传具有三大特点,即连续性、相关性和阶段性。

2.2.1 连续性

在亲代中,竞技能力的遗传性状,有50%以上能在子代中表现出来,这就是竞技能力性状遗传连续性的表现。

人体运动能力中的绝大多数性状是用量来表示其长短、大小和强弱等区别,同一性状在子代的不同个体中表现出一定数量上的差别,呈现单峰的"常态分布曲线";研究证明:运动能力的遗传中,其子代不但有50%以上的人具有优越的运动才能,而且还有可能出现超越亲代的个体,亲缘关系越远,可能性越大。这一连续性的表现,不仅被运动实践,同时也被苏联丘尼克教授对冠军家族的研究结果所证明。因此,我们在选材工作中,对于家族性遗传性状的连续性应给予充分的重视。

2.2.2 相关性

现代遗传学认为:一个基因具有多种效应,多种基因也可以完成同一个效应。也就是说,基因对性状控制的多效性,促使基因和性状之间纵横相关,既相互促进,又相互制约。例如,采用头围和足长等形态指标预测身高等。在实践中,我们清楚看到,人体竞技能力水平的高低,均受到人体形态、心肺功能、内分泌调节、神经系统、肌纤维类型等各种因素的影响,它们之间存在着紧密的联系,既能促进,又能相互制约。因此,选材工作时,必须对运动员竞技能力作出综合的评价,仅靠单一因素对竞技运动潜力进行预测是片面的。

2.2.3 阶段性

人类遗传学的研究成果证明:受染色体和基因控制的遗传性状虽是天生的,但不是一出生就立即表现出来的。组成人体运动能力的各种性状在人体生长发育过程中各自在一定的年龄阶段表现出遗传优势。原因如下:运动员竞技能力的遗传是受多基因控制的,遗传有显性和隐性之分;即便是显性也要到一定年龄阶段才会表现出来;个体发育的开始年龄和持续时间不同。在运动能力的研究中,人们发现,在人体生长发育过程中,遗传因素和环境因素所起作用的大小也是随着年龄的增长而发生变化的。

竞技能力性状遗传的阶段性,充分提示了运动员科学选材工作需要在实践中不断地发掘和筛选"人才",尤其是在遗传作用比较显著的青春期。

以上三个规律相互联系、相互促进、相互制约,是研究运动才能遗传的依据,也是遗传选材法的主要理论基础。

2.3 竞技能力的变异

变异是生物界的一个普遍现象,它是人类进化及其产生多样性的动力。竞技能力的遗传已经在实践中大量地表现,涌现出许多运动天才,然而在子代中也常常发现超越亲代竞技能力的现象。如李彤的竞技水平远远超越了当年的姜玉民。此外,在部分非运动员世家,同样涌现出了一批非凡的运动天才,如朱建华、杨文意等。这一切都是竞技能力的变异。

现代遗传学研究发现,产生变异的主要原因包括:基因突变、基因重组和彷徨变异。人的竞技能力均受到遗传基因的控制和环境因素的制约,因此控制竞技能力性状的遗传基因的变异可以使子代表现出超常的运动天赋,也可以导致运动才能的低下。遗传为竞技能力的形成与发展提供了结构和功能等物质基础,而环境和科学训练对运动潜力的开发发挥巨大的诱发和促进作用。所以,环境是诱发突变的基本条件,而遗传物质及其发展的潜在能力为变异提供了可能性。

因此,在科学选材过程中,不仅要了解亲代竞技能力的表现,更要注意观察子代在生长发育过程中,在环境和训练因素作用下竞技能力的表现。而后者不仅可以帮助我们较为准确地了解竞技能力的遗传特征,而且更能反映出竞技能力的变异,并较为准确地把握候选对象竞技能力的潜力。

2.4 运动能力的遗传度

2.4.1 遗传度

为了估计遗传和环境因素对某一性状表现所起作用的相对比重,就要计算这个性状的遗传度。遗传度是指某一个特定性状在总的变异中,有多大比例决定于遗传,有多大比例决定于环境因素,一般采用百分比表示。凡性状变异以遗传因素为主的,其遗传度就大,相反遗传度就小。

在运动员科学选材时,应特别重视那些遗传度高且是决定专项主要因素的指标,并且按照生长发育的规律,在生长发育敏感期的训练中着重优先发展,使其充分表现。遗传度大的性状,而又是该项目的主要因素时,选材必须从严;遗传度小的性状在选材时可适当放宽,但在该性状发展最快的"敏感期"时,应当从严。因为在该性状发展最快的"敏感期",遗传因素作用最明显,该性状应能充分表现。

2.4.2 主要形态指标的遗传度

人体的形态特征在遗传学上称为体表性状,受多种基因控制,其形成受多种因素的影响,受遗传影响的最明显,见表2-1。

表 2-1 主要形态指标的遗传度

单位:%

指标	男	女	合并遗传度
身高	75	92	83.5
坐高	85	85	85.0
臂长	80	87	83.5
腿长	77	92	84.5
足长	82	82	82.0
头宽	95	76	85.5
肩宽	77	70	73.5
腰宽	79	63	71.0
盆宽	75	85	80.0
头围	90	72	81.0
胸围	54	55	54.5
臂围	65	60	62.5
腿围	60	65	62.5
体重	63	42	54.5
瘦体重	87	78	82.5
心脏形态	82	82	82.0
肺面积	52	52	52.0
胸廓形态	90	90	90.0
膈肌面积	83	83	83.0

资料来源:沈勋章等.青少年选材育才研究[M].上海:上海浦江教育出版社,2015.

在主要形态指标的遗传度中,除肺面积、体重、胸围、臂围、腿围受后天环境影响较大外,其他指标很大程度上受遗传因素制约。在选择那些与专项特点关系密切的主要形态特征指标时,尤其重视遗传度大的指标。

2.4.3 几项生理指标的遗传度

表 2-2 几项生理指标遗传度

单位:%

指标	遗传度
安静心率	33
最大心率	85.9
肺通气量	73
最大摄氧量	89~93.6
中枢神经系统	90
血型	100
血压	42
无氧阈	50

资料来源:沈勋章等.青少年选材育才研究[M].上海:上海浦江教育出版社,2015.

运动能力水平的高低,常受生理机能水平的直接影响与制约,而生理机能的高低,也受遗传的制约,见表 2-2,中枢系统的功能是先天遗传的,后天环境很难改变;又如最大摄氧量、最大心率的遗传度都较高,说明后天环境和训练对其影响较小。

2.4.4 几项生化指标的遗传度

人体代谢能力的高低与代谢特征的形成,主要是由遗传决定的,但在形成过程中,也受环境和训练因素的影响。因此,在选材时,既要注意与运动专项特点直接有关的生化指标的遗传度,又要注意通过科学训练的促进,使之最终能形成运动专项所需的代谢能力特点,见表2-3。

表2-3 几项生化指标遗传度

单位:%

指标	遗传度
CP、ATP	67~87
线粒体数量	70~92
肌红蛋白含量	60~85
血红蛋白含量	81~99
血乳酸最大浓度	60~81
乳酸脱氢酶活性	65~87
红白肌纤维比例	80

资料来源:沈勋章等.青少年选材育才研究[M].上海:上海浦江教育出版社,2015.

2.4.5 几项运动素质的遗传度

运动素质的各种性状是受多基因遗传控制的,在它形成的过程中,同样受环境、训练等因素的影响,见表2-4。

表2-4 几项运动素质指标遗传度

单位:%

指标	遗传度
反应速度	75
动作速度	50
频率	30
反应时	86
绝对力量	35
相对力量	64
无氧耐力	86
有氧耐力	70
柔韧性	70

资料来源:沈勋章等.青少年选材育才研究[M].上海:上海浦江教育出版社,2015.

2.4.6 几项心理指标的遗传度

运动员心理能力是完成训练和比赛活动中必须具备的个性特征,是影响运动员竞技能力表现的关键因素。心理指标主要受遗传因素影响,一旦形成,就相当稳定,很难改变。所以,在选材中注重对运动员心理能力的诊断和评价也是不容忽视的,常见心理指标的遗传度,见表2-5。

表2-5 几项心理指标遗传度

单位:%

个性指标(GO)	遗传度	个性指标(N、F、G)	遗传度
基本情绪	75	动作速度	93
活力	79	判断果断性	96
思考能力	72	对反对的抵抗	95
心理状态	60	柔顺性	91
意志坚韧	77	运动冲动	90
		好奇心	87
		冲动协调	86
		意志坚韧性	83
		对矛盾的反应	80
		运动制约	65

资料来源:沈勋章等.青少年选材育才研究[M].上海:上海浦江教育出版社,2015.

3 皮纹与科学选材

人体的皮肤特征、血型、血液系统、牙齿特征等，都是明显的遗传指标，特别是手掌和手指的纹路，被某些科学家生动地称为"暴露在外面的遗传因子"。

皮纹学（Dermatoglyphics）是研究皮肤纹理的科学，又称为肤纹学，兴起于19世纪，20世纪以来得到迅速发展。皮纹学是建立在遗传学基础上的一门新兴的独立学科。随着科学技术的进步，新的研究成果不断涌现，皮纹胚胎学、组织学研究取得丰硕成果，皮纹遗传学研究取得令人瞩目的成绩。

皮纹是运动员选材的一项新的遗传指标，皮纹选材是建立在遗传学基础上的科学选材，它是对皮纹纹式的研究，探讨其与竞技能力各性状之间的关系，并运用这些特征和规律对备选对象进行辅助测评，从而准确地选拔优秀的运动员苗子。

皮纹是指皮肤脊纹排列成的多种花纹样式，主要有指纹、脊纹总数、掌纹、屈纹等，作为人体的一个特定性状，受多基因控制，于胚胎的13～19周形成，具有遗传性、个体特异性和终生不变的稳定性等特点。它与人的体质强弱、机敏程度、智力水平、运动能力及其某些遗传性疾病密切相关。组成人体运动能力的生理技能、身体素质、心理、气质行为等，是受先天遗传因素和后天环境的双重制约，皮纹具有表露遗传记号的特征，因此，确定了皮纹选材的可行性。

20世纪70年代末，体育界开始研究皮纹，最早是苏联用指纹来测定柔韧性和柔韧性的潜能，并得出结论：指纹能显示体育天赋。我国体育界是1984年开始着手对运动员的手纹特征进行研究，众多的研究表明皮纹特征与人的健康水平、智力、神经类型和运动能力有一定的关系。在掌握了优秀运动员的皮纹特点后，就可以在选材对象的婴儿时期对其未来的运动能力做出判断。而且，皮纹具有人各有异、终身不变的特点，利用皮纹进行选材，测试方法和用具简便，既经济又无损伤，所以利用皮纹进行科学选材的研究越来越必要了。

3.1 皮纹

皮纹是皮肤表层出现的纹线图形，是在胚胎发育过程中，皮肤的真皮乳头受人体内物质变化的生化过程向表面突起，而且排列成一条条具有一定走向的隆起的条纹。一般这些条纹在胚胎发育的第十三周开始出现，到第十九周发育完成。

苏联的学者首先提出指纹可以预测运动员的柔韧性，以揭示其运动潜力，并且在举重和体操项目的选材中得到应用。从此,指纹研究也成为运动选材的重要方法学之一。我国体育选材中的皮纹研究开始于20世纪80年代中期,起步较晚,但发展迅速,而且扩展到指纹、掌纹的综合研究,指标增多,反映的遗传信息量增大。研究发现皮纹能够从人的体质强弱、机敏程度、柔韧性等方面,为运动员选材提供可靠的遗传信息。

人体手指、手掌上这些特殊纹线的特点,归纳起来主要表现为特异性、稳定性和遗传性。

(1) 特异性——人各有异:不知道你是否注意观察过,每个人的皮纹都不一样。即使没注意过,也总听到或看过以取得罪犯的指纹来破案的故事和电影,这就是因为皮纹有人各有异的特点。

由于皮纹脊线的走向和分布的不同,构成人体皮纹的个体特异性,即使是父母及其子女,甚至是双胞胎之间,尽管花纹形态较为相似,但无论如何也找不到特征完全相同的两个人。

(2) 稳定性——终身不变:皮纹在胚胎发育过程中,一经形成之后,从生至死,到彻底腐败变质以前,它的基本属性始终是无明显变化的,稳定性很强。

(3) 遗传性:皮纹脊的分化开始与胚胎发育的早期,其结构是由遗传决定的。它在指纹的形态,纹线的数量和疾病遗传在花纹的变态反应方面均受显性、隐性、单基因和多基因的遗传控制,并伴有基因完全的或不完全的外显率及不同的表现度。

3.2 皮纹研究的发展

说起皮纹,特别是手纹,人们往往把它与民间的看手相等同起来,以为是迷信,其实不然。皮纹学的一切结论都是以严格的科学分析事实为基础,已经被世界上公认为是建立在遗传学基础上的一门新兴的独立的学科。

3.2.1 皮纹研究的四个里程碑

皮纹学(Dermatoglyphics)即皮肤纹理学,又称肤纹花样、皮肤沟纹、皮纹脊图形、肤纹组合等。

皮纹作为科学研究,其发展经历了四个里程碑。

最先是19世纪中叶的Pukinje。他是捷克的生物学家兼生理学家,也是第一个对皮纹花样进行系统科学分类的人。他提出的9类和现代的分类很接近,可以说是皮纹学发展的第一个里程碑。

在Pukinje之后,Galton对皮纹学做出最卓越的贡献。他在花纹花样的分类、皮纹的生物学变异、孪生儿和同胞的一致性、皮纹花样的永恒性和遗传性、皮纹的种族差异、采取花样印纹的技术等许多方面,做了大量的开创性工作,是皮纹学发展的第二个里程碑。

20世纪初,Wildes对手掌和脚底皮纹的所有方面都做了深入的研究。他给指间三幅线,a、b、c、d和主线A、B、C、D定名,指定主线终止处的数值,提出主线公式,描写大鱼际区、小鱼际区和指间区的花样。他对脚底的皮纹也做了同样的工作。这是皮纹学发展的第三个里程碑。

Cummins 是近代最杰出的皮纹学家。皮纹学这一词就是他在 1926 年首次提出的。1943 年出版的《指纹、掌纹和足趾纹》一书是皮纹学的划时代的经典著作。他对皮纹学的各个方面，从个人鉴定到医学应用，做了很多重要的工作。对皮纹的方法学、解剖学、胚胎学、遗传学、种族变异等也有卓越的贡献，是皮纹学发展的第四个里程碑。

3.2.2 国内、外皮纹学研究历程

1961 年召开了皮纹学国际会议，并选举 Cummins 为名誉会长。1971 年 7 月在巴黎召开第四届人类遗传国际会议时，更名为国际皮纹学会，皮纹学研究进入了联合工作的阶段。

我国医学界，如原上海第二医学院、南京医学院、佳木斯医学院等许多学者，监测了大量健康人皮纹图形的正常数值，对某些遗传病患者做了皮纹学调查。1983 年，中国遗传学会成立了全国皮纹研究协作组，统一了皮纹学基础研究项目。

在国内，河南省体育科学研究所是从 1984 年开始进行皮纹研究的，1986 年完成了第一篇皮纹论文——《体操运动员的皮纹研究》。1987 年 12 月在石家庄举行的第二届全国体育科学学术报告会上，同时入选的有河南省体育科学研究所的《体操运动员的皮纹研究》和广东体育学院的《手纹形态与柔韧性素质选材初探》《广东高级运动员指纹分布初探》三篇有关皮纹研究的文章。近年来，国内皮纹学的研究仍然在蓬勃发展。

3.2.3 皮纹研究的前瞻

皮纹是暴露在体表的遗传因子。近年来，虽然皮纹学的研究取得了很大的进展，但还有许多遗传密码之谜尚未解开，使多数人对它仍有神秘的色彩。

国内有专家预言，皮纹学研究未来发展的一个重要方面将是数字化，将皮纹性状的质的性质转化为量的性质；胚胎皮肤细胞的体外培养，将对人类胚胎学做出进一步的贡献；特别是皮纹的遗传学，将有可能在分子水平上取得重大突破，使其对有关皮纹花样和其他形状的特异基因做出鉴定，并给这些基因在染色体上定位。皮纹学和医学的联系也将更趋紧密，比如更多地将皮纹研究成果应用于临床，成为某些疾病的诊断和预防的重要手段。

在各体育强国对运动员先天运动能力及潜力的早期预测和诊断倍加重视与关注的情况下，相信具有可靠的遗传信息的皮纹研究也将进一步由浅入深、由表及里地继续开发和探索，在广大体育界皮纹学者的通力合作下，在其他学科科研工作者的支持和指导下，解开皮纹与素质、皮纹与智力、皮纹的表象特征与人体机能的内在联系、皮纹与染色体等方面的关系之谜的日子，为期也已经不远了。

3.3 皮纹选材的理论基础

皮纹选材是根据皮纹与人体机能的相关性,通过对预选者皮纹检测,来诊断是否有某种遗传性疾病和评定其未来运动能力。

3.3.1 皮纹的名词术语及指标

1. 指纹

(1) 指纹类型

指纹主要有三种类型,即弓形纹、箕形纹、斗形纹。

①指纹弓形纹(Arch),常用英文字母 A 表示,如图 3-1 所示。

图 3-1 弓形纹

皮纹脊线从一侧滑向另一侧形成弓形。无三叉区,指脊数为 0。根据其弓弯的高陡程度,又分为平弓(Simple arch,As)和帐弓(Tented arch,At)。弓形纹在正常人中较少见,汉族中仅占 2%。

②箕形纹(Loop),常用英文字母 L 表示,俗称簸箕,如图 3-2 所示。

图 3-2 箕形纹

皮纹脊线从一侧出发,形成一个半圆后又迂回到本侧,形成箕形纹。有一个三叉区。按箕脊线的进出方向,又可分为尺箕(Ulnar loop,Lu)和桡箕(Radial loop,Lr)。脊线进出口在尺侧的,即向小指方向开后的,称为尺箕,在桡侧的,即向大拇指方向开口的,称为桡箕。正常人中桡箕也较少见,而且一般出现在食指和中指上,若出现在环指和小指上,则被视为异常。

③斗形纹(Whorl),常用英文字母 W 表示,俗称斗,如图 3-3 所示。

皮纹脊线的中心线呈环形、螺形或曲形,两侧各有一个三叉的为斗形纹。

斗形纹的分类可简可繁。简单的,可把各种类型的斗形纹统称为斗形;复杂的,可依

图3-3 斗形纹

其中心花纹的内部形态,分为环形、螺形、绞形、双箕形、曲形、囊形及嵌合形七种。在观察时,有些中心花纹很难区分,因此,我们向大家介绍的是既有区分,又较易鉴别的主要四种斗形纹,即囊形斗(中心花纹呈树叶状)、环形斗(中心花纹呈同心圆)、螺形斗(中心花纹呈螺旋形,这是斗形纹中最常见的一种)和双箕斗(Doubie-Loop whorl,Wd,中心花纹由正、反两个簸箕套合在一起),如图3-4所示。

其他,尚有极少数人十指或部分手指没指纹。

图3-4 双箕斗纹

(2)总指脊数(Tofal finger ridge count,TFRC)

指脊数的计算法:除弓型纹外(指脊数为0),每个手指从三叉中心到箕形或斗形的中心连一条直线,计算直线在该两点间穿过的纹脊线数。斗形纹有两个三叉,取较大的一侧计数。十个手指的脊数相加在一起就是总指脊数,如图3-5所示。

图3-5 总指脊数

2. 掌纹

掌纹中的主要观察部分有掌部三区、指三叉、a-b脊线、t三叉和掌褶。

(1) 掌部三区

掌部三区指的是大鱼际区(Thenar area)、小鱼际区(Hypothenar area)和指间区(Inter-digital area)。

①大鱼际区:大鱼际皮纹脊线应顺着大鱼际方向,基本呈平行状。但有变异皮纹时,可出现非真实花纹,表现为弓形或退化纹。也可出现真实花纹(True patterns,TP),表现为各种箕形和斗形。

②小鱼际区:小鱼际区的皮纹脊线也应与小鱼际基本呈平行状。但有变异皮纹时,也可和大鱼际区一样,出现非真实花纹,表现为外侧部呈弧形纹。出现真实花纹,表现为箕和斗或复合型的变异纹。

③指间区:每只手的五个手指间共有四个指间区,从大拇指向小指方向排列,分别为Ⅰ、Ⅱ、Ⅲ、Ⅳ指间区。各指间区一般也不应该有花纹,但有的在各指间区也可出现真实花纹,表现为箕形。在普通人群中,Ⅳ指间区的花纹出现率较多,约占73.46%。

(2) 指三叉(Digital triradius,DT)

除大拇指外,各手指根部均可以见到由三条不同走向的纹线汇成的一个三叉。一般分别用a、b、c、d来表示食指、中指、环指、小指根部的三叉。正常人应该有这四个指三叉,但个别人的皮纹有变异时也可缺三叉,常见的是c三叉缺失,a、b、d三叉缺失的较少。

(3) a-b 脊数(a-b ridge count,a-b RC)

在 a、b 三叉间连一直线,直线穿过的脊纹数称为 a-b 脊数。

(4) t 三叉,又称轴三叉(axial triradius,t)

在手掌的基底部,近腕区沟处的大、小鱼际交界处,也可见到三条走向不同的纹线,即 t 三叉。

测量 t 三叉的方法有两种:t 位和 ATD 角。

①Walker 氏法——t 距比(即 t 位,T distance retio,tdr)

t 点至远侧腕横纹处的距离与中指根至远侧腕横纹处的距离之比即为 t 距比,简称 t 位(这里均指的垂直距离)。

t 位 = t 高/掌高×100%

t 位的正常值是 0~14.5%,t'位在 15%~39.5%,t″位在 40%以上,也称高 t 位。高 t 位者往往常见于某些染色体畸变患者手上。

②Penrose 氏法——ATD 角(ATD angle count,ATD)

由 a、d 三叉区各引一直线至 t 三叉区,相交组成的夹角,即为 ATD 角。ATD 角是皮纹学观察的重要指标之一,对某些遗传疾病的临床诊断,判断人的机敏程度均有重要意义。

(5) 掌褶(Palmar tlexion crease)

对人体手掌褶纹的观察,主要有两个方面:屈肌线和掌褶类型。

①屈肌线(Flexor line),掌面一般有三条大的褶纹,即第一屈肌线、第二屈肌线、第三屈肌线。

第一屈肌线,也称远侧横褶纹(Distal transverse crease),也有的称远心横曲纹。它起于小指根下外侧边缘,终端大部分达食、中指间下方。短的只达中指根下。第二屈肌线,也称近侧横褶纹(Proximal transverse crease),也有的称近心横曲纹。它起于食指根下方内侧边缘,大部分终于手掌外侧部上1/3或中1/3区域。第三屈肌线,也称大鱼际褶纹(Thenar crease),也有称鱼际横曲纹。它起于拇、食指间外侧边缘,终端多数在t三叉内外。

②掌褶类型,正常人的三条褶纹一般呈爪字形或川字形为普通型(Normal type)。少数人手掌褶纹呈过渡Ⅰ型(Transitional Ⅰ type),也称桥贯型、过渡Ⅱ型(Transitional Ⅱ type),也称叉贯型、中贯型,也称悉尾型(Sydney line)、通贯型(Simple crease)。

医学界常见的变异皮纹有：四、五指桡箕,弓形纹明显增多(五六个以上),总指脊数过高或过低,大鱼际或小鱼际出现真实花纹,指三叉缺失,高t位,ATD角明显增大和双手通贯等。

3.3.2 皮纹采样方法

皮纹测试方法简单易便,测试无创伤性,皮纹测试的主要关键是对被测试者进行皮纹采样,即印纹。

1. 工具

皮纹采样和观察的工具很简单,包括少量略加稀释的油墨、一个纱布包扎的棉花球、8开道林纸(要求光滑、有一定的吸水能力),以及洗衣粉、尺、笔、量角器、放大镜等。

2. 印纹

印纹是一项细微的工作。一份清楚而完整的皮纹样本,就是一份珍贵的资料。

(1) 印纹步骤

用纱布棉球,将油墨均匀地拍在研究对象或受测试者的手掌和指端,然后按手印,借助放大镜进行观察。

(2) 油墨印色范围

手掌：上过四个手指的掌指屈褶；下过远侧腕横纹；左、右至大、小鱼际外侧。指端：上至指端；下过第一指节；左、右至指甲两侧。

(3) 印纹过程

印掌纹时：前臂紧挨白纸,手腕稍上翘,手掌和五指保持自然形态,不要故意并拢,也不要用力张开,从掌根逐渐印至指根。操作者可在受测试者手掌背的腕关节、掌心和指根处重压几下,以帮助显纹。

印指纹时：左、右手均从小指开始,一个指一个指地从尺侧滚至桡侧,直接提起。也就是说,要从指甲的一侧滚至另一侧。

3.4 皮纹与竞技体育

从国内、外体育界皮纹研究的成果表明：皮纹能从体质强弱、机敏程度、柔韧性等方面,为运动员选材提供一定可靠程度的遗传信息。

3.4.1 竞技体育领域皮纹学研究的起源

苏联科学家谢尔基因科与阿列克谢耶娃在20世纪70年代采用孪生配对方法,对50对同性孪生子进行了柔韧性的测定,定部位为髋关节、肩关节以及脊柱,通过对比单卵双生儿和双卵双生儿的柔韧性区别,得出了人体柔韧性的发展主要受遗传因素影响结论。并找出了反应柔韧性的梯度值。在此基础上,将80对孪生子按柔韧性优异、中等、较差分成三组,进行皮纹分析。在十指和单手五指比对没有发现差异的情况下,进行单个手指指纹的比对,结果发现一个规律,即有优异柔性指标的孪生子的左手第四指和第五指斗形纹或双箕斗的出现率较高,占56%。而柔韧性差的孪生子这种组合在左手第四和第五指位的出现率仅12%;两手指均是双箕斗出现率却达76%,认定左手第四和第五指位均为斗形纹或双箕斗是柔性好的标志。

已经不难看出,苏联科学家们已从婴儿起就进行遗传实验,对其身体内外及其相互关系进行广泛的测试,把指纹作为挑选运动员的方法之一,以便更精确地挑选未来的奥运选手。

3.4.2 优秀运动员人群的皮纹特点

河南省体育科学研究所先后对田径、体操、游泳、排球四个项目的2479名汉族运动员的皮纹,进行了探索性的研究后,可喜地发现:优秀运动员在皮纹条件上的优势,不仅在一个项目上有,而且各项都有,成为整个优秀运动员人群所共同具有的人群优势。

1. 脑子灵活——ATD角明显小

皮纹研究的结果,从一个侧面表明,能在一定程度上判断人的机敏程度的ATD角,各个项目优秀运动员的均值,都要比以大、中专学生人群为代表的普通人群的均值明显小。普通人群的t位一般在15%左右,ATD角均值在41°~42°。ATD角被认为在一定程度上有助于判断人的机敏程度,甚至有的给ATD角以"智力角"的美称。ATD角的大小还有以下特点。

(1) 技能类项目ATD角均值最小

从表3-1各项互比中可以看到:技能类对抗项性项目——排球,其男女ATD角均值都最小,而技能类准确性项目——体操,虽然动作越趋复杂,对难、新、稳、美的要求都很高,但男女ATD角均值都比临场战术变化多的排球项目要大。

表 3-1　技能类 ATD 角对照表

组别	项目	男		女	
		人数	$\bar{X} \pm SD$	人数	$\bar{X} \pm SD$
优秀	田径	135	37.94±3.98	259	39.58±4.31
	体操	60	38.80±3.61	80	40.74±4.66
	游泳	43	38.93±3.73	79	40.04±4.30
	排球	102	37.59±3.30	71	39.69±3.93
后备	田径	161	40.00±4.17	250	40.59±4.32
	游泳	126	40.30±4.40	133	41.83±4.41
一般	体操	128	41.56±4.33	72	42.50±5.11
普通人群		231	41.90±4.11	157	42.80±4.49

（2）在田径中，技能性要求较高的项目，ATD 角较小

在田径（除竞走外）三种不同类型的项目中，跑类——除跨栏外，从 100 米至万米、马拉松；跳、跨、全能类——在田径中，技能性要求较高的跳高、撑竿跳、跳远、三级跳远、跨栏、七项或十项全能；投掷类——铅球、铁饼、标枪、链球；经分类处理后发现，男、女都有跳、跨、全能类 ATD 角较小，跑类居中，投掷类稍大的趋势，见表 3-2。

表 3-2　田径各类 ATD 角对照表

项目	男		女	
	人数	$\bar{X} \pm SD$	人数	$\bar{X} \pm SD$
跑类	46	37.85±3.20	99	39.58±4.10
跳、跨全能类	35	37.82±3.92	76	38.75±3.85
投掷类	24	39.24±5.72	44	41.20±3.99
竞走	30	37.20±3.21	40	39.99±5.44

（3）田径跑类项目，长距离跑的 ATD 角均值较小

在田径的跑类项目中，除男子马拉松外，从百米到万米，男女也均出现从短距离跑至长距离跑，ATD 角逐渐减少的倾向，见表 3-3。但由于人数较少，是否具有规律性有待于进一步研究。

表 3-3　跑类 ATD 角数值表

项目	男		女	
	人数	$\bar{X} \pm SD$	人数	$\bar{X} \pm SD$
100 米、200 米	11	39.25±3.24	25	40.10±4.39
400 米	7	37.21±3.21	9	39.81±3.87
800 米、1500 米	6	36.29±2.82	31	39.50±3.68
3000 米、5000 米、10000 米	11	36.95±3.36	25	39.50±4.43
马拉松	9	38.83±2.88	9	38.39±4.11
3000 米障碍	2	37.50±0.58		

（4）体操中，全能优秀运动员比仅单项优秀运动员的 ATD 角均值小

在优秀体操运动员中，若再进一步分为全能前六名和仅获单项前六名的两个组，他

们之间互比后,又可以看到:男女都有全能比仅单项优秀运动员 ATD 角小的趋势,见表 3-4。

表 3-4　全能和仅单项优秀运动员 ATD 角对照表

项目	男		女	
	人数	$\bar{X}\pm SD$	人数	$\bar{X}\pm SD$
全能前六名	33	38.35±3.00	51	40.33±3.95
仅单项前六名	27	39.35±4.20	31	41.45±5.64

综上所述,ATD 角在项目之间所表现的差异趋势,可归纳为:临场应变能力要求高的、战术意识强的比以固定程式参加比赛的小,协调性要求高的比以力量素质为主的项目小,全面比单一小的特点。

不少人曾有疑问,会不会手掌小的、长的,ATD 角就小些,而手掌大的、宽的,ATD 角就大些呢? 我们的回答是不会的。

2. 指纹结构复杂——双箕斗明显多,弓形纹较少

纵观指纹的变迁,开始的花纹是由最简单的平弓—帐弓—箕形—囊形—环形—螺形到最复杂的双箕斗。Bonnevie 女士于 1924 年、1929 年、1931 年多次发表关于乳突线值遗传的学说中曾指出:决定指纹隆线数(即乳突线值、指脊数)和形态的首要原因是指头神经分布的情况。神经分布良好,细胞增殖旺盛,指纹形态就复杂,从而决定着指纹隆线的多寡。

(1) 双箕斗明显多

作为指纹结构发展中最复杂的一种——双箕斗,在普通人群中较少,指数出现率在 4%~5%,人数出现率约在 30%。

在优秀运动员人群中,无论各项,其双箕斗指数出现率约为 10%,人数出现率高达 45%~60%,尤其是体操和田径更为突出,比普通人群明显得多,见表 3-5。

表 3-5　双箕斗对照表

水平	项目	男			女		
		总人数(人)	人数出现率(%)	指数出现率(%)	总人数(人)	人数出现率(%)	指数出现率(%)
优秀	田径	135	65.2	12.70	259	53.3	11.50
	体操	60	63.3	12.70	82	53.7	10.10
	游泳	43	46.5	7.90	79	45.6	9.20
	排球	102	48	9.80	71	46.5	8.30
后备	田径	161	43.5	7.60	250	44.8	8.40
	游泳	126	39.7	6.70	133	40.6	7.40
一般	体操	128	29.7	4.50	72	23.6	3.60
普通人群		152	37.5	5.40	148	29.1	4.70

在后备组中,双箕斗的人数出现率约在 7%,指数出现率约在 40%,均略低于优秀组。在一般组中,双箕斗人数出现率仅在 4% 左右,指数出现率也仅占 30% 以下,基本接近于

普通人群。

(2) 弓形纹较少

指纹结构最简单的弓形纹,在正常人中较少见,汉族中仅占2%。但在一些遗传性疾病患者的手上,弓形纹却往往有明显增多的现象,有的可出现6~7个,甚至10个手指全是弓形。

从弓形纹的指数出现率上看:在优秀运动员中,除男子游泳稍多、女排和男子体操明显少意外,其他各项与普通人群较为接近,在2%左右,见表3-6。但在女子后备组,特别是一般运动员中,弓形纹的指数出现率稍高于普通人群,占3%~4%。

表3-6 弓形纹对照表

水平	项目	男			女		
		总人数（人）	人数出现率（%）	指数出现率（%）	总人数（人）	人数出现率（%）	指数出现率（%）
优秀	田径	135	10.4	1.30	259	10.4	2.00
	体操	60	5	0.50	82	12.2	2.80
	游泳	43	11.6	3.00	79	11.4	2.50
	排球	102	12.7	2.20	71	8.5	0.80
后备	田径	161	14.3	2.70	250	15.6	3.50
	游泳	126	9.5	1.20	133	13.5	3.10
一般	体操	128	21.1	4.70	72	22.3	3.30
普通人群		520	8.8	1.70	520	12.5	2.40

从弓形纹的人数出现率上看:各项优秀运动员大部分在10%左右。后备组中,除男子游泳外,基本接近15%。一般运动员中,有弓形纹的人较多,达20%以上。因此,无论在弓形纹的指数出现率或是人数出现率上,优秀运动员均较少。

3. 掌褶正常——屈肌线短的较少,通贯手不多

掌褶(又称屈肌线)是分布在手掌掌面较粗大明显的沟纹。在胎儿生长发育过程即形成,出生后,随着关节屈伸活动的增加,越趋明显、深化。

由于手掌面积较大,屈肌线的形成比较繁杂,其数量、形态、粗细、组成、分布和类型在每个人手上均有不同的表现。这里,仅以80%以上人的手掌的三条主要屈肌线,即第一、二、三屈肌线的长短和类型两个方面加以阐述。

(1) 屈肌线段的较少

每条屈肌线如名词解释部分所述,都有一定的起、终端。在普通人群中,屈肌线短的就较少,第一屈肌线短的约占6%;第二屈肌线短的约占3%。在优秀运动员人群中,第一屈肌线短的基本为0%,比普通人群明显少;第二屈肌线短的,男排也明显少,其他除体操外,也有少的趋势,仅占1%左右,见表3-7。

但是,屈肌线短的,特别是第二、三屈肌线短的,在后备力量和一般运动员中,占有相当比例,即占15%~20%。体操一般运动员中,第二屈肌线短的,甚至高达30%~50%。优秀运动员与他们相比,各个项目第二、三屈肌线短的均明显少。

表 3-7 三条屈肌线长、短对照表

水平	项目	男				女			
		人数（人）	一短（%）	二短（%）	三短（%）	人数（人）	一短（%）	二短（%）	三短（%）
优秀	田径	135	0.0	0.4	4.4	259	0.0	1.7	2.2
	体操	60	0.0	11.7	0.0	82	0.6	12.8	1.2
	游泳	43	0.0	0.0	0.0	79	0.0	2.6	1.3
	排球	102	0.0	0.0	0.0	71	0.0	0.7	0.0
后备	田径	161	0.6	13.1	26.1	250	0.6	3.6	16.8
	游泳	126	1.6	4.8	7.2	133	1.9	4.9	18.8
一般	体操	128	7.8	56.6	9.8	72	0.0	27.8	9.7
普通人群		500	6.0	3.0	0.0	500	6.0	3.0	0.0

（2）通贯手不多。

在掌褶类型中，通贯，特别是双手通贯，在不少染色体畸变和恶性肿瘤等遗传性疾病中，也是一典型的皮纹性状。在普通人群中，双手通贯占1.5%~2.2%；单手通贯占3%~4%。在优秀运动员人群中，双手通贯极少，田径、体操、游泳、排球四个项目831名优秀运动员中仅3人，占0.04%；单手通贯在田径、女排中明显少，均在1%以下，其他除男子游泳外，也一般只占2%以下，有少的趋势，见表3-8。

表 3-8 通贯型掌褶对照表

水平	项目	男		女	
		总人数（人）	出现率（%）	总人数（人）	出现率（%）
优秀	田径	135	0.70	259	0.60
	体操	60	1.70	82	1.80
	游泳	43	5.80	79	1.90
	排球	102	0.50	71	0.00
后备	田径	161	0.00	250	0.20
	游泳	126	2.40	133	0.40
一般	体操	128	9.80	72	3.50
普通人群		313	4.20	177	3.70

4. 肺功能好——大鱼际真实花纹明显少

大鱼际真实花纹是一较典型的变异皮纹，不少呼吸系统的遗传性疾病患者手上，大鱼际均出现真实花纹。在普通人群中，大鱼际真实花纹的出现率，男子在10%~13%；女子在7%~8%。

在优秀运动员人群中，除男田径外，男子约在3%，女子约在2%，与普通人群相比，大鱼际真实花纹明显少，见表3-9。

表 3-9 大鱼际真实花纹对照表

水平	项目	男		女	
		总人数(人)	出现率(%)	总人数(人)	出现率(%)
优秀	田径	135	10.00	259	2.10
	体操	60	1.70	82	1.80
	游泳	43	2.30	79	0.00
	排球	102	6.90	71	3.50
后备	田径	161	8.10	250	3.40
	游泳	126	7.50	133	4.50
一般	体操	128	8.20	72	6.30
普通人群		280	13.20	280	7.50

在后备组和一般组中，虽然大鱼际真实花纹的出现率比普通人群也明显少，男子约占8%，女子约占5%，但比优秀运动员明显多。另外，在优秀运动员中，双手大鱼际都呈真实花纹的极少。在376名田径运动健将中，仅标枪有1人，占0.3%。在游泳、男子体操和女子竞走中约为0。

其次，在女子田径1500米以上和长距离游泳（男子1500米、女子800米）的80名选手中，无论是一级运动员或是运动健将，都没有一个人，也没有一只手的大鱼际上有真实花纹，其大鱼际真实花纹的人数出现率和手数出现率均为0。

综上所述，在皮纹单项指标上，与普通人群相比，清晰地表现为明显优于普通人群—稍优于普通人群—接近普通人群的趋势；三个成才层次互比时，又表现为优秀运动员明显优于后备力量，后备力量稍优于一般运动员的趋势。

3.5 皮纹综合评价

对每个运动员皮纹的评价，不仅应看单项指标的好坏，更应重视对多项指标的全面综合评价，因此，制定一个量化的皮纹综合评价评分标准，探索其与运动员成长层次及技术水平之间的关系，都是十分有意义的。

3.5.1 皮纹综合评价评分标准

由于各种皮纹特征被认为受显性、隐性、单基因或多基因的遗传控制，并伴有基因完全的或不完全的外显率和不同的表现度，因此，根据个体变异皮纹的多少，可有助于估计运动员的体质强弱、疾病的易感程度及一定的机敏程度。

评价指标是如何选定和进行权重分配的呢？根据三个方面，经验性选择了八项评价指标，制定了综合评价评分标准，见表3-10。

（1）优秀运动员人群与普通人群或一般运动员、后备力量相比，有较显著优势的皮纹指标，如ATD角、双箕斗、屈肌线、大鱼际、通贯手。

（2）能代表医学上常见的某些遗传性疾病的典型皮纹指标，如弓形纹、小鱼际、指三叉。

（3）观察评估力求简单容易。筛掉了观察费时,而且不易准确的总指脊数(以弓形纹代替了总指脊数过低的一个侧面);四、五指桡箕在普通人群中就极少,若出现时实行追加减分。

权重分配也是主要根据前两个方面的优势程度和典型程度来分配的。其中,ATD角的评分标准,是根据优秀运动员 ATD 角大小的频数分布,用百分位数法制定的。根据上述原则,以八项皮纹指标为主,制定的皮纹综合评价评分标准中,60 分为及格标准,80 分为优秀标准。每个人都可以根据自己皮纹的形态、类型等,参照综合评价评分标准,对号入座进行打分。

表 3-10　综合评价评分标准（100 分）

指标	分值	评分标准										
ATD 角	20 分	左/右	10	9	8	7	6	5	4	3	2	1	
		男	33°以下	34°~35°	36° 37°	38°	39°	40°	41°	42°	43°	44°~45°	46°以上
		女	35°以下	36°~37°	38°	39°	40°	41°	42°	43°~44°	45°~46°	47°~48°	49°以上
双箕斗	20 分	20	15	10	0								
		3 个以上	2 个	1 个	无								
屈肌线	20 分	20	12	8	4	0							
		不短	短 1 条	短 2 条	短 3 条	短 4 条							
大鱼际	10 分	10	8	6	4	2	0						
		无变异	1 非真实	双非真实	1 真 1 非	1 真 1 非	双真实						
弓形纹	10 分	10	6	3	0								
		无	1~2 个	3~4 个	5 个以上								
通贯	10 分	10	5	0									
		无	单手	双手									
小鱼际	5 分	5	4	3	2	1	0						
		无变异	1 非真实	双非真实	1 真 1 非	1 真 1 非	双真实						
指三叉	5 分	5	4	3	2	1	0						
		不缺	缺 1C	缺双 C	缺 1 其他	缺 1C 和 1 其他	缺双 其他						

注：若出现四、五指桡箕,则另减 10 分。

3.5.2 运动员成才层次与皮纹综合评价

运动员成才层次越高,不仅在皮纹的单项指标上越好,而且经研究发现,其皮纹综合评价的及格率、优秀率也越高,最低分数也随之逐级提高。

以皮纹综合评价评分标准对 848 名各项优秀运动员、670 名后备力量、200 名一般运动员逐个进行评估后,可清楚地看到不同,见表 3-11。

及格率（60 分）：优秀组占 95% 左右,后备组略低于 80%,一般组仅 60% 左右。

优秀率（80 分）：优秀组占 40% 左右,后备组略低于 20%,一般组仅 2% 左右。

最低分数：女子差异不大;男子优秀组为 45~49 分,后备组为 35~39 分,一般组为 25~29 分。

表 3-11 各类运动员皮纹综合评价对照表

类别	项目	男子			女子			合计	
		人数(人)	80分以上(%)	60分以下(%)	人数(人)	80分以上(%)	60分以下(%)	80分以上(%)	60分以下(%)
优秀	田径	144	44.5	4.9	267	44.9	3	44.8	3.6
	体操	60	45	5	82	35.3	8.6	39.4	7
	游泳	43	39.5	9.3	79	34.1	7.6	36.1	8.2
	排球	102	40.2	3.9	71	35.2	0	38.2	2.3
	合计	249	42.7	5.2	499	40.3	4.2	41.3	4.6
后备	田径	161	14.9	24.9	250	21.6	14	19	18.2
	游泳	126	17.4	13.5	133	17.3	19.6	17.4	16.6
	合计	287	16.2	19.2	383	19.5	16.8	18.4	17.6
一般	体操	128	0.8	48.4	72	2.8	31.9	1.5	42.5

3.5.3 运动技术水平与皮纹综合评价

在将优秀运动员进一步按成绩分为三个级别后,即健将级、国内冠军以上级和世界水平级(奥运会、世锦赛、世界杯赛中前八名及田径、游泳成绩达世界前十名者),其皮纹综合评价的情况有可喜的规律性呈现:在优秀运动员这一高层次中,随着技术水平的进一步提高,皮纹综合评价绝大部分也同步出现优秀率逐级提高,及格率和最低分数也有所提高的趋势,见表3-12。

表 3-12 高水平运动员皮纹综合评价对照表

类别	项目	男子			女子			合计	
		人数(人)	80分以上(%)	60分以下(%)	人数(人)	80分以上(%)	60分以下(%)	80分以上(%)	60分以下(%)
田径	健将	144	44.5	4.9	267	44.9	3	44.8	3.6
	国内冠军	51	49	3.9	77	46.7	1.2	47.7	2.3
	世界水平	2	100	0	8	75	0	80	0
体操	前六名	60	45	5	82	35.3	8.6	39.4	7
	国内冠军	15	80	0	19	36.8	5.3	52.8	2.8
	世界水平	7	85.7	0	6	16.7	16.6	53.8	7.7
游泳	健将	43	39.5	9.3	79	34.1	7.6	36.1	8.2
	国内冠军	23	43.6	8.6	26	34.5	3.8	38.8	6.1
	世界水平	0			3	66.7	0	66.7	0
排球	健将	102	40.2	3.9	71	35.2	0	38.2	2.3
	国内冠军	32	37.5	6.3	32	40.6	0	39.1	3.1
	世界水平	6	16.7	16.7	13	53.9	0	42.1	5.3
合计	健将	349	42.7	5.2	499	40.3	4.2	41.3	4.6
	国内冠军	121	48.7	4.9	154	43.2	2	45.1	3.3
	世界水平	15	60	6.7	30	53.3	3.3	55.6	4.4
	世界前三	9	88.9	0	13	69.2	0	77.3	0

优秀率:世界前三名高达77%,世界水平级为55%左右,国内冠军以上级为45%左右,健将级为40%左右。

及格率:世界前三名为100%,其他级别基本上都在95%左右。

最低分数:世界前三名,男子为76分、女子为67分;世界水平级为50~59分;国内冠军以上级为50~54分;健将级为40~49分。

另外,还可喜地发现:在世界水平级运动员中,男女在项目水平上的差异正好与皮纹综合评价优秀率的高低基本相吻合。如体操男子比女子强,排球女子比男子强,他们综合评价的优秀率之比分别为85.7∶16.7和53.9∶16.7。特别是一些世界著名的优秀运动员,他们的皮纹综合评价得分均很高。皮纹综合评价得分要达到80分优秀标准已经很不容易,而上述世界著名优秀运动员的高得分,不能不引起我们在选材时的充分注意和重视。

3.5.4 皮纹综合评价评分标准的科学性

经过经验性选择,由八项评价指标构成的皮纹综合评价评分标准,究竟是否科学、合理和实用呢?为此,我们用两类判别分析来加以验证。具体如下:

以男女体操优秀组(A类)和未成才的一般组(B类)为样本,用两类判别分析,试建立多元线性判别函数(各项指标的评分按综合评价评分标准)。

(1) 指标名称

X_1:ATD角(左手);X_2:ATD角(右手);X_3:双箕斗;X_4:屈肌线;X_5:大鱼际;X_6:弓形纹;X_7:通贯手;X_8:小鱼际;X_9:指三叉。

(2) 判别函数

男子体操:

$Z = 0.0069255X_1 + 0.2649562X_2 + 0.1545051X_3 + 0.2532816X_4 + 0.08719616X_5 + 0.2026915X_6 + 0.3758587X_7 + 0.01287322X_8 + 0.2026915X_9$

辨别值 $Z_0 = 15.05434$ F = 16.5117

女子体操:

$Z = 0.0486926X_1 + 0.1546436X_2 + 0.08262282X_3 + 0.08569867X_4 + 0.2195474X_5 + 0.02100352X_6 + 0.02932699X_7 + 0.3128463X_8 + 0.2101827X_9$

辨别值 $Z_0 = 7.106398$ F = 4.950477

(3) 回代符合率

男子体操:

A 类 $Z > Z_0$ 83.33%   B 类 $Z < Z_0$ 81.25%

女子体操:

A 类 $Z < Z_0$ 68.29%   B 类 $Z < Z_0$ 66.67%

(4) 显著性检验

男子体操:

$F_0 > 0.01$ $P < 0.01$

女子体操:

$F_0 > 0.01$ $P < 0.01$

从以上结果可以看出,这两个判别式的回代率虽然不是很高,但显著性差异还是很明显的。这说明从皮纹综合评价来看,体操优秀组与未成才的一般组确实是两个不同的群体,但重叠面又较大。为了保证优秀运动员基本不漏选,使 A 类运动员(优秀组)绝大部分(95%以上)都合格($Z > Z_0$),我们从选材角度调整了一下判别值 Z_0,调整后的回代结果如下：

男子体操：

判别值 Z_0 调整为 13.7 后

A 类 $Z > Z_0$ 95%

B 类 $Z < Z_0$ 60.94%

女子体操：

判别值 Z_0 调整为 6.14 后

A 类 $Z > Z_0$ 95.12%

B 类 $Z < Z_0$ 31.94%

这些均说明：一方面,决定运动员是否能成才的因素是多方面的,在未成才的一般组中,也有相当一部分皮纹条件还不错,重叠面较大,所以,不能说皮纹条件好的都能成才。另一方面,成才的优秀运动员绝大部分皮纹条件均较好。而皮纹条件差的,特别是综合评价差的,成才的可能性就极小。

(5) 直接评分判别法

虽然通过判别函数,调整判别值后能区分运动员皮纹条件的好坏,但是所建判别函数的因子较多(9 个),实际应用时计算较麻烦。而且,皮纹是受多基因控制,是积累效应,综合评价指标不宜过少,因此,只能设法简化计算方法。

由于在综合评价评分标准中,主要皮纹指标的权重分配与上述两个判别函数 X 的贡献率(见表 3-13)基本相符,如 ATD 角(双手合计)、双箕斗、屈肌线的权重分别为 20 分,它们的贡献率也在 20 分左右；各项优秀运动员皮纹综合评价得分(见表 3-14)与调整判别值后,用判别函数判别的结果相仿,如以 60 分为直接打分的判别值,各项优秀运动员皮纹综合评分在 60 分以上的都在 95%左右；而体操未成才的一般组运动员,皮纹综合评价得分在 60 分以下的,男子占 48.4%,女子占 31.9%。因此,可以证实,经验性选择而制定的综合评价评分标准是较合理的。而采用直接打分法较之用判别式计算,在方法上是大大简化了,也是较可行的。

表 3-13 体操判别函数 X 的贡献率

单位：%

指标	男	女
X_1（ATD 角左）	5.4	4.4
X_2（ATD 角右）	13.6	17.8
X_3（双箕斗）	21.4	27.8
X_4（屈肌线）	41.7	20.2
X_5（大鱼际）	1.7	15
X_6（弓形纹）	5	0.5
X_7（通贯手）	8	0.4
X_8（小鱼际）	0.1	13.5
X_9（指三叉）	3.2	0.5

表 3-14 各类运动员皮纹综合评价一览表（%）

男子

水平	项目	人数	95~100分	90~94分	85~89分	80~84分	75~79分	70~74分	65~69分	60~64分	55~59分	50~54分	45~49分	40~44分	35~39分	30~34分	25~29分
优秀	田径	144	4.2	13.2	17.4	9.7	22.2	13.9	10.4	4.2	3.4	0.7	0.7	0	0	0	0
	体操	60	3.3	5	21.7	15	16.7	11.6	16.7	5	3.3	1.7	0	0	0	0	0
	游泳	43	2.3	0	18.6	18	9.3	20.9	16.3	4.7	7	2.3	0	0	0	0	0
	排球	102	3.9	4.9	19.6	11.8	19.6	19.6	11.8	4.9	3.9	0	0	0	0	0	0
后备	田径	161	0.6	2.5	4.3	7.5	11.8	20.5	16.1	11.8	10	7.5	6.2	0.6	0.6	0	0
	游泳	126	0.8	2.4	3.9	10.3	15.9	17.5	18.2	17.5	8.7	3.2	0.8	0.8	0	0	0
一般	体操	128	0	0	0	0.8	4.7	7.8	14.1	24.2	18	14	6.2	7	1.6	0.8	0.8

女子

水平	项目	人数	95~100分	90~94分	85~89分	80~84分	75~79分	70~74分	65~69分	60~64分	55~59分	50~54分	45~49分	40~44分	35~39分	30~34分	25~29分
优秀	田径	267	3.8	10.5	16.1	14.6	16.1	14.6	15.7	5.6	2.6	0.4	0	0	0	0	0
	体操	82	2.4	7.3	17.1	8.5	17.1	17.1	4.8	17.1	3.7	3.7	0	1.2	0	0	0
	游泳	79	6.3	6.3	11.4	10.1	20.3	20.3	12.7	5	6.3	1.3	0	0	0	0	0
	排球	71	2.8	2.8	15.5	14.1	25.4	12.6	16.9	9.9	0	0	0	0	0	0	0
后备	田径	250	2.8	2.8	7.6	9.2	14	14.4	20.4	15.6	7.2	2.5	1.2	0.4	0	0	0
	游泳	133	1.5	1.5	8.3	6.8	16.5	17.3	12	17.3	7.5	9.8	2.3	0	0	0	0
一般	体操	72	1.4	1.4	0	1.4	12.5	9.7	25	18.1	5.5	11.1	11.1	4.2	0	0	0

综上所述，由 ATD 角、双箕斗、屈肌线、大鱼际、弓形纹、通贯、小鱼际、指三叉等八项皮纹指标组成，采用百分制直接打分的综合而定量的评价标准，是简化、合理、科学和可行的。

3.6 皮纹选材的应用方法

在构成运动员运动能力的七个主要因素（形态、技能、素质、技术、战术、心理、智力）中，皮纹正是有助于从体质强弱和一定的机敏程度上，对运动员进行选材的一项新的遗传指标。

3.6.1 皮纹选材的必要性

诚然，我们不可能奢望所有皮纹条件好的人都能在体育上成才。但是，经过对近千名我国优秀运动员的皮纹研究的结果表明：各项优秀运动员在皮纹条件上（含皮纹单项指标和综合评价两个方面），与普通人群、一般运动员、后备力量相比，均具有共同的人群优势。而且,随着运动员成才层次和运动技术水平的不断逐级提高,还同时呈现皮纹综合评价的优秀率、及格率和最低分数逐步提高的明显趋势。

另外,经皮纹追踪调查看,皮纹条件差的,特别是综合评价差的运动员,绝大部分都不能成才。从正、反两个侧面都可以说,在一定意义上,良好的皮纹条件已成为绝大多数优秀运动员的必备条件之一。

3.6.2 皮纹选材的可靠性

首先,皮纹是在胚胎发育过程中受遗传控制而形成的,医学界早已证明,异常皮纹可作为某些遗传性疾病的辅助诊断手段。其次,皮纹一经形成就终身不变,与近年来,我们在选材时作为评定运动员技能状态常用的生理、生化指标,如身高、体重、体质百分比、握力、肺活量、脉搏、血压、血红蛋白等相比,各指标反映的人体机能状态的角度虽然不同,但皮纹更有其不受人体发育的各个阶段的影响,不受受测试者当时身体健康状况、情况、心理及认真程度等方面影响的优点,稳定性强,信息可靠。

3.6.3 皮纹选材的可行性

皮纹测试方法简单、容易上手、经济、无创伤;用百分制直接打分的观察、评估又省时、明了,易被运动员、教练员和科研人员接受和掌握,便于推广和应用。

3.6.4 皮纹选材的局限性

从当前的研究结果看,皮纹测试主要能对运动员在体制强弱和一定的机敏程度上做出评价,而不能包罗万象,因此,它决不能替代其他选材指标,不能仅以皮纹评估的好坏就轻易决定运动员的去或留,而是应该先在各个不同的体育项目所需的形态、机能、素质、心理等科学选材的基础上,把皮纹作为一项新的指标加进去,把好皮纹选材关。

3.6.5 皮纹选材的实施步骤

运动员皮纹选材在实施过程中,一般的具体步骤如下。

(1)填表:填写运动员登记表(见表3-15),记录运动员的一些基本情况,如单位、项目、姓名、性别、民族、出生年月、专项或位置("专项"指的是各类项目中,运动员所从事的主要分项,如田径中的跳高、百米游泳中的泳式等;"位置"指的是球类项目中运动员所打的主要位置,如排球中的主攻、二传、篮球中的后卫、中锋等)、运动等级、运动成绩、本人和家庭疾病史等。

(2)印纹:在8开白纸上署上运动员的名字后,用油墨按印法对运动员进行皮纹采样。

(3)观察:在皮纹样本上,借助放大镜、尺、量角器等工具,对指纹类型、大小鱼际纹式、指三叉、ATD角、掌褶等主要皮纹指标进行观察,并简单记录。

(4)评价:将皮纹观察结果,填入运动员皮纹登记表(见表3-16),并对照皮纹综合评价评分标准给每个运动员打出皮纹的最后得分。

表 3-15 运动员登记表

单位：　　　　项目：　　　　测试日期：

编号	姓名	性别	民族	出生年月	开始训练年月		专项最高成绩	最高名次	运动等级	重要疾病史		备注
					业训	专训				本人	家庭	

表 3-16 运动员皮纹登记表

单位：　　　　项目：　　　　测试日期：

编号	姓名	ATD角		双箕斗		屈肌线短		大鱼际		弓形纹		通贯		小鱼际		指三叉		综合评价
		左	右	左	右	左	右	左	右	左	右	左	右	左	右	左	右	

由于皮纹一次采样，终身能用，因此，对每个运动员的皮纹档案完整登记、妥善保管，无疑对今后在皮纹领域内的进一步深化研究、探索规律，更好地指导选材工作，将起到积极的作用。

3.6.6 皮纹选材的应用注意事项

对运动员进行皮纹选材时，应着重注意以下几点。

1. 早期预测

皮纹这个指标，它自出生至死亡，终身都不变，因此，我们应充分利用这一特点，在儿童时期，业余体校招生初筛时，就早期预测，把好体质关。

2. 重视皮纹综合评价

研究结果表明：各项优秀运动员的皮纹综合评价，95%以上均达60分及格标准。在运动初选时，可以上述研究结果为模式，除有个别特长素质的苗子外，一般讲，皮纹综合评价的得分也应达到60分及格标准。这样，不仅保证了一定的普及面，使各个运动项目在金字塔的底层有一定的训练人数,又筛掉了一些从体质和机敏程度上均不适应搞竞技体育的儿童,使之减少在人力、物力、财力和精力上的无效劳动和不必要的浪费。在复选和精选时,可根据训练的不同预期训练目标,适当提高皮纹综合评价的合格标准,重视优秀率。

3. 结合专项特点

皮纹选材时,在重视皮纹综合评价的同时,还应结合专项特点,考虑皮纹单项指标在本项目的权重。如对临场应变能力和战术意识要求高的(球类、击剑、围棋、长跑等)、技术较复杂全面的项目(体操的全能运动员、跳水、艺术体操等),ATD 角应比力量性项目(举重、投掷等)小些;在耐力性项目中(中长跑、中长距离游泳、公路自行车、划船等),大鱼际不仅双侧,而且单侧也不应出现真实花纹。

4. 注意"特长"素质

在当前,优秀选手竞技能力的新特点集中地表现为"全面"加"特长"的时代,某些具有"特长"素质的运动员,往往能单方面突破,为祖国争得荣誉。因此,对有"特长"素质的苗子进行皮纹选材时,更须慎重对待,全面衡量。

研究中,我们也曾发现少数特例,特别是力量素质很强的个别优秀运动员,ATD 角易偏大;或是 ATD 角偏大,但却有双箕斗弥补等情况,甚至极个别的,皮纹综合评价在 50 多分没达及格标准。因此,对这些特殊苗子皮纹综合评估时,更应着重全面的、综合的评价,进行运动能力的多因素综合分析,采取先留,后看,再定局为妥,不要轻易将他们筛掉。

4 基因选材

4.1 基因选材的背景

基因选材来源人类遗传学。由于遗传,生物保证了子代亲代的相似,维持了物种的稳定;由于变异,出现了新的类型,生物才能不断进化发展。

研究发现,运动能力的遗传表现是显著的,尤其是身体形态、生理机能、身体素质、行为模式等方面更为显著。遗传的连续性特征表明,亲代中运动能力的遗传特征,约有50%以上能在子代中表现出来,说明优秀运动员的后代并不一定具有超常的运动天赋,只有通过一定时间的观察、训练、比赛或测试等形式的育才,才能准确检验出这种遗传的连续性。

同理,运动能力性状遗传的相关性认为,一个基因有多种效应,多个基因也可以完成同一效应。这就决定了人体运动能力的高低,均受到人体形态、心肺功能、神经系统、肌纤维等各因素的影响,这些因素之间既可能相互促进,又可能相互制约,到底是促进作用,还是制约作用,不同的个体表现出的结果绝不会完全相同。只有结合育才,才可能发现这些作用的共性与个性。

4.2 基因与基因选材

基因(gene)是DNA分子的组成部分、染色体上的遗传单位,存在于机体的每一细胞中,它携带遗传信息,指导特定氨基酸链的合成,形成特定的蛋白质,使人体表现出不同的性状。基因决定人体组织结构和功能性状的发展潜力,影响某一基因表型的表达、对外界刺激的反应能力,而这些对运动能力至关重要。因此,借助于基因,选择有先天优势、对运动训练敏感的人进行训练,可以有效提高培养成功率,这就是基因选材。

国际高水平的体育科研已经进入分子研究领域,并推动竞技运动水平不断提高,运动员科学选材领域已出现了利用基因选材的理念。明确基因和运动能力的密切关系,进而从基因水平选材,将成为未来运动员选材的主导方式之一。目前,运动员、教练员,包括国家科研机构等与运动训练相关的方方面面,都想尽早、尽快、全面地把握和应用基因这一"秘密武器",打赢竞技体育"战争",如日本国立体育科学研究中心已经在研究与运动能力关系密切的基因序列,建立日本金牌得主基因数据库。

4.3 基因选材研究现状

目前,生命研究已深入到分子水平和基因层次,遗传基因图谱的成功绘制,揭开了人类生存的奥秘,也揭示了影响人类运动能力的本质原因:基因决定着人体许多组织结构和功能性状的发展潜力,为竞技体育的发展开拓了另一片天地,基因选材应运而生。利用某些生理、生化指标对运动员进行高效精确的科学选材是竞技体育中的重要环节。人们可以对优秀素质运动员的 DNA 多态性进行检测,找出基因组之间的差别和特异性基因,经克隆制备成基因探针,利用探针杂交检测运动员的身体素质特性,同时建立优秀运动员的基因库,从而进行运动员科学选材。

2004 年押田教授领导的研究小组研究结果发现,在日本各种田径大赛中名列前茅的 31 名长跑选手中,约 20 人有"持久型基因",女子长跑一流选手中约 50%拥有"持久型基因"。而 108 名一般选手中有"持久型基因"者只占 9%,优秀的 12 名短跑选手均没有"持久型基因"。另有研究报道,科学家已标记出了白、黑、黄三个人种基因组中单一核苷酸变异的位点,并于 2005 年初步绘成不同人种的基因组的差异图。相信不久就能解释为什么在短跑、篮球、拳击等速度力量型运动项目上,美国黑人运动员屡有杰出表现,在长跑项目上非洲黑人运动员独具天赋,而在游泳和体操等项目上少有作为。上述的研究提示,未来找出决定运动能力的基因、建立优秀运动员基因文库,根据基因特性发掘运动员苗子,选择适合运动员的竞技项目进行有效训练,可以大幅提高运动成绩,实现基因选材不再遥不可及。面对国外同行的率先行动,我国运动员科学选材工作也瞄准了基因领域,对于我国的体育科学工作者来说,率先掌握先进的科学选材方法不但有利于提高我国的体育成绩,并且可为国家节约大量的人力、物力和财力。

4.4 基因选材所关注的指标

目前,运动员选材指标主要是身体形态和身体素质类,如身高、躯干、四肢长及速度、耐力、力量、柔韧、灵敏等,从基因控制的角度看,身体形态类指标受基因控制程度高,完全可以从上代指标推断出下代指标的大致范围,身体素质指标却与后天的训练和发展关系更为密切,因此以它们作为选材的指标有科学性,但科学性不够强。例如,从基因角度看,基因决定骨骼肌大小及结构(主要是快、慢肌纤维的比例),从而决定了肌力大小,因此力量素质中的肌力指标应作为选材指标予以重视。

竞技体育训练目的是通过对人体施加刺激,激发应激性,而"天生"(即基因决定)对运动训练适应强、效果好的运动员很可能会快速走向成功,在比赛中取得优异成绩。因此从基因角度出发,选择和设定选材指标就显得迫切而必须了。但现阶段,基因选材还属于一个新兴门类,没有明确、统一、成系列的选材指标,同时基因测试程序较烦琐、费用高,因此选择指标时不能贪多、过全,必须有目的地选择对训练影响大、可靠性高的指标。

根据 James S. Skinner P. H. D 的研究,目前已知受基因控制、与人体运动能力相关的因素,见表 4-1。

表 4-1 人体运动能力与受控基因的相关因素

与运动能力相关的特征	受基因影响程度
身高、臂长	大
肌肉大小	大
肌纤维组成(快肌纤维和慢肌纤维)	大
心脏大小	大
肺脏大小和肺容量	大
静息心率	大
肌肉力量	大
腰围	小至中等
血压	中
肺通气量	中
肌肉耐力(如仰卧撑、引体向上)	中至大
引动速度	中
平衡性	小
关节柔韧性	大
反应时间	小至中
动作精确性	小
有氧耐力(如长距离跑步、自行车)	中至大
无氧爆发力(如10秒全力蹬车)	中

资料来源:James;S. Skinner;艾华.冠军由基因决定吗?[J].体育科学,2003(3):135-139.

4.5 基因选材所关注的基因

在这方面目前研究最多的是血管紧张素Ⅰ转化酶(ACE)基因的多态性。ACE 的主要功能是降解血管舒张剂缓激肽,促进血管紧张素Ⅰ转化为血管紧张素Ⅱ。有研究表明 ACE 基因 I/D 多态性与优秀运动员心血管功能有很大关系。如 Montgomery 研究小组报道,与普通人相比,优秀登山运动员和优秀长跑运动员中的Ⅱ基因型个体显著较多。另外,与 DD 基因型个体相比,Ⅱ型个体 ACE 水平较低。Gayagayp 等人对 64 名澳大利亚优秀划船运动员和普通人群进行比较研究后提出,ACE Ⅰ型等位基因在优秀划船运动员中出现的频率明显高于对照组。与此同时,也有研究否定 ACE 基因多态性与耐力运动能力的直接联系。例如,Taylor 等人报道,Ⅰ、D 基因频率及Ⅱ、ID 和 DD 三种基因型个体在 120 名澳大利亚优秀运动员与普通对照者之间无显著差异。Rankinen 等人比较 192 名男子耐力运动员与 189 名普通人后亦未发现Ⅰ或 D 的频率差异。

在国内研究方面,基因选材的研究较为单一,主要研究包括 ACE 基因多态性的研究。汉族优秀举重运动员 ACTN3 基因中携带 CC 基因型和 C 等位基因者显著多于普通人群对照组,ACTN3 基因 C1747 T 多态位点的 CC 基因型可以作为我国北方汉族优秀举重运动员选材的分子标记。同时研究发现，α-辅肌动蛋白 3（ACTN3）基因是骨骼肌快肌纤维 Z 线的结构蛋白，通过与细肌丝相结合维持着肌纤维的有序排列和正常收缩。ACTN3 基因位于 11q13.1，主要编码 ACTN3，是影响游泳和举重运动员运动能力的候选基因 R577X(rs1815739)多态位点是第 16 号外显子上存在的 C/T 多态。该多态使编码第 577 位氨基酸的密码子 CGA（编码精氨酸 R）变为 TGA（为终止信号，不编码蛋白），从而造成 ACTN3 的缺失，但是，该蛋白的缺失并没有造成任何表型上的疾病。澳大利亚学者 Yang 等最早开始进行 ACTN3 基因 R577X 与速度力量运动能力的关联性研究，优秀速度力量运动员 RR 型分布频率显著高于耐力运动员及非运动员。随后的绝大多数研究均支持上述观点，杨贤罡等进行 meta 分析发现 RR 基因型可作为速度力量型项目运动员基因选材的候选位点之一。

目前，研究发现运动员的运动能力与自身的基因表达和生化指标密切相关，而这些指标的表达大多又和遗传密切相关。NFATC4、Gly160、PPAR rs4253778G、PPARD rs2016520 C、PPARGCIA Gly482、PPARGCLB 203Pro、PPP3Rpromote5I、TFAM 12Thr、UCP255Val、UCP3rs1800849 T 和 VEGFA rs2010963 C 等基因与耐力密切相关，内皮型一氧化氮合酶基因多态性与运动员耐力相关，而 adra2a 基因决定运动员的耐力。在生化指标方面主要为肌红蛋白、血红蛋白、血乳酸、乳酸脱氢酶等。例如，在射击这一项目中，血红蛋白值也应作为射击运动员选材的敏感指标。由于肌肉的静力性做功持续时间长、消耗能量大，因此，导致血红蛋白值降低至贫血程度，使射击运动所产生的各种疲劳更加难以消除，运动员很难接受大负荷的训练，在射击运动选材中要注重血红蛋白值，对于先天性血红蛋白含量低的人就不适宜从事这项运动。

4.6 基因选材的操作

利用基因芯片技术，建立优秀运动员身体素质功能基因诊断和基因选材的芯片系统，对科学选材具有重要的意义。迄今为止，虽基因选材还没有固定的标准可遵循，但仍有基本可行的操作程序。

4.6.1 相关基因的筛选

筛选出与身体素质相关的基因是基因选材的前提条件。利用基因芯片技术可以筛选并确立运动员身体素质基因的遗传与变异规律。探讨不同项目运动员身体素质功能基因组表达谱的特点以及与运动能力相关的身体素质基因的遗传与变化规律，进行身体素质功能基因组的多态性分析。

4.6.2 运动员基因文库的建设

从普通正常人的基因组中分离出 DNA，与基因芯片杂交，可得到标准图谱。从优秀运动员的基因组中分离出 DNA 与基因芯片杂交，可得到优秀运动员的身体素质图谱。

通过比较分析这两种图谱,就可找出 DNA 的差异表达。对身体素质功能基因组进行多态性分析,得出优秀运动员身体素质功能基因图谱,并建立优秀运动员身体素质基因选材的芯片系统。这一系统的建立,能更加科学准确地评估个体的身体素质和运动能力。

4.6.3 基因芯片的研究开发

基因芯片技术的发展将使优秀运动员的选材发生根本性的变化。基因芯片按照探针的不同可以分为两类,寡核苷酸芯片和表达谱芯片,寡核苷酸芯片用于检测人类单核苷酸多态性。国内学者已开始对优秀的力量、速度和耐力运动员的 DNA 多态性进行检测,以找出基因组之间的差别和特异性基因,然后进行克隆,制备成探针,最终利用探针杂交来检测被测对象所具有的身体素质特性。检测被测试者是否具有与优秀运动员相同的与素质有关的特异性基因,从而选择有发展潜力的运动员人才。

4.7 正确认识基因选材

基因选材相对于传统科学选材有很多新的优势:(1)一生只需进行一次,可以在胚胎开始后的任何时刻进行基因分析。基因非常稳定,一般情况下一生不变。(2)结合了分子和表观遗传学,并结合了环境因素,建立复杂变量的数学模型,更为准确,应用年龄更广。(3)分析检测过程简便,只要提供含有基因组的细胞即可,包括脱落细胞、毛囊细胞等。(4)能更加有针对性地提出科学训练措施,帮助运动员更好地成长。(5)随着基因研究的深入,基因运动能力关系数据库也能不断地改进,具有良好的发展前景。

基因选材有其科学性,但不能完全左右运动员的成材,原因有:(1)人体运动时,机体的许多系统都会参与,如耐力跑过程中,心血管、呼吸、神经、肌肉、代谢、激素、温度调节等系统都参与工作,每种系统都可能受到一些基因或基因组的调控,同时,基因间及基因与外界因素间存在各种相互作用,这种过程很复杂,目前为止还无法全部知晓、理解。因此,通过基因工程将基因遗传特性重组、改变,产生运动天才的可能性微乎其微,而且目前来说,这种研究还涉及伦理道德问题,为社会所不容。(2)运动训练能造成明显的变异,科学家实验发现,如果经过 12 周常规运动训练,所有参与者的最大摄氧量都增加了 14%~16%。(3)每个人都有基因遗传的限制点,许多运动员,当其水平达到某一点时,必须加倍努力训练,才能得到进一步的提高,而且,这个限制点在什么时候、什么水平上出现无法预料。(4)基因只表明运动潜力,兴趣才是最好的老师,通过实践选择自己喜爱的项目,加上运动潜力,才容易出成绩。(5)对于运动项目中的某些方面,如技战术,对运动成绩的影响较大,在每个体育项目中,都有"奇兵制胜"的战例,对于这种经验+智慧才能驾驭的致胜因素,遗传基因无法控制。将其与传统选材体系、指标相互搭配,才能达到科学选材、提高运动员成材率的目的,建议今后根据最新研究成果,及时补充、更新基因选材指标。

总之,基因选材可以把一些优秀运动员年轻时各个器官的基因表达特征收集起来,建立基因表达库。在此基础上,对其进行分析综合,得出能取得优异成绩的基因的平均表达水平。对参加筛选的青少年运动员的各个器官基因的表达情况进行分析,选出适合的运动员,是人类基因组研究的又一新领域。通过研究了解国内外优秀运动员相关身体素质基因的结构和功能,对预测和评定运动员的各种身体素质,为建立科学选材体系有着十分重要的意义和作用。同时,有望从根本上解决竞技体育早期选材、早期培养和科学监控的难题,并将对我国实施"奥运争光计划"和"全民健身计划"提供较大的理论和实践支持。

5 年龄选材方法

年龄是运动选材的重要因素,尤其是人体生长发育的年龄特征,各运动项目选材的适宜年龄、少儿发育程度的鉴别等应引起高度重视。正常发育程度评定在运动选材中的作用和应用:(1)正确评价当前少儿的生长发育状况;(2)准确预测近期少儿的生长发育趋势;(3)预测未来成人的身体形态特征;(4)研究不同生长发育分型对选项、成才的影响。

5.1 人体生长发育的年龄特征

认识和掌握儿童少年生长发育的基本规律以及在不同发育阶段中身体形态、生理机能、运动素质、代谢、心理等的变化特征是运动员科学选材的另一个核心问题。同时,进一步用遗传学的理论与方法来认识和理解生长发育过程中的各种变化,将对运动员科学选材研究的深入和更科学地预测运动潜在能力是十分有益的。

5.1.1 生长发育的生理特点

神经系统是运动的中枢,是发育最早的系统。人体在9~12岁是神经系统发育的第二高峰期,这一时期,少儿对肢体动作的记忆快速,较活泼好动模仿能力很强,掌握运动技能的速度也快,反应速度、协调能力和节奏感也明显提高。神经过程易泛化,不易集中,并且灵活性大,工作适应能力较成人差,比较容易养成运动性条件反射。但这一年龄段,分化能力差。13~14岁后,抑制能力增加,第一、第二信号系统的相互作用逐渐完善。儿童时期神经细胞的工作耐力差,容易发生疲劳,可是由于神经过程有较大的可塑性,神经细胞有很快恢复热能平衡的能力,因而疲劳恢复较快。到14~18岁,内分泌腺体活动加强,对中枢神经系统及其他系统的功能有很大影响。增强了神经活动的兴奋性,兴奋和抑制不平衡,对内脏器官的调节也不稳定,因而少年在运动训练时协调和平衡的能力下降。这一点在女性少年中表现比较明显。由于决定神经系统的神经过程的三大特征,主要受遗传的影响,其遗传度可达90%,因而与神经系统有密切关系的能力、素质都很早定型,即先天因素占重要地位,所以在选材时首先重视这些因素。

骨骼系统是人体进行运动的杠杆,也是决定人体形态的关键。骨骼系统发育的规律主要表现为:男孩在17~18岁以前,女孩在16~17岁前骨骼系统发育很快,尤其在13~15岁时发育速度最快。这时骨骼弹性很好,强度很低。在选材中骨骼系统的好坏具有重要的作用。

肌肉系统是成熟最晚的系统之一。一般来说,少儿的力量是随着年龄的增长而增长的,但并不是等比例递增,其原因主要是由于肌肉本身的发育和发达程度不与年龄的增长呈等比关系,所以大重量、大负荷训练不宜抢先进行。

儿童时期肌肉组织的增长落后于骨骼系统,肌肉重量占体重的百分率比较低。随着年龄的增长,才逐渐增加。肌肉的发育尚不平衡,大肌群发育较小肌群快。肌肉组织的弹性好,富于水分。骨骼的特点是骨化尚未完成。骨骼的弹性和柔韧性较大。肌肉和骨骼的这些特点,说明在外界各种因素影响下,易发生肢体畸形及影响骨骼的生长。

心血管系统的发育较为缓慢持久。儿童时期心脏血管系统的发育尚未完善,心脏的容积和体积较小,心跳频率较快,每一单位面积的心肌纤维的毛细血管数量较多,血管壁弹性良好,动脉血管的口径较大,心脏比较容易把血液输送至血管内,因而血压较低。随着年龄的增长,血压上升较高。到成熟期,由于内分泌的影响,心脏血管系统的机能波动较大,可以造成高血压。在少儿生长发育过程中,11~18岁间,发展比较稳定,其中以青春期前后即11~12岁和16~17岁增长最为明显。根据心血管系统的发育规律,一般在13岁左右时可挑选到心血管功能较强的运动员。而这一特点,则为在中级选材阶段对心血管系统提出了一定的要求。

少年呼吸系统的特点与心血管系统类似。呼吸中枢的兴奋性较高,呼吸频率较快。又因胸廓窄小,呼吸肌力量弱,肺容量也较小。虽少年肺呼吸的体表面积比成人大,每分钟流经肺脏的血量也较多,但在运动负荷时,主要是增加呼吸频率。摄氧量较成人少,最大摄氧量的数值较小,这就限制了少年在锻炼时不能负荷太大。少年在完成定量负荷时心血管和呼吸系统的反应较强烈,能量消耗多,表现机能"不节省"现象。18~19岁在运动负荷时功能水平程度已与成人难以区分。呼吸系统发育的主要标志是肺活量或安静状态下的呼吸频率。肺活量一般在青春期增长最快,而且呼吸系统的功能可以在青春期获得很大改善,所以在选材时应注意呼吸系统的发育状况。

5.1.2 生长发育的基本规律

生长发育这一概念包含两层含义,即生长和发育。生长是指有机体个体的细胞繁殖、增大和细胞间质的不断增加,它表现为各种组织、器官系统和整个身体大小及重量的增加,是量的变化过程。发育是指有机体个体的细胞、组织、器官和系统形态结构的分化和功能的逐步完善,也是质的变化过程。生长发育是指有机体个体成长过程中相互关联的两个方面,是人体由量变到质变的过程。二者相辅相成,密不可分。

1. 生长发育的阶段性和连续性

生长发育是一个从量变到质变的长期连续的过程。由于在发育过程中身体和环境的变化特点不同,可将儿童少年的生长发育过程划分为:婴儿期、幼儿期、童年期(学龄期)、青春发育期和青年期等发育阶段。前一阶段发育为后一阶段奠定必要的基础,任何阶段的发育受到障碍,都将对后一阶段产生不良影响。

根据上述生长发育的特点,从卫生学与医学的角度出发,可以将这一过程划分为 11 个阶段,见表 5-1。

表 5-1　生长发育阶段的划分和年龄范围

生长发育的 11 个阶段的划分	
阶段	年龄段
胚发育期	妊娠初 8 周
胎儿期	妊娠 8 周到出生
新生儿期	出生到 28 天
婴儿期	28 天~1 岁
幼儿前期	1~3 岁,也叫托儿所年龄期
幼儿期	3~6 岁,也叫学前期
童年期	6~12,也叫学龄期
青春发育期	10~20 岁,一般女孩比男孩早 2 年
青年期	18~25 岁
成年期	25 岁以后到更年期
老年期	更年期以后

2. 生长发育速度的不均衡性

生长速度是指身体及其各部分某些指标在一定时期内的年增长值,一般用厘米/年或千克/年表示,能较为客观而敏感地反映儿童少年近期生长状况(但不能反映累计生长状况)。

在整个生长期内,生长发育的速度并不是呈直线上升的。个体的生长速度是不均衡的,有的时期快,有的时期慢,因此生长发育速度曲线呈波浪式。以身高体重为例:第一阶段为由胎儿开始到青春发育期;第二阶段为 11~20 岁。每一个阶段都有突增期,第一阶段的突增期在胚胎至婴儿期,出生后第一年的生长发育速度最快,身高的平均增长率为 49.4%,然后下降,第二年的平均增长率为 14%,到 10 岁左右时平均增长率为 3.7%。11 岁左右进入第二个阶段,根据生长发育速度的快慢可分为前后两期,前期称为青春发育突增期。一般女生在 10~12 岁,男生在 12~14 岁时达到高峰期。

3. 生长发育的非等比性

人体是一个统一的有机整体。因此,人体各部分的生长发育有相应的比例,但身体各部分的生长发育,在发育过程的每一时期内,并不按比例生长发育。如初生婴儿头约占身高的 1/4,随着年龄的增长,比例渐渐下降,到了成年,头只占身高的 1/8 左右。头和颈的体积则由出生时占全身体积的 30%,下降到成年时期的 10%左右。躯干的比例比较恒定,出生时为 45%,2 岁时上升为 50%左右,一直维持到成人;上肢的比例比较恒定,从出生至成人一直保持 10%左右;下肢由出生时的 15%,上升到成人时的 30%左右。胸部在早期比例较小,骨盆则在青年期后期才占更大比例。人体各部分体积百分比例的变化见表 5-2。由于头部比例的减少,下肢比例的增加,导致成人重心位置由新生儿时期的第十二胸椎水平下降到第二骶椎的水平。所以,人类个体生长发育的非等比性特点,表现在生长发育的全过程。

表 5-2 人体各部分体积百分比例的变化

单位:%

年龄	全身	头颈	躯干	上肢	下肢
0 岁	100	30	45	10	15
2 岁	100	20	50	10	20
6 岁	100	15	50	10	25
成年	100	10	50	10	30

资料来源:谢敏豪等.运动员基础训练的人体科学原理[M].北京:北京体育大学出版社,2005.

4. 生长发育的程序性

人体生长发育过程中,还体现出一定的先后顺序,正常人体普遍遵循的生长发育程序,称为人体生长发育程序性,如图 5-1 所示。

(1) 头尾律:是指人体在生长发育过程中,胎儿时期的头围发育速度最快,其次是躯干和下肢,其生长发育程序是由上而下的,故称头尾律。胎儿期 2 个月的胎儿身长各部比例:头颈占身长的 1/2 左右,躯干占身长的 3/8 左右,下肢占身长的 1/8 左右。

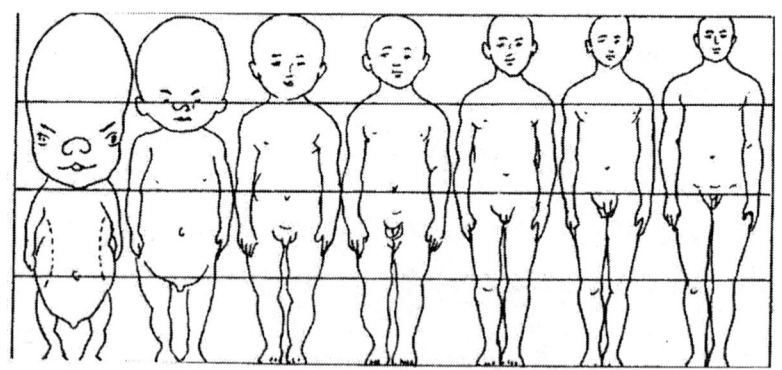

图 5-1 由胎儿到成人身体比例变化

资料来源:[美]乔奇 A. 布茹克司,汤姆士 D. 法哈著,杨锡让等译.运动生理学[M].北京:北京体育大学出版社,1988.

(2) 向心律:人体各部环节的长度、围度和宽度的生长发育程序是自上而下的,而且是由四肢的远端朝向躯干的,故称它为生长发育程序的"向心律"。出生后下肢的发育领先于躯干:领先发育并较早结束的顺序是足长—小腿长—下肢长—坐高。上肢发育领先于躯干:城市女生年增长率,手长在 9 岁时达到高峰,12 岁时急剧下降,上肢下降得快一些,约在 20 岁时接近于零,而坐高在 21 岁时才接近于零。下肢围度发育领先于躯干:各部围度生长发育的顺序是小腿围—大腿围—胸围。

(3) 长度的生长发育领先于围度和宽度,如下肢长的发育领先于骨盆宽、大腿围和小腿围,足长、小腿长比小腿围发育早;上肢长的发育略早于肩宽、胸围;坐高的发育高峰期与肩宽、胸围相同,但结束期早 1 年左右。

(4) 身高的生长发育领先于体重,身高、体重是属于人体的整体性指标。身高的生长发育领先于体重,直到青春期后期,体重达到成人的程度才逐渐追上身高达到成人的程度。

5. 生长发育的性别差异性

（1）生长发育的早晚：女子青春期发育较男子早，各项指标增长值和增长率曲线出现高峰的年龄女性比男性早1~2岁，生长发育结束的时间女性比男性早2~3岁。

（2）生长发育曲线第二波段的波峰和波幅特点：生长发育第二波段，男生系数指标生长曲线的波峰比女生高，波幅比女生宽，这就造成了男生体格比女生高大。

（3）生长发育的交叉现象：由于女生的快速增长期出现比男生早，而男生第二波段的波峰比女生高，波幅比女生宽，所以多数指标的年增长值、年增长率曲线在男女之间发生交叉。

（4）体型特点：青春期男生上体围、宽度增长得较快。女生则是下肢的围度、宽度增长得较快，形成了男生上体宽粗、下肢细长，女生则是上体窄细、下肢粗短的体型。

6. 运动素质的年龄特征

运动素质是人体在活动中所表现的基本能力，其可分为基本运动素质和复合运动素质。基本运动素质主要包括力量、速度、柔韧和耐力等。

7~25岁各项身体素质随年龄增长而增长，其中在青春发育期（男15岁、女12岁左右）增长的速度快、幅度大；女子从15岁开始，随着年龄增长而各项素质有下降趋势，18~22岁又稍有回升，22岁后又下降，而男子在25岁以前基本呈上升趋势。

运动素质由增长阶段过渡到稳定阶段的先后顺序是：速度最先、耐力素质次之、力量素质最晚，男女均按此顺序。在不同的年龄阶段中，各项素质增长的速度不同，把运动素质增长速度快的年龄阶段叫运动素质发展的敏感期（见表5-3）。

表5-3 素质发展的敏感期

单位：岁

素质	敏感期	素质	敏感期	素质	敏感期
平衡能力	6~8	灵敏性	10~12	速度	7~14
柔韧性	6~12	节奏性	10~12	力量	13~17
反应速度	7~12	协调性	10~14	耐力	16~18
模仿能力	7~12				

（1）力量素质的年龄变化

在少儿时期，力量随着年龄的增长而自然增长，但其中绝对力量（不考虑体重因素）逐渐增长，而相对力量（绝对力量/体重）增长不多，甚至呈下降趋势。

（2）速度素质的年龄变化

儿童少年的速度素质随年龄而自然增长。其发展较其他素质为早，其增快的年龄和最高成绩的年龄阶段也较其他素质早。我国青少儿速度素质发展最快阶段的年龄男孩为7~14岁，女孩为7~12岁。男子速度素质的成绩达到最高峰并相对稳定的年龄为19岁，女子则为20岁左右。

(3) 耐力素质的年龄变化

通常认为儿童少年处于生长发育阶段，氧化过程比成人旺盛，耗氧多，但血红蛋白和肌红蛋白的含氧量却比成人少，心肺机能较弱，无氧代谢能力差，负氧债的能力较小。如在进行3分钟大强度运动时，9岁儿童的工作能力只有18~30岁人的40%、12岁是65%、15岁是92%，证明耐力素质出现最高成绩的年龄较晚。

(4) 灵敏素质的年龄变化

灵敏素质是一种综合素质，它与人对空间定位和时间感觉的能力有关，也与速度和力量素质有关。在十三四岁前，通过训练来发展灵敏素质可取得较大的效果。

(5) 柔韧素质的年龄变化

儿童关节韧带的伸展度较大，其伸展性随年龄的增长而下降。综合考虑上述少年儿童的生长发育基本规律，在科学选材过程中，必须考虑下列问题。

①按照生长发育的共性规律进行选材预测，对某一个体运动员来说，不可避免地出现偏差，只有在了解共性的基础上，结合育才过程，深入观察和了解个体生长发育的特点，针对个性育才，选育交替进行，才可能发现好苗子。

②人体各种机能和素质在少儿时期的发展敏感期是不同的，在选材过程中，不但要了解一般少儿(不参加确练的少儿)机能和素质的初始水平、增长速度和发展敏感期的长短等情况，更重要的是在育才条件下，运动员机能素质对训练和环境的适应程度及其初始水平、增长速度和增长期的长短等情况。

③处在同一个生日年龄的少年儿童，其发育的程度是不相同的。可以从骨龄、齿龄和性征等方面鉴定。但能真正反映生长发育程度的指标是骨龄(即生物年龄)，根据骨龄和生日年龄的差值，可把少儿分成早熟、正常发育和晚熟三种类型。同时，又可以根据这三种类型青春期高潮持续时间的长短，确定其运动潜在能力大小和成才率的高低。实践表明：成才率最高的，运动潜在能力大的，是那些正常发育且青春期高潮持续时间延长类型的少儿。

④生长发育阶段的选材，必须在育才的条件下，即在一定的训练和环境因素作用下，紧密结合各运动项目的特点，逐渐地挖掘运动员某方面的潜力，扬长避短，及时找到适合运动员特点和个性的项目——即定向，甚至是转项。

5.1.3 影响生长发育的因素

儿童少年生长发育过程是个体在先天遗传和后天环境中各种因素相互作用的结果，遗传决定机体发育的可能范围，而环境条件则影响遗传潜力的发挥，在遗传性和适应性矛盾对立统一的过程中，决定发育的速度和最后达到的程度。

1. 遗传对生长发育的影响

遗传对生长发育的影响表现在身体的大小/形状、构成和生长速率等表现具有家族内相似性和种族内相似性。世界上不存在完全相同的人体，正常子女的身高、容貌在很大程度上取决于父母，但又不完全像。同一母亲所生子女，甚至孪生兄弟也各有不同之处,如肤色、身高、体重、身体素质、运动能力、智力、气质、性格、身体的基本活动能力及寿命等方面都具有不同的遗传性。

2. 环境对生长发育的影响

适宜的环境可以使遗传因素得到充分的发展,还能使某些遗传方面的缺陷受到抑制和弥补。人类生活在自然环境和社会环境当中,依赖于这两种环境对人体发展的主要作用,但是起决定作用的应是社会环境,这个环境是人类生活的物质条件。

人体的生存离不开日光、空气和水,优美的自然环境会使人振奋精神、呼吸通畅,内分泌协调,对人体产生良好的生理影响。相反,混浊的空气、没有草木的大地、污染的河流水源、日晒时间的不合理等,都会危害人体的健康。

3. 体育锻炼因素

进行经常的、全面的体育锻炼,可以使机体在运动中消耗的能量得到超量恢复,增加体内的能量储备,提高机体内各组织、器官、系统的功能,使机体对营养物质的供应能力增强,促进机体的新陈代谢,摆脱一切对人体健康有影响的不利因素,达到增强体质的目的。

在青少年时期,身体正处在生长发育不稳定阶段,身体的形态机能尚未定型,有一定的弹性。因此,这个时期是形成和发展良好的体型、体态、体质及获得健美体格的关键时期。按"用则进"的规律,如果一个人先天体质较弱,只要他能按科学方法积极参加体育锻炼,而且坚持经常,持之以恒,可有效地弥补先天不足,从实践中获得健壮的身体。相反,你的先天条件再好,但缺乏意志品质、怕苦、怕累、懒惰、不参加体育锻炼,强健的身体也会变弱,这就是"不用则废"的道理。强和弱是矛盾的两个方面,但它们之间可以相互转换,在诸多影响人体生长发育的因素中,有计划、有目的、科学地进行身体锻炼是对人体产生影响的最大因素,运动可以改变人的体质,使弱者变为强者,强者会变得更健壮。

4. 心理因素

心理活动是受中枢神经系统支配的,它与生理活动有着不可分割的联系,因此,心理状态的好坏必然影响躯体的健康。对人体心理因素构成的影响主要表现在以下两方面:一种是消极情绪的影响,如焦虑、怨恨、忧郁、愤怒、恐惧、悲伤等,会给大脑皮质带来恶性刺激,出现心跳加快、血压升高、失眠、食欲减退、尿急、月经失调等症状,造成机体的抵抗能力下降,各种生理功能失调。另一种是愉快情绪的影响,如希望、快乐、豪爽、和悦等,愉快的情绪会给人带来安宁、幸福、健康和长寿。同时良好的情绪会通过神经系统和内分泌系统改善对人体其他器官系统的活动。

5. 营养

营养是生长发育的物质基础,少年儿童在迅速成长发育的阶段,必须由外界吸收足够的各种营养素,尤其是足够的热量和优质蛋白、足够的铁和钙、各种维生素,以及适宜的微量元素作为生长发育的物质基础。生长发育阶段要保证同化作用超过异化作用,必须有充分的营养物质供应。少年运动员处于生长发育阶段,体育锻炼、运动训练又要消耗较多的能量,因此,要特别注意营养物质的补充。研究表明,营养对儿童生长发育无论在形态、功能、心理、免疫力和智力等方面都会产生一时性和永久性的影响。例如，锌缺乏时，可造成机体和骨骼生长发育不良，除功能衰退，还能导致胚胎畸形；缺钙会影响骨骼和牙齿的发育，使身材矮小，并容易引起抽筋和过敏性疾病；而铁、碘、锌、维生素 A 等缺乏，导致孩子从幼儿至学龄时期的智力发育及学习能力的不足。供给含钙食物和补充维生素 D，可预防佝偻病（软骨病）；添加牛奶或豆浆等对生长发育可起到良好的作用。

人们通常只注意营养缺乏，其实营养过剩同样会影响身体的发育。中国城乡学龄少年儿童超重、眼睛近视情况都很突出，而学生的肺活量、速度、力量等体能素质也持续下降。

6. 疾病

急性疾病影响少年儿童生长发育最为明显。如急性肠胃疾病对消化吸收起到很大破坏作用，致使儿童体重减轻。有的传染性疾病（如病毒性脑炎）由于严重的病理变化使大脑皮质的功能失常，以致出现动作迟缓和语言发育推迟等严重的后遗症。严重的慢性病、流行病和地方病，对儿童少年生长发育的影响更大。

7. 气候和季节

一般说来，生在气温较高的热带和温带地区的儿童少年，性成熟期较早出现，身体发育水平略低一点；而生活在气温较低的寒冷地区的儿童少年，则性成熟期较晚一点，身体发育水平也略高一点。例如，在我国北方和南方地区的儿童少年，在身体发育方面存在着地区差别。在同一地区春、夏、秋、冬各个季节对发育也是有影响的。一般来说，春季身高增长最快，秋季体重增长最快。

8. 社会因素

社会因素对儿童生长发育的影响是综合性的。其中，主要的决定因素是经济发展的情况，以及与之有关的营养、居住、医疗和体育等条件。在同样经济条件下，家庭中子女的多少对生长发育的影响很大。多子女的家庭，儿童的生长发育都会受到明显的影响。

环境污染也是影响儿童少年生长发育重要的社会因素，主要是噪声、中毒、感染和创伤等，尤以噪声危害严重，它使柯蒂氏器内听毛细胞受破坏，长期可致永久性损害。家庭吸烟环境也严重影响儿童的健康与发育，家中吸烟成人越多、吸烟数量越大，儿童健康越差。近年一项调查表明，上海约有 3 万名性早熟儿童，性早熟拖垮了孩子的身高，主要原因是受食物中催长剂等的影响。含高糖、高脂和高热量的快餐也不利于儿童少年身体健康。如今看电视、上网、玩手机成为多数儿童放学回家后的主要活动，这也是他们体质下降的原因之一，这种普遍的社会现象是随着工业迅速发达引起的社会文明病。

5.2 选材年龄

成材的年龄范围、育才的必要年限、专项的特殊要求和竞技能力发展的规律是选材时年龄必须考虑的问题。选材的适宜年龄与竞技运动训练关系极大，它关系到选材、育才、成才及其质量效果。确定选材适宜年龄的方法，一般是把达到最高成绩的年龄，减去所需要的训练年限,其差值即为该项目选材的年龄。该年龄常常指的是适应的年龄区间。"初级选材年龄宽容度"是指在初级选材时允许的选材最大年龄与最小年龄之间的差异程度。表5-4列举了主要运动项目的初级选材年龄范围和年龄宽容度,可作为研究运动员选材适宜年龄时的参考。

表5-4 主要运动项目初选年龄和选材年龄宽容度

单位:岁

运动项目	初选适宜年龄范围(括号内为选材年龄宽容度)	
	男	女
游泳(中长)	6~7(5~8)	5~7(5~8)
竞技体操	7~8(6~9)	6~7(5~8)
游泳(短)	7~8(6~10)	6~7(5~9)
跳水	7~8(6~10)	*
羽毛球	7~9(6~10)	6~8(5~9)
武术	7~9(6~10)	6~8(5~9)
网球	7~9(6~11)	6~8(6~10)
短跑	8~10(7~12)	7~9(6~11)
足球	10~13(9~14)	9~12(8~13)
篮球	10~13(9~14)	9~12(8~13)
排球	10~13(9~14)	9~12(8~13)
垒球	11~14(10~15)	11~13(10~14)
射击	11~14(10~15)	11~13(10~14)
射箭	11~14(10~15)	11~13(10~14)
跨栏	12~15(11~16)	11~14(10~15)
中长跑	12~15(11~16)	11~14(10~15)
举重	12~15(11~16)	11~14(10~15)
皮艇	12~16(11~17)	12~15(11~16)
划艇	12~16(11~17)	12~15(11~16)
赛艇	12~16(11~17)	12~15(11~16)
自行车	12~16(11~17)	12~15(11~16)

注:1. 年龄应以骨龄为准;2. "*"为该栏未统计。
资料来源:王金灿.运动选材原理与方法[M].北京:人民体育出版社,2009.

有关初级选材年龄宽容度基本结论如下。

(1)女性选材年龄宽容度和选材适宜年龄比男性小。女性在儿童青少年时期发育比男性早1~2年,使运动能力的发育早于男性,所以大多数运动项目的选材年龄女性早于男性,且由于女性育材年限较短,达到最佳水平的年龄较小,造成其选材年龄宽容度小于男性。

(2)决定该项目的运动素质发展敏感期越晚,则该项目的选材年龄宽容度和选材适应年龄越大。

(3)从事某项目专项训练前已有与之相关的运动训练经历者,其选材年龄宽容度和选材适应年龄可适当增大。

(4) 选材适应年龄或初达优异成绩的年龄较大且育材年限较短的运动项目,选材年龄宽容度和选材年龄亦大。

5.3 青少年生长发育程度及其鉴别方法概述

年龄是运动选材中的重要因素,对生长发育程度判断尤为重要,在运动选材时应高度重视年龄这一因素。用年龄来评定机体生长发育程度情况在运动选材中具有重大意义,年龄不仅能够正确评价当前的生长发育状况,还能够准确预测机体生长发育趋势,年龄还用来研究不同生长发育分型对选项、成才的影响。

5.3.1 发育分型及其确定

从医学角度来说,年龄可以分为日历年龄(年代学年龄)和生物年龄。通常人们说的年龄是指日历年龄,可以直接根据出生日期进行计算,而生物年龄则是从人体的身高、牙齿、骨骼进行推测的年龄。骨龄作为生物年龄的主要组成部分,通常可以根据骨骼生长发育的规律进行预估。尽管骨龄(生物年龄)能准确地反映个体的实际发育程度,但生长发育的迟早还是存在个体差异的,即受遗传、营养、疾病等因素的影响,其日历年龄与生物年龄并不一致,有时甚至可以相差几岁。正是由于日历年龄并不一定能真正地反映一个人身体成熟的早晚,而发育程度才能真实地反映一个人的成熟状况,所以在选材中通常比较重视那些生物年龄与日历年龄一致或略低些的少儿运动员。

根据青春期发育开始时间早晚和青春期发育高潮持续时间长短又可分为以下9种发育分型,见表5-5。

表5-5 青春期生长发育的类型

青春期起始时间	青春期生长发育高潮持续时间		
	缩短	正常	延长
提早	早发缩短型	早发正常型	早发延长型
正常	正常缩短型	完全正常型	正常延长型
推迟	晚发缩短型	晚发正常型	晚发延长型

(1) 青春期起始时间的确定方法

青春发育期是生长发育的第二次高潮,是少年向成年转变的关键时期。一般男少年在骨龄13岁、女少年在骨龄11岁时进入青春发育期。青春发育期开始的特征(标志)是出现拇指种籽骨骨化中心,乳房开始发育,第一次出现乳节(虽然男少年只是一过性乳节,时间很短,有时仅单侧出现,但其出现率仍在70%~80%以上)。所以,在判断是否进入青春发育期除了骨龄观察外,还要对第一、第二性征进行观察,当这些特征(标志)出现时即是进入青春期的信号。当这些特征(标志)比一般时间提早或推迟出现达到两年或两年以上时间,即认为其青春期开始时间提早或推迟,也可认为其属于早熟型或晚熟型。

(2) 青春期发育高潮持续时间的确定方法

从进入青春发育期高潮到发育趋于稳定,一般历时四年左右。因个体差异,有少数人可能会更长或更短些。青春期发育高潮的持续时间长短与骨龄成熟的早晚有关,这种差异可能是遗传特征的表现,也可能同时受环境(特别是营养)因素的影响。在此期间,人体身高突增,体重明显增加,形态趋于成人,内脏器官趋于健全,生殖器官接近成熟并出现第二性征。

5.3.2 骨龄及其判定方法

1. 骨龄测评的原理

人的生长发育尤其是身高的增长主要取决于骨的长度增长。在少年儿童时期的骨龄生理、解剖特点是骨骼尚未完全骨化,在长骨的骨骺与骨干之间存在骺软骨不断增长,人的身高也不断增高,12~18岁的少年儿童骺软骨的生长速度很快,四肢尤为明显,18岁以后骺软骨本身逐渐骨化,使骨干与骨骺愈合为完整的骨,骨就不再生长,身高也就不再增高了,通过鉴定骨龄能较准确地反映出少年儿童的骨骼生长发育情况、骨化程度和生物年龄。

手部因为骨骼数目较多、能够使受测人减少X射线的辐射和便于拍摄等优点被公认为观察骨发育和骨龄评估的重要部位,适合各年龄段。判断骨骼发育程度有三个依据:(1)骨化中心出现的数目及大小;(2)骨化中心的骨化区域和骨骺的形态变化;(3)骨骺与骨干的愈合。

骨龄与其他许多生理指标相比,具有两个明显特点:第一是不同地区、不同种族的儿童少年,其骨骼发育遵循相同的规律,只是速度略有不同,具有良好的客观性和可比性;第二是骨龄比日历年龄更能精确地反映少年儿童生长发育的实际水平。

2. 骨骼发育规律

(1) 骨骼发育包括骨化与生长

骨化有两种形式:①膜内化骨,如颅盖骨和面骨;②软骨内化骨,如四肢躯干骨。

(2) 影响骨骼发育的因素

骨组织的生长必须具备两个条件:一是由于成骨细胞的作用,形成细胞的骨基质,骨细胞埋置于其中,形成骨样组织(osteoid tissue);二是矿物盐在骨样组织上的沉积。影响骨骼发育的因素很多,如自然环境、生活习惯、居住条件、医药卫生、营养状况、教育水平、遗传、种族、地区等,此外加强身体锻炼可影响骨的形态结构,使骨骼发育加快。

3. 拍片部位和方法

(1) 拍片部位

骨龄评估普遍认为手腕是最理想的拍摄部位。这里集中了较多的长骨(如尺、桡骨远端,各种排掌骨、指骨)、短骨(如8块腕骨)和圆骨(如籽骨),集中反映了全身骨骼生长和成熟情况,而且投照方法简单,X线损害也最小,目前已有明确和可靠的标准图谱。

拍摄时,受测对象左手五指分开,手心向下紧贴成像板,手伸直与前臂呈一直线,X

光镜头对准第三掌骨头,距手背约90厘米。X片除应包括全部手、腕骨外,还应包括桡骨远端3~4厘米。

(2) 拍摄手腕部位的要求

①拍摄当日测量体重、身高等形态指标,记录出生年月日。

②拍摄弱手全手骨(包括桡、尺骨远端)正位片。

4. 骨龄的判读方法

解读的方法有简单计数法、图谱法、计分法、计测法和计算机骨龄评分系统等,最常用的是图谱法(如G-P标准、CHN法)和计分法(TW-Ⅰ、TW-Ⅱ和CHN法);根据骨龄预测成年身高包括B-P法、RWT法、TW-Ⅱ法等。其中CHN法是目前我国应用最为广泛的骨龄判读标准。

(1) 计数法

计数法是通过观察单部位或多部位继发骨化中心出现时间、数目、成熟度的年龄特征来衡量骨骼发育水平。通常以50%出现率所在的年龄为正常值的标准。1926年,Todd首先提出了仅适应于学龄前期和青春后期儿童计算骨化中心的方法即儿童骨龄等于腕部骨化中心-1。Elgenmark法是通过照一侧躯体6个部位,计算骨化中心总数然后查表求得骨龄。1959年,Garn根据手腕部X线片列出了仅限于学龄前儿童骨化中心出现与年龄对应的图表。1950~1960年,刘惠芳、顾光宁等先后报道了我国儿童的骨化中心出现和干-骺闭合的年龄,并提出了我国儿童骨龄计数法的标准。由于计数法误差较大,在国外已经很少使用。

(2) 图谱法

标准图谱法的原理是根据人体骨骼生长发育的规律性,按男女性别,从新生儿到成年各阶段的骨骼变化拍成X光片,挑出最有代表性的作为标准X光片图谱。评价骨龄时,先拍摄受测者的X光片,然后对照标准图谱,看其骨的发育与哪幅图相符,依次判断其骨龄。

(3) 计分法

计分评定法是在不同年龄组的大量手腕骨骼X光片中,经过统计学处理,依其骨骼发育的不同程度,分出等级,再根据其等级得分累加,其总分与骨龄积分表相对照,查找相应的年龄(骨龄)。其优点是比图谱法的年龄间隔缩小,精确度较高。

①TW2法,1954年,Acheson提出第一个骨成熟度计分法。在此基础上英国人Tanner和Whitehouse于1962年研究并提出TW1法,该法以20世纪50年代英国伦敦中产阶层家庭的2700个儿童(其中一次性横向观察2200人,纵横结合500人)为研究对象,挑选尽可能代表个体发育信息多且较为鲜明又易于区分的左手腕骨拍摄正位X线片。依照能使每个人20个骨的各期分值离均差平方和最小的思路,对各骨各等级进行赋分,总分为1000分,然后查骨龄得分表求得骨龄。

②骨龄百分计数法,李果珍骨龄百分计数法原理同TW2法。它是以20世纪60年代初期北京地区1938例0~18岁青少儿为研究对象,拍摄右手腕骨X线片,仅选取手腕部

10个骨做一次性横向观察。然后采用Tanner评分法,将10个骨发育到成熟期所需要的平均年数的总和作为100,计算各骨各期相应百分数即为骨龄发育指数。最后将10个骨各期骨龄发育指数相加后,从标准表或曲线图查出骨龄。

③CHN法,张绍岩等以20世纪80年代我国南北方11个省市的22160例0~19岁儿童、青少年为研究对象,选取左手腕部14个骨骺拍摄X线片,对TW2法进行修改,并利用方差极小化和迭代法的数学方法,参考G-P图谱法,重新确定了骨发育分级及各级分值,提出了中国人骨发育等级标准。该法舍去尺骨、三角骨、月骨、舟骨、大多角骨、小多角骨等权重指数接近0的这六块骨,只对骨化中心出现早、生长发育期长、等级评定可靠性高的骨给予较高的权重。CHN法在判定13~18岁生长突增期男性青少年年龄较为准确,并使得手腕骨生长发育研究由定性达到了定量分析。

④叶氏法,1985年,叶义言认为不宜将TW2法直接用于我国儿童的骨龄评估。于是,他以20世纪80年代长沙市2122例儿童为研究对象,对TW2法进行了修正、改良,实现了骨发育分期系统"本地化",并在CHN法14块骨的基础上增加了尺骨和5块腕骨,使评定更加全面。此法的骨龄评估基本思想和TW2完全一致,被称为TW系列的中国版。继而于1998年研制成该方法CD-ROM,由计算机辅助评定骨龄,已在我国各地临床应用。

(4) 计测法

计测法是通过测定骨化中心面积、纵横轴之比,骺板及骨干的长度、面积、形状或计算它们之间的相对比例以及测量骨化中心的最大径、骨松质长度与指数,将得到的数值作为参数,经统计分析处理后,确定活体骨龄的方法。

(5) 计算机骨龄评分系统

①TW3法,为了适应北美、欧洲儿童的生长发育状况,1997年Tanner等开始修订TW方法的评价标准,2001年将TW2法修改为TW3法,亦称RUS评估法。该法采用了手腕部及手掌13块管状骨进行研究,是目前国际上最新的一种评判标准。

②中国青少年儿童手腕骨成熟度及评价方法,2002年,由河北省体育科学研究所申请立项并修订骨龄标准,于2005年完成了阶段成果《中国人手腕骨发育标准-中华05》,2006年将《中国青少年儿童手腕骨成熟度及评价方法》认定为行业标准(TY/T3001-2006),并以此代替了CHN法。它是以我国当代社会经济发展中上水平、全国南北方有代表性城市中年龄介于0~20岁男女共17401名健康儿童为样本,通过拍摄左手腕后前位X线片,同时测量身高、体重;采用国际普遍应用的TW3计分法修订的骨龄评价标准。并利用Tanner等的方法拟合骨成熟度得分曲线,制定了骨发育生长评价图表,同时提出了适用于体育领域的RUS-CHN法。

③骨龄自动评价系统,随着骨骼X线图像数字化处理技术和计算机硬件设备的发展,骨龄自动评估系统的研究在近年来有了迅猛地发展,尤其是近几年的欧美国家和地区开发出了大量的计算机辅助评估系统。它是一种基于数字化信息技术和分类的统计方法,利用计算机数字影像技术和模式识别技术相结合,通过对图像分析、处理,实现图

像自动识别并运算得出骨龄,从而替代人工的评定方法。

骨龄数字化评判系统优点主要表现在:a.提供骨龄判定中计算的方便,使判定周期大大缩短,节省大量时间;b.将人工计算不可避免的误差降低到最小;c.为参赛少儿运动员选择最佳注册时间提供更全面的参考依据;d.可改善各省、市、县体育局及各级体校运动员管理中存在的问题,实现正规、高效地处理运动员骨龄管理中的各项事务。

以上方法虽然得到国际上的公认并被广泛应用,但各有优缺点,而且由于遗传和环境的影响,各种族各人群的发育速度是有差异的。要想了解本国本地区的骨骼发育状况,必须建立自己的骨龄评定标准。

5. 手腕骨骨化的顺序

根据美国 William Walter Greulich 和 S. Idell Pyle 的观察,手腕骨(如图5-2所示)开

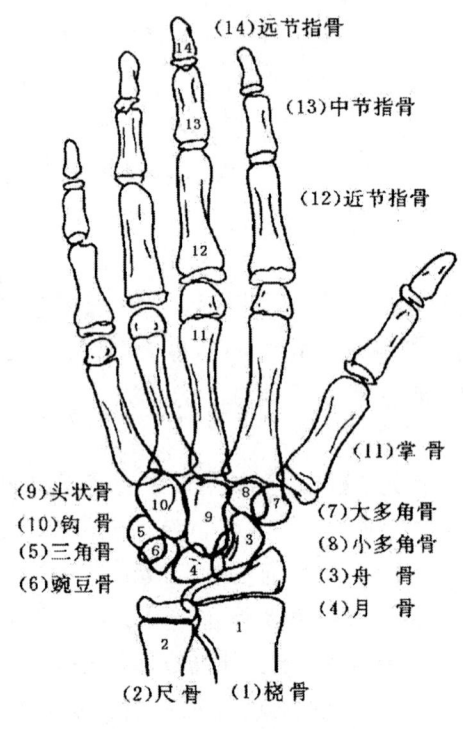

图5-2 手腕骨图

始骨化的基本顺序为:①头状骨;②钩骨;③桡骨远侧端骨骺;④第三手指近侧指骨的骨骺;⑤第二手指近侧指骨的骨骺;⑥第四手指近侧指骨的骨骺;⑦第二掌骨骨骺;⑧第一手指远侧端指骨骨骺;⑨第三掌骨骨骺;⑩第四掌骨骨骺;⑪、第五手指远侧指骨骨骺;⑫第三手指中间指骨骨骺;⑬第四指中间指骨骨骺⑭第五掌骨的骨骺;⑮第二手指中间指骨的骨骺;⑯三角骨;⑰第三手指远侧指骨骨骺;⑱第四手指远侧指骨骨骺;⑲第一掌骨骨骺;⑳第一手指近侧指骨骨骺;㉑第五手指远侧指骨骨骺;㉒第二手指远侧指骨骨骺;㉓第五手指中间指骨骨骺;㉔月骨;㉕大多角骨;㉖小多角骨;㉗舟骨;㉘尺骨远侧端骨骺;㉙豌豆骨;㉚拇指内收肌籽骨。

6. 手腕骨 X 线影像术语与定义

（1）钙化点：软骨内或膜内骨化时，基质开始骨化的部位，X 线影像为无骨性结构的致密点。

（2）骨化中心：软骨内或膜内骨化时，从钙化点开始骨化的部位，X 线影像为具有骨性结构的骨化点。

（3）骺：少年儿童长骨未完成发育的骺端，简称为骺。新生儿长骨两端为软骨，随生长发育骺软骨内出现次级骨化中心。随骨化中心骨化的扩展和骺软骨的增殖，骨骺端不断增长和扩大，但骨化中心周围的软骨仍然为骺软骨，X 线影像不显影。

（4）骺软骨板：生长阶段的长骨骺内次级骨化中心与干骺端之间的板状透明软骨。骺软骨板软骨细胞分裂增殖和软骨的骨化，使长骨不断加长。成年后骺软骨板骨化，骨骺与骨干融合。

（5）缘：与 X 射线束平行的骨表面所形成的线条状 X 线影像。

（6）关节面：组成关节的骨的相对面，以与它相关节的骨命名，例如在头钩关节中，头状骨的关节面称为头状骨的钩骨面。

（7）变平：骨开始出现关节面，X 线影像表现为圆弧状的缘上出现直线段。

（8）凸：在发育过程中，组成关节的骨的关节面开始按相对骨的关节面成形，X 线影像表现为圆弧状或直线状的缘向外突出。

（9）凹：在发育过程中，组成关节的骨的关节面开始按相对骨的关节面成形，X 线影像表现为圆弧状或直线状的缘向内凹陷。

（10）致密：不同骨面影像重叠或骨密度增加所形成的浅而明亮的 X 线影像。

（11）覆盖：骺的骨化中心近侧缘或远侧缘沿相邻干骺端，包绕干骺端的顶部边缘。

（12）融合：骺软骨板钙化，导致骺软骨板消失，骨干与骺连成一体，X 线影像表现为原骺软骨板的黑色暗带消失。

（13）发育等级：根据在生长发育过程中形态和密度变化特征的 X 线影像，将骨发育过程所划分的若干发育阶段。

（14）骨骼年龄：骨骼年龄简称骨龄，是青少年儿童骨骼发育成熟度的度量单位。

（15）骨龄标准：骨龄标准代表了人体发育过程中骨骼发育的成熟程度，其数值为制定标准样本中各年龄组的生活年龄。将个体骨发育成熟程度和骨龄标准相比较而得出骨龄。

5.3.3 第二性征及其判定方法

当男女青少年进入青春发育期后，出现了一些性别上的差异，称为第二性征。男青少年的第二性征主要是长胡须、身材高大、喉结突出等，女青少年的第二性征主要是骨盆宽大、乳腺发达、皮下脂肪增多等。常用的第二性征评价指标有乳房、睾丸、两性的阴毛和腋毛等。第二性征鉴别发育程度通常只能通过观察，无法测量。根据第二性征出现的年龄范围，陈明达、叶恭绍等人编制了指标分期标准，Marshall 等人研究了乳房、阴毛及生殖器的各期发生的平均年龄后,建立了第二性征的等级评定标准。

利用第二性征的方法鉴定运动员发育程度,简便易行,成本较低,非常适用于基层开展运动员选材工作;但是和骨龄鉴定方法相比,准确度偏低。通常是在第二性征和骨龄之间建立关系,利用第二性征来推导骨龄进行生长发育鉴定,这样就需要对检测方法和标准定期进行更新,以提高鉴定的准确性。

由于骨龄评定需要许多条件,而第二性征评定法具有简便易行,可以修正骨龄评定误差等特点,许多地区常用第二性征来评定发育程度,也可以用第二性征推导骨龄(见表5-6),故第二性征测评也成为科学选材中必不可少的一项。目前,在实践中常用的指标有睾丸的分度、月经初潮发生时间、乳房发育程度、阴毛发育程度等。

表5-6　第二性征推导骨龄对照表

骨龄	(男)阴毛	(女)阴毛	(男)乳房	(女)乳房	(男)睾丸	(女)月经初潮	(男)其他
9	0°	0°		0~1°	1°		
10	0°	0°		11~12°	2°		
11	0°	0°		12~21°	1~2°		阴茎开始增大
12	0°	0~1°		21~22°	2~3°		喉结增大
13	0~1°	2~3°	一过性乳节	22°	3°	月经初潮	
14	1~2°	3°		22°	3~4°		声音变粗
15	2°	3°		22°	4°		阴囊色素增加遗精
16	2~3°			22°	4~5°		
17	3°			22°	4~5°		长骨停止生长

资料来源:王金灿.运动选材原理与方法[M].北京:人民体育出版社,2009.

(1) 男少年睾丸测量及评价标准

①测量方法,测量时,受试者仰卧,测量者用直角测径规测其大的睾丸(或右侧睾丸)长径。

②睾丸分度及标准:

1°:长径为1.5cm;

1~2°:长径为1.5-2.0cm;

2°:长径为2.0cm;

2~3°:长径为2.5cm;

3°:长径为3.0cm;

3~4°:长径为3.5cm;

4°:长径为4.0cm;

4~5°:长径为4.0cm以上水平。

(2) 女少年乳房分度及标准

乳房是女性青春期第二性征发育最早的特征,是女性青春期开始的标志。一般10岁乳房就开始发育,但个体差异较大,有的可早至8岁或晚至13岁才开始发育。女少年乳房分度主要根据乳头、乳晕和乳腺在不同阶段的变化,以及乳节出现时间与大小进行分度评价。一般区分为六级,具体如下。

0°:未发育、乳部平坦;

11°:乳头、乳晕呈芽包突起,尚无硬块;

12°:有硬块出现,有触痛,其他与11°同;

21°:乳头、乳晕呈芽包突起,硬块大于乳晕,乳腺稍隆起;

22°:乳线鼓起较大,硬块不易摸到,其他同21°;

3°:乳头突起,乳线小时,乳腺鼓起显著,呈成熟状乳房。

（3）阴毛发育分度及标准

0°:无毛;

1°:开始出现,在阴茎(或大阴唇)部,毛稀而短;

2°:长到耻骨联合处,稍密且长,部位比较集中;

3°:分布范围广,毛密且长,呈倒三角形,并向耻骨联合上缘延伸。

5.3.4 牙龄及其判定方法

所谓牙龄即牙齿年龄,是根据牙齿发育、钙化及萌出等来评价人体生长发育程度的指标,其为评价牙齿、牙列、咬合发育及机体生长发育不可缺少的尺度。对牙龄的研究主要有几个方面:(1)牙齿的组成成分来推断牙龄;(2)根据萌芽的数目判别牙龄;(3)根据乳、恒牙替换及其萌出时间来判别牙龄;(4)根据牙齿发生、钙化、萌出的形态学判别牙龄;(5)根据牙齿增龄性变化的形态学判别牙龄。

青少年阶段龋齿发生的情况是比较多的,当龋齿发生的时候会影响牙齿的正常形态,特别是以口腔曲面全景片显示牙齿细微形态特征和以牙齿磨损程度为鉴定评判标准时,会影响对年龄的推断,通常推断出的年龄要比实际年龄来得大,在实际应用过程中必须充分考虑到。

牙齿是由牙胚发展而形成的。人的一生有两组牙齿,第一组称为乳牙,第二组称为恒牙。乳牙的发育成熟经历牙胚钙化、牙冠形成、萌出、牙根形成、吸收,牙齿脱落几个过程。恒牙的发育成熟经历牙胚钙化、牙冠形成、萌出、牙根形成几个过程。由于各个牙都有各自的发育规律,每一过程都有相对稳定的时间范围,所以各个牙齿的不均衡发育和牙齿发育的长期性为14岁以前个体的年龄鉴定提供了条件。

（1）牙齿的萌出推断年龄

①乳牙的萌出。乳牙,人萌生的第一组牙,共20个,上、下颌各10个如图5-3所示。乳牙的萌出顺序为,首先是下颌乳中切牙,接着是上颌乳中切牙,以后依次为乳侧切牙、第一乳磨牙、乳尖牙、第二乳磨牙,先下颌牙后上颌牙。乳牙的萌出、脱落时间见表5-7。

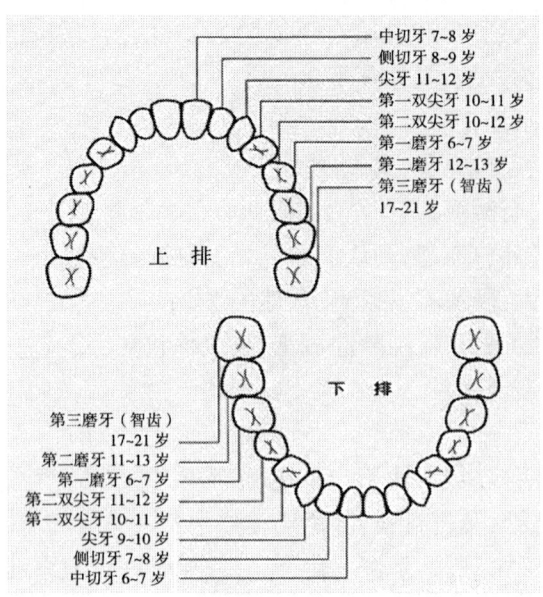

图 5-3 乳牙

表 5-7 我国儿童乳牙萌出与脱落时间

乳牙	上颌		下颌	
	萌出(月)	脱落(岁)	萌出(月)	脱落(岁)
中切牙	7.5(6~9)	7~8	6(5~8)	6~7
侧切牙	9(6.5~10)	8~10	7(6~9)	7~8
尖牙	18(16~20)	11~12	16(14~18)	9~11
第一磨牙	14(12~18)	10~11	12(10~14)	10~12
第二磨牙	24(20~30)	10~12	20(18~24)	11~13

②恒牙的萌出。恒牙萌出顺序为,最先萌出的恒牙为第一磨牙(先上颌后下颌),不替换任何乳牙,以后萌出顺序依次为中切牙(下、上)、侧切牙(下、上)、第一双尖牙(上、下)、尖牙(下、上)、第二双尖牙(上、下)、第二磨牙(下、上)、第三磨牙。第二磨牙萌出后,牙列转为纯恒牙列。恒牙萌出时间见表5-8。

表 5-8 我国儿童恒牙萌出时间

单位:岁

恒牙	上颌		下颌	
	男	女	男	女
中切牙	6.5~8	6~9	6~7.5	5~8.5
侧切牙	7.5~10	7~10	6.5~8.5	5.5~9
尖牙	10~13	9.5~12	9.5~12	8.5~11.5
第一尖牙	9~12	9~12	9.5~12.5	9~12
第二尖牙	10~13	9.5~12	10~13	9.5~13
第一磨牙	6~7.5	5.5~7.5	6~7.5	5~7
第二磨牙	11.5~14	11~14	11~13.5	10.5~13
第三磨牙	17~40	17~40	17~40	17~40

第三磨牙萌出时间差异较大，最早可在14岁萌出，多数在18~30岁时萌出，也有终生埋藏在颌骨内不萌出者。

③根据牙齿萌出推断年龄的方法。根据牙齿的萌出推断年龄，先要分清乳牙与恒牙（见表5-9）。分清乳牙与恒牙后就可以按表5-7与表5-8中所给乳牙与萌芽萌出时间数据推断未成年人年龄，具体操作方法如下。

表5-9 乳牙与恒牙的鉴别表

	乳牙	恒牙
牙冠颜色	呈白垩色，釉质透明度差，缺乏光泽	呈浅黄色，釉质钙化及透明度高，有光泽
硬度	小	大
前牙牙冠	短而宽，各角钝圆	切龈长度大于宽度，各角较尖锐
后牙咬合面	小而收拢	大而展开
牙颈部	明显变细，根冠分明	逐渐变细，不如乳牙明显
体积与比重	比同名恒牙体积小，比重小	比同名乳牙体积大，比重大
全牙长度	较短	较长
牙根	较小而细长，常有根部吸收	较大而粗短，无根部吸收
后根分叉	大，其宽度大于牙冠	较小，一般不宽于牙冠
髓腔	按与牙体比例，髓腔大，根管粗，髓角高	按与牙体比例，髓腔较小，根管较细，髓角较低
根管比例	根长明显大于冠长	无乳牙明显
牙根数	单根 Ⅲ Ⅱ Ⅰ | Ⅰ Ⅱ Ⅲ / Ⅲ Ⅱ Ⅰ | Ⅰ Ⅱ Ⅲ	单根 5 3 2 1 | 1 2 3 5 / 5 4 3 2 1 | 1 2 3 4 5
	双根 Ⅴ Ⅳ | Ⅳ Ⅴ	双根 4 | 4 / 7 6 | 6 7
	三根 Ⅴ Ⅳ | Ⅳ Ⅴ	三根 7 6 | 6 7
咬合面磨耗	在混合牙列中，磨耗较恒牙为重	
牙尖数	2个牙尖 Ⅳ | Ⅳ	4个牙尖 6 | 6
	4个牙尖 Ⅳ | Ⅳ	5个牙尖 6 | 6

如果是乳牙列，乳牙萌出未完全，则幼儿年龄不到3岁，再根据乳牙的数目和位置进一步缩小年龄的范围。如乳牙已完全萌出，尚无恒牙萌出，则其年龄可为3~5岁。如第

一恒磨牙萌出,则说明5岁或6岁了。

如系混合牙列,其年龄应考虑为5~7岁至13岁左右。在混合牙列中,如仅有恒切牙出现,其年龄应小于10岁,如同时有恒尖牙和或第二恒磨牙出现,则年龄为12~13岁。

如系恒牙牙列,应考虑其年龄大于13岁。如恒牙牙列中已出现第三磨牙(即智齿),则其年龄至少应大于16岁。完全萌出要在25岁左右,如位置不够,可阻止其生长。大于25岁,不能根据牙齿萌出来推断。

(2)根据牙齿磨耗情况判定年龄

宋宏伟等提出了新的牙齿磨耗分度标准(0~6)度;同时利用数量化理论对牙齿磨耗度与个体年龄之间的相关性进行研究,提出了"牙齿磨耗度相关矩阵表",为准确补充缺失牙齿的磨耗度提供相关的研究标准,见表5-10。

表5-10 牙齿的年龄鉴定

分级特征年龄	特征	年龄
Ⅰ级	齿尖顶和边缘部分微有磨耗	20岁以下
Ⅱ级	齿尖磨平或咬合面中央凹陷	20~30岁
Ⅲ级	齿尖大部分磨去,暴露齿质点	30~40岁
Ⅳ级	齿质点扩大,互相连成一片	40~50岁
Ⅴ级	齿冠部分磨去,齿质部分暴露	50~60岁
Ⅵ级	齿冠全部磨耗,齿腔暴露	60岁以上

6 形态选材

6.1 形态选材与指标测试意义

6.1.1 运动员形态选材与指标测试意义

提高运动表现：通过形态选材与指标测试，可以评估运动员的身体形态、肌肉力量、柔韧性、心肺功能等方面的指标。这些测试结果可以帮助教练和训练团队了解每位运动员的优势和劣势，并制订针对性的训练计划。通过专门针对个体差异的训练，可以最大限度地发挥运动员的潜力，提高其运动表现。

预防运动损伤：形态选材与指标测试还可以帮助识别运动员潜在的身体不平衡或功能缺陷。例如，关节稳定性、肌群协调性等问题可能会增加受伤的风险。通过早期发现并进行针对性的训练和康复干预，可以帮助预防运动损伤的发生，保持运动员的健康和长期竞技能力。

优化装备选择：不同运动项目和不同位置的运动员可能需要特定的装备来提供最佳的支持和保护。形态选材与指标测试可以为运动员提供数据支持，以选择最适合其身体形态和运动需求的装备。这可以提高舒适度、灵活性和运动效率，并减少不适和潜在的损伤风险。

选拔与选拔培养：在竞技体育领域中，形态选材与指标测试通常用于选拔和培养阶段。通过测试和评估运动员的身体素质和潜力，可以为选拔人才和制订个人训练计划提供参考。

6.1.2 运动员形态测试的准备工作和要求

预约与安排：与进行测试的机构或专业人员提前预约，并确定测试的时间和地点。确保测试时没有其他时间冲突，并留出足够的时间完成测试。

适当休息和营养：在测试前的一天，保持良好的休息和饮食习惯。避免过度劳累、缺乏睡眠和摄入不健康的食物，以确保身体状态最佳。

穿着合适的服装：穿着适合运动和测试的服装，例如运动裤、运动上衣和运动鞋。确保服装不会限制身体活动，并且测试者能够自由移动。

身体清洁与干燥：确保测试时身体干净、无汗液和油脂。这有助于测试器材的精确测量和减少测试误差。

不同测试的特定要求：根据具体的形态测试项目，可能会有一些特定的要求。例如，在进行身高测试时，应站立直立，头部贴近测量仪器；在进行柔韧性测试时，应按照指示完成特定的伸展动作等。

遵从测试人员指导：在进行形态测试时，遵循测试人员的指导和要求非常重要。他们将告诉您如何正确进行测试动作、姿势和注意事项，以确保准确性和可比性。

严格遵守测试规则：遵守测试的规则和程序，不擅自修改或调整测试过程。这有助于保持测试的一致性和可靠性。

6.1.3 运动员形态测量允许的误差范围

身高测量：一般来说，身高测量的误差范围应在±0.5厘米以内。
体重测量：体重测量的误差范围应在±0.5千克以内。
骨骼测量：对于骨骼测量，如骨骼长度或关节宽度等，误差范围通常在±0.5厘米以内。
皮脂厚度测量：皮脂厚度测量的误差范围可以在±1毫米。

6.2 常用形态选材指标

6.2.1 头部形态指标的测量指标、测试方法

头部形态与运动成绩的关系：除艺术体操、武术套路、花样滑冰等一些表演性的运动项目需要头部形态美，以增加得分之外，其他运动项目的成绩与头部形态没有直接关系。

头部形态的研究主要集中在以下三个指标：头长、头宽、头耳高。

1. 头长

头长是指眉间点到枕后点（枕外隆凸点）之间的距离。

测量仪器：弯角测径规。

测量方法：受试者取坐姿，头部正直，测试人员站在受试者的侧面，用弯脚规测量。测量者将弯脚规固定脚的一端置于眉间点，活动脚置于枕部，然后在正中矢状面上移动，测得的最大数值即为头长。意义与评价见表6-1。

评价公式：
头长高指数＝头耳高/头长×100
头宽高指数＝头耳高/头宽×100

表6-1　头长高指数和头宽高指数评价表

头长高指数	型别	指数	头宽高指数	型别	指数
	低头型	x~57.6		阔头型	x~78.9
	正头型	57.7~62.5		中头型	79.0~84.9
	高头型	62.6~x		狭头型	85.0~x

资料来源：邵象清.人体测量手册[M].上海：上海辞书出版社，1985.

2. 头宽

头宽是指左右头侧点之间的水平距离。

测量仪器：弯角测径规。

测量方法：受试者取坐姿，头部正直，测试人员站在受试者后面，用弯脚规测量。测量者立于受试者的后方，将弯脚规的两脚轻轻接触于侧壁，然后上下前后移动弯脚规，测得的最大数值即为头宽。左、右侧头侧点应在同一水平面和同一冠状面上。意义与评价见表6-2。

评价公式：头长宽指数=头宽/头长×100。

表6-2 头长宽指数评价表

型别	指数	型别	指数
特长头型	x~70.9	圆头型	81.0~85.4
长头型	71.0~75.9	特圆头型	85.5~90.9
中头型	76.0~80.9	超圆头型	91.0~x

资料来源：邵象清.人体测量手册[M].上海：上海辞书出版社，1985.

3. 头耳高

头耳高是指头部固定于眼耳平面时，自头顶点至眼耳平面的垂直距离。

测量仪器：耳高计。

测量方法：受试者取坐姿，头部正直，测试人员站在受试者侧面，测受试者头顶点到耳屏点之间的垂直距离，见表6-1。

通过测量以上三个指标，设头长高指数、头宽高指数、头耳高指数来表达头部的形态。

评价公式：头长高指数=头耳高/头长×100；头宽高指数=头耳高/头宽×100。

上述头长、头宽、头耳高指数能够反映头的形状，若要反映头与身高、坐高之间的关系，需要进一步通过头长宽指数与身高、坐高进行比较可以直接推算出头占身高的百分比。目前，在此方面研究报道极少，特别是用于选材的报道极为少见。

6.2.2 身体长度的测量指标（派生指标）、测试方法

1. 身高

人体身高变化，不仅受环境影响，更受遗传因素的制约，男性遗传度约为75%，女性约为92%。国人平均身高远低于欧美人，主要原因是种族差异所致，我国青少年骨发育成熟度比欧美人提早一年以上。我国少年儿童身高增长明显减速时，欧美儿童少年仍在增长的高潮中。

我国男性少年儿童身高增长最快在12~15岁之间，17岁以后基本趋向稳定。女性少年儿童身高增长最快在10~13岁之间，15岁以后基本趋于稳定。

测量仪器：身高测量计。

测试方法：受试者以立正姿势站在测量计的底板上，足跟、骶骨部与两肩胛骨间与支

柱相接触,耳屏上缘与外眼角呈水平,两脚分开呈60度,测量者站在受试者的侧面将支柱压板水平下移,轻放于头顶最高处,松紧度适宜,观察垂直木柱上贴有的钢尺的刻度并读取数值。

意义与评价:身高与很多运动项目的成绩密切相关,以篮球为主的大球项目在发展至今对身高已经有了很高的要求,从事该项目的运动员身高也越来越高,身高在从事这些项目所占的优势已经越来越明显。相反,另外一些项目如体操、武术等项目则要求运动员的身材小巧,这样更有利于这些项目的发展。

2. 坐高

坐高是指人坐姿时头顶正中线上最高点至座平面的垂直距离,它表示头颈加躯干部的长度。其遗传力较大,约为53.8%,也是训练中不易改变的指标。

测量仪器:坐高测量计

测量方法:受试者坐于坐高计的坐板上,两腿自然下垂,坐板的高度要求要达到正好使受试者小腿与大腿呈90度的一个高度。受试者躯干和头正直,骶骨部与两肩胛骨间接触支柱,耳屏上缘与外眼角呈水平。测量者站在受试者的侧面将支柱压板水平下移,轻放于头顶最高处,松紧度适宜,观察垂直木柱上贴有的钢尺的刻度并读取数值。

意义与评价:坐高/身高×100来反映坐高与身高的比例关系,表示躯干占身高比例中的相对长度,指数值越大说明躯干相对越长,指数越小说明躯干相对越短。

欧洲成年人坐高指数平均为:长躯干型指数为52.5以上,短躯干型指数为52以下。日本成年人坐高指数约为53.8。在运动员选材中,坐高指数小在绝大多数运动项目上是有利的。坐高指数小说明下肢相对较长,有利于在田径方面的发展。选材尽可能选择坐高指数较小的少年儿童。

3. 上肢

(1) 指距

指距又称指间距或肩臂长,是两个手中指末端间(不含指甲)在水平位时的最大直线距离。它是肩宽加两侧上肢长度的指标。通过它可以了解肩宽加两侧上肢与身高的比例关系。

测量仪器:带滑板的钢尺或者刻度有2米以上尺码的标尺。

测量方法:测量尺固定在平台或墙壁上,受试者两脚分开,两臂左右侧平举,与胸骨柄一起紧贴在平台或墙壁上的测量尺上,一只手的中指固定在标尺的零位上不动,上肢尽量向另一侧伸展,两臂呈一直线。测试人员测量受试者两手中指指尖(不含指甲)距离。

意义与评价:指距与身高基本相当,指距减去身高的数值可以反映出指距的长短。数值越大说明上肢越长。指距的增长变化与身高变化的规律相似,增长最快阶段,男性在12~15岁之间,女性在9~15岁之间。

指距长短与经济体育中许多项目的成绩与技术直接相关。如体操中抓握器械的支撑点高低;投掷项目摆动臂做功的半径长短、出手点的高低;排球拦网、篮球防护范围的大小等直接与指距的长短有关,对成绩与技术的发挥产生了直接的影响。由于肩宽和上肢长度的遗传性都很大,所以指距主要受遗传控制,通过训练改变的可能性较小。中国人指距减身高值的平均值低于欧美人。

许多选材工作者认为指间距大与肩带和肩关节的柔韧性好坏有关,柔韧性好上肢末端的运动幅度就大,对从事投掷、体操、篮球、排球、游泳、击剑等运动项目都非常有利。如国际优秀投掷运动员的指距一般都比身高高出15厘米左右。

（2）上肢长

上肢长是指肩峰点外侧缘至中指末端（不含指甲）的垂直距离。受遗传影响很大,男女遗传度分别为0.80和0.87,是一个训练不易改变的指标,尽管指距可以不同程度反映上肢长度大小,但上肢长度同指距相比在测量中受肩带肌力和伸展能力的影响因素较小。

测量仪器：1米以上带有游标的直钢尺。

测量方法：受测试者两脚分开同肩宽,自然站立,左右两臂自然下垂伸直上肢,五指并拢伸直,手掌前与前臂、上臂呈一直线。测量者站在受试者侧面,先用左手拇指外侧摸准肩峰点,用钢尺的固定齿端对准肩峰点,移动游标,使之抵触中指末端,测一侧上肢肩峰外侧缘中点与中指末端（不含指甲）的垂直距离。

意义与评价：常采用指数公式"上肢长/身高×100"和"上肢长/下肢长×100"两个公式。

通过这两个指数来反映上肢长与身高、上肢长与下肢长的关系。

我国曾经对青少年运动员身体形态进行了11个项目的人体测量,结果显示,体操、游泳运动员的上肢长指数最大,排球其次,近于田径和铁人三项运动员,大于其余各项,而撑杆跳运动员在田径各项中上肢长指数最大。这说明上肢长能使动作幅度加大,用力的工作距离增加。在举重项目中,理论上个矮臂短的人需要把杠铃提举的高度比个高的人低,杠铃上升所需要的加速度、速度和做功都小,因而更省力,但在目前举重选材方面,上肢较长的运动员在抓举过程中能够相对抓握更宽距离的杠铃杆,两臂之间形成的夹角更大,更有利于抓举的稳定性,提高成功率。因此,在选材实践中也会更加倾向于上臂较长的运动员。

在运动员选材中,上肢长同许多运动项目都有很重要的关系。如击剑、体操、篮球、排球等项目都需要上肢较长,因此选材中需要注意挑选上肢较长的人群。

（3）上臂长

上臂长是指肩峰点外侧缘至肱骨外上髁点的垂直距离。

测量仪器：带有游标的直钢尺。

测量方法：测量者站在受试者侧面,先用左手拇指外侧摸准肩峰点,用钢尺的固定齿端对准肩峰点,移动游标,测一侧肩峰点外侧缘至肱骨外上髁点的垂直距离。

意义与评价：用"上臂长/上肢长×100"指数来反映上臂和上肢长度之间的比例关系。在选材时应尽量选择上臂长相对较短、前臂长相对较长的运动员,这有利于运动。

(4) 前臂长

前臂长是指前臂尺骨鹰嘴突端点至尺骨小头下缘的距离。

测量仪器：带有游标的短直钢尺。

测量方法：受试者两脚分开与肩同宽，自然站立，屈肘抬臂，测试人员站在受试者前面进行测量。测试人员触摸到受试者尺骨鹰嘴突端点后，对准尺骨小头下缘引垂线进行水平距离测试。

意义与评价："前臂长/上肢长×100"指数来反映前臂和上肢长度之间的比例关系，前臂长有利于运动，要求上肢较长的运动项目，也要求前臂尽可能长。

(5) 手长与手宽

手长是指掌面平齐尺骨茎突腕横面皱纹至中指末端（不含指甲）间的距离，手宽是指四指并拢伸直时第二至第五掌骨头外缘间的距离。

测量仪器：手长测量采用带有游标的短直钢尺，手宽测量采用游标卡尺。

测量方法：测手长时受试者手掌放平，掌心向上贴于钢尺标尺上，测掌面平齐尺骨茎突腕横面皱纹至中指末端间的距离；测手宽时，受试者四指并拢伸直，用卡尺量第二至第五掌骨外缘间的距离。

意义与评价：用"手宽/手长×100"指数来反映手的大小和长宽比例之间的关系；用"手长/上肢长×100"指数来反映手长占上肢长度的比例关系；用"手长/前臂长×100"指数来反映手长占前臂长的比例关系。

手的长短宽度同有力地抓握器械关系密切。体操、举重、篮球、排球、手球、游泳以及投掷项目运动员都应具备手宽而长的特点，这对抓握器械以及灵活控球都有很大帮助，也可以增加游泳时划水的效果。

总之，选材时理想的上肢形态最好是上肢长而直（指距大于身高5厘米以上），肘关节不可以过伸，过伸不超过10度，前臂长轴与肱骨长轴在额状面所成的外翻角称之为携带角，不应超过15度，前臂较长，上臂相对较短，上臂围松紧差指数大，手长要长。

4. 下肢

下肢形态受遗传因素影响极大，遗传度男性为0.77，女性为0.92，特别是女性的下肢长主要是受遗传控制的。目前认为训练对下肢形态改变很小，主要由先天因素决定。在增长最快的青春发育期，男性在12~15岁之间，16岁后趋于稳定；女性在11~13岁之间，14岁后趋于稳定。

(1) 下肢长 H、A、B、C

下肢长对以下肢部运动为主的运动项目与爆发力、弹跳力等素质关系密切，在选材中要给予足够重视。

下肢长 H：是髂嵴最高点至地面的垂直距离。它反映了人体下半身（包括下肢长在内）的总长度，近似人体重心的高度。

下肢长 A：是髂前上棘点上缘至地面的垂直距离。它是大腿摆动起来的最高点，能表现出下肢运动的最大弧度。

下肢长 B：是大转子上缘最高点至地面的垂直距离。被称为"下肢真正的总长度"，也是选材工作形体测量下肢长的通用指标。

下肢长 C：是臀纹最低点（即臀部与大腿凹陷处的纹路）至地面的垂直距离。它反映出臀部位置的高低。

测量仪器：1米以上带有游标的长直钢尺。

测量方法：受试者自然站立，两脚分开与肩同宽。测试者站在受试者前方或者后方，视线平行于下肢长 H、A、B、C 四个上方测试点。

测量下肢长 H 时，将垂直于地面的长直钢尺游标对准触摸到的髂嵴最高点并读取数值；测量下肢长 A 时，将垂直于地面的长直钢尺游标对准触摸到的髂前上棘点上缘并读取数值；测量下肢长 B 时，左右手张开扶好受试者骨盆两侧，拇指对准大转子尖让骨盆左右摆动，当反复调整触摸到大转子尖后扶正。将垂直于地面的长直钢尺游标卡尺尖平行拇指指甲上缘并读取数值；测量下肢长 C 时，适当撩起短裤下缘，使介于臀部和大腿之间的臀纹线暴露出来，将垂直于地面的长直钢尺游标对准臀纹线并读取数值。

意义与评价："下肢长 A/身高×100"指数，是反映运动员下肢长短通用的指数。一般情况下，指数在55%为身材等长，56%为下肢较长，57%为下肢明显长。在选拔正处于青春发育期高潮的运动员时，应将需要下肢长的运动项目的"下肢长 A/身高×100"指数尽量留大。否则由于先长四肢、后长躯干的"向心律"原则而失去了"长脚"优势。这一变化，在选拔处于青春期初期和中期的少年时应当特别注意。

下肢长同样存在种族差异，黑种人和白种人一般比黄种人下肢要长。因此，在不是特殊需要下肢长的运动项目中，不应在"下肢长 A/身高×100"指数上过分要求，更不应过分苛求。在选拔以下肢运动为主的跑、跳运动员时，以上因素应考虑进去。其最理想比例指数是：

用"下肢长 A/下肢长 H=95%"来反映下肢动作弧度能达到最大。

用"下肢长 B/下肢长 H=90%"来反映运动弧度将受到限制。

用"下肢长 C/下肢长 H=80%"来反映三点绕 B 点中心运动，且运动最有利。

在选材中，对那些下肢比例特大者，若超过58%以上，应专门对他们进行素质和内分泌检查，以排除由于内分泌紊乱所导致的"无力型"和发育不良的"长脚"所造成的人不至于被误选。

（2）大腿长

要了解大腿长在下肢长中所占的比例，单从了解股骨长度和胫骨长度的选材意义是不大的，因为股骨是全身最长的骨，只有胫骨加上足高后即"小腿长 A"，这个指标一定要大于股骨的大腿长对运动更加有力，是选材工作者关心的。因此，要得知大小腿比例，必须测出大腿长。

测量仪器：带有游标的长直钢尺。

测量方法：大腿长在测量中很少采用，这是因为大腿顶端难以找到确定的测点，股骨头顶端虽然理想，但难以在活体上进行测试。往往通过间接测量法来求得大腿长。大腿长直接测量方法是指髂前上棘点至胫骨点（膝关节内侧胫骨最上缘，再减去40毫米）的直线距离。

意义与评价：间接求出大腿长公式，即[（下肢长B-小腿长A）/小腿长A×100]指数，其中下肢长B减去小腿长A是大腿的长度，该指数反映了运动员大小腿长之比。正常情况下小腿长A总是大于大腿长，从而对运动有利，特别是在选拔以下肢为主的运动项目中这个指标较为重要，应给予重视。

(3) 小腿长A

小腿长A指膝关节内侧缝胫骨（内侧踝）最上缘至地面的垂直距离，是反映体型特点的一个重要指标。小腿长A也要遵循生长发育过程中"向心律"的变化规律。其增长最快是在青春发育期前期和中期，男性在12~15岁之间，女性在11~14岁之间。男性在15岁以后，女性在14岁以后小腿的长度基本稳定下来。

测量仪器：带有游标的长直钢尺

测量方法：受试者站立，体重落在左腿上，右腿抬起，屈膝将脚踩在凳子上，全脚掌贴于凳面，小腿与凳面垂直。测试人员面对受试者，将长直钢尺的游标外缘对准膝关节内侧缝（胫骨内侧踝最上缘）至凳面的垂直就用力来读取数值。

意义与评价："小腿长A/大腿长×100"是反映大小腿长度之间比例关系的指数；"小腿长A/下肢长×100"是反映小腿长占整个下肢长度比例的指数；"小腿长A/身高×100"是反映小腿的相对长度，人的高矮与体型好坏很大程度取决于这个指数，是一个重要的体型指数。

运动实践已经证明，小腿加足高大于大腿长，有利于运动。运动员一般小腿加足高的长度大于大腿长，这一特点在田径运动的径赛和跨越项目上更为明显；游泳运动员也是如此，在选材中应特别引起重视。

(4) 跟腱长

跟腱是小腿三头肌肌腱，指腓肠肌内侧头腹肌下缘至骨结节间的直线距离。

测量仪器：带有游标的短直钢尺。

测量方法：受试者面向墙，双脚并拢，扶墙提踵，使小腿三头肌充分收缩。这样使腓肠肌外形充分显露，测试人员画受试者腓肠肌内侧头肌腹下缘标志时不得推动皮肤。画好后令受试者还原站立姿势，再测量腓肠肌内侧头肌腹下缘到骨结节间的垂直距离。

意义与评价："跟腱长/小腿长A×100"是反映跟腱占小腿长的比例。我国一般人该指数平均在40%~45%之间。在生长发育过程中，从小到大无显著性差异，比较稳定。跟腱的长短与运动能力有一定关系，跟腱越长对运动越有利。尤其是对爆发力和速度要求较高的运动项目都需要跟腱清晰且长。优秀运动员跟腱指数高于一般人（如三级跳远运动员46.20±3.12%、撑竿跳高运动员47.27±4.04%、女子跳高运动员47.77±3.57%）。说明运动员跟腱比一般人长，且具有更强大的力量。经研究证明，跟腱的长短与运动能力有一定关系，跟腱越长运动能力越强。

(5) 足长与足宽

足长是指足跟后缘至末端趾尖(不含指甲)最低平面上的水平长度。足宽是指第一跖骨小头与第五跖骨小头外缘间的垂直距离。

测量仪器:足长采用身高坐高测量计底板上的刻度尺,或特制"足踏板刻度尺";足宽采用卡尺测量。

测量方法:受试者站在身高坐高测量计底板上左足足跟紧靠支柱,脚与水平刻度尺平行,最长趾尖抵住前方平面挡板钢尺,并与水平刻度尺垂直读取足长数据;足宽采用卡尺读取数值。

意义与评价:"足宽/足长×100"指数是反映足的大小和足长宽之间的比例关系的指数;"足长/小腿长 A×100"指数是反映足长与小腿长之间比例关系的指数;"足长/身高×100"指数是反映足长与身高之间比例关系的指数,可用于预测少儿未来身高。

足的大小不仅与运动的稳定性有关,而且与身高的相对高度密切关联。在相同稳定角和支撑面内足大支撑面积也大,对下肢发力侧有利。同样身高,足占身高的比例越大,稳定性相对越大。因此,足长宽指数在预测身高和评价运动能力的内在关系中起到一定的作用,尤其在以下支撑为主的项目中,如跑步、跳跃、自行车、武术、游泳等项目中,值得选材工作者关注。

(6) 足弓与跖趾关节

足弓是指人体足骨中7块跗骨、5块跖骨在韧带等软组织的联系下形成向上隆起的弓。足弓在跑跳中有利于良好的弹性,又不失稳固的支撑作用。跖趾关节是指足骨中5个跖骨头与5个近节趾骨之间构成的关节。跖骨关节在人类步行、跑跳过程中起到重要的支撑作用。

测量仪器:X射线摄影机、粉末或水墨等印迹和蘸迹。

测量方法:足弓最简易测试法是"印迹画线法"。受试者只要不是病理性足弓下陷,一般足弓都应该属于正常足弓范围内,评定印迹占整个足底弓多少比例。若4:1称高足弓,2:1称正常足弓,2:3称轻度扁平足弓,1:4称中度扁平足弓,无空白区称重度扁平足弓。

意义与评价:一般讲,扁平足的人不适宜进行长途跋涉和被选拔成中长跑、超长跑、竞走等耐力性项目的运动员。

目前关于足弓高低对跑跳能力上持不同见解的还有掺杂构成5个跖趾关节的跖骨头。人们已经意识到,陆上以足运动为主的项目,在快速运动过程中,必须能以跖趾关节作为有力的支撑,撑起整个人体,支撑越高越有利于快速过渡从而赢得时间,弹跳力也越大。要做到这一点,首先是跖骨头密度大,承受强度大、韧性高、承载能力强。5个跖骨头在较同一平面上受力分布较均衡。跖趾关节也不宜过分柔软,最大用力时以不超过70度为好。在这样的条件下,才能保障有力的支撑与快速的过渡,并减少地面支撑时过渡的时间,同时趾骨不宜过长,5个趾骨的长度不应长短太悬殊。要证实跖趾关节的作用,在活体形态测量上尚存有一定困难。另外强有力的跖骨和跖骨头不易观察,较难把握测量的准确度,需要长期的功能锻炼,只有通过X线放射图像进一步观察,这对选材来说尚缺乏形态测量的实验数据。

6.2.3 身体围度的测量指标（派生指标）与意义

少年儿童在生长发育中，身体各围度的增长晚于长度的增长，身体各围度能充分显示肌肉和皮脂增长的速度。

1. 躯干围度

（1）胸围

胸围是指从肩胛下角下缘开始，男至乳头上缘，女至乳头上方第四肋骨处的水平围度。胸围可间接反映胸廓大小和胸部肌肉发育的状况，也是体宽和体厚最有代表性的测量值，是体现体型和健康状况的重要形态指标，特别是男女在发育先后上的差异。

测量仪器：标准卷尺。

测量方法：受试者自然站立，两脚分开与肩同宽，两肩放松，上肢自然下垂。测量者面对被测者。将卷尺上缘置于背部一侧的肩胛骨下角下缘，然后经腋窝转向胸前，越乳头上缘，至胸部中央，再越另一侧乳头上缘，经腋窝转向背部另一侧的肩胛骨下角下缘，回至起点，绕胸一周，即为胸围。测量已发育女性，背面与男子相同，卷尺从背面移至胸前乳头上方第四肋骨处水平围长。

测量时，被测者站立要自然，不可挺胸、弯腰或深呼吸。注意卷尺松紧要适度，并应保持在同一水平面上。卷尺经过腋窝时，上肢应稍上举，但不必举到水平程度，随即轻轻地自然下垂。在平静状态下即在呼气之末、吸气未开始时读数。

测量时，记录者应站在被测者的背后，注意卷尺位置是否正确、平直，被测者姿势是否正确等。

意义与评价：常用帕格休指数（胸围/身高×100）和艾里斯曼指数（胸围−1/2身高）来反映胸廓发育情况，两个指数越大，说明胸廓发育好，胸腔容积大，肺活量大，则运动能力也强。选材时尽可能选艾格斯曼指数较大者，胸廓发育较好。胸围的生长也受一定的遗传影响（男54，女55），若经过后天合理训练，胸围可得到一定程度塑形改变。

（2）腰围

腰围是指腰部肚脐上方的水平围长，是反映人体躯干体型特点的重要指标。

测量仪器：标准卷尺。

测量方法：测量时身体直立，两臂自然下垂。将带尺下缘水平贴放在脐上方（约2厘米），测放松和平静呼吸时腰部最细处的水平围。

意义与评价："腰围/身高×100"指数是反映腰部粗细和身高比例之间的关系；"腰围/胸围×100"指数是反映躯干上部粗细比例之间的关系；"腰围/臀围×100"指数是反映躯干下部粗细比例之间的关系。

腰围与运动项目关系很大，腰围大，肌肉敦实有力，力量较好，对许多运动项目如举重、摔跤、投掷、跳远等的运动员，腰部力量要求较高，倾向于选择腰围较大。但腰围大，腰部灵活性相对受到限制，许多动作复杂和对腰部灵活性要求较高的项目如篮球、体操、套路等,不应挑选那种由于脂肪肥厚造成的腰围过大的运动员,同时需要腰围小的项目也应当避免挑选那些由于腰部肌肉无力而造成腰围小的运动员。

(3) 臀围

臀围是指臀大肌向后最突出处至耻骨联合(近大腿根部)的水平围长,是一个反映人体躯干下方体型特点和肌肉发育程度的重要指标。

测量仪器:标准卷尺。

测量方法:受试者自然站立,双腿并拢,两臂自然下垂。测试人员将松紧合适的卷尺绕道受试者骨盆右侧,观察并测量臀大肌最突出处至前方耻骨联合的水平围长。

意义与评价:"臀围/身高×100"或采用"臀围=身高(厘米)×0.565"指数来反映臀部粗细和身高的比例关系。"臀围−腰围=臀围腰围差值"是反映臀围与腰围之间差别和躯干下部体型的变化。通常臀围大于腰围,若腰围大于臀围,不仅体型属于矮胖型,而且不利用运动,更不利于选拔为运动员。臀围在体育运动中也不宜过大,特别是骨盆两侧不宜过宽。运动实践证明,骨盆过宽对以下肢为主的运动项目不利。骨盆虽窄,只要臀肌上收或上翘,肌腹发达隆起,不仅下肢曲线优美,线条清晰,对运动也极为有利。

2. 上肢围度

(1) 上臂围

上臂围包含上臂紧张围和上臂放松围两部分。

测量仪器:标准卷尺。

测量方法:紧张围是指受试者举起手臂约45度角斜平举,掌心向上握拳并用力屈肘,测肱二头肌突起部最粗处的水平围长;放松围指受试者上臂自然放松不动,前臂伸直,测手指放松时肱二头肌最粗处的水平围长。

意义与评价:"上臂紧张围−上臂放松围=上臂松紧围差值"是直接反映上臂,间接反映全身肌肉爆发力好坏和收缩力量大小的通用指标。差值大,说明爆发力好,收缩力大,肌肉质量也就越好。"上臂围松紧差/身高×100"是反映上臂形态特点和肌肉发育程度的指数。指数越大说明上臂肌肉发育程度越高,在一定程度上反映肌肉弹性程度和收缩力量的大小。但不宜选由于早熟(骨龄鉴定)而造成指数大的少年儿童。

(2) 前臂围

前臂围包括前臂最大围和前臂最小围,前臂最大围是指前臂最粗处(近肘部)的水平围长;前臂最小围指前臂最细处(近腕部)的水平围长。

测量仪器:标准卷尺。

测量方法:受试者两臂下垂,上臂与前臂伸直,肌肉放松不紧绷。测前臂最粗处(近肘部)的水平围长;测前臂最细处(近腕部)的水平围长。

意义与评价:"前臂最小围/前臂最大围×100"是反映前臂粗细程度和比例的指数;"前臂最大围/上臂放松围×100"是反映前臂与上臂最大围度形态比例的指数;"前臂最大围/上肢长×100"是反映前臂最粗处占上肢长比例的指数。前臂围主要反映在最大肌腹围度,前臂最大围围度越大,说明肌肉发育程度越高力量越大,对抓握器械等项目有利。同样不宜选由于早熟（骨龄鉴定）而造成指数大的少年儿童。

3. 下肢围度

（1）大腿围和小腿围

大腿围是指臀部与大腿凹陷处"臀纹线"下的水平围长，小腿围是指小腿腓肠肌最粗处的水平围长。

测量仪器：标准卷尺。

测量方法：受试者站立，两脚分开与肩同宽。测试人员站在受试者体侧后方，将卷尺的下缘对准"臀纹线"下方，水平绕过前方，以此来测大腿最粗处的水平围长；小腿围测量时的姿势同上，卷尺平放与腓肠肌最粗处进行测量。

意义与评价："大腿最大围−小腿最大围＝大小腿最大围之差"是反映大小腿最大粗细的下肢形态关系，目前对于差值多少才适合于不同类型项目和会构成怎样的下肢形态缺乏报道。"大腿最大围/下肢长 A×100"是反映大腿围与整个下肢比例的指数；"小腿最大围/下肢长 A×100"是反映小腿围与整个下肢长度比例的指数。大腿围和小腿围都是反映腿部肌肉发育情况和下肢形态具有积极意义的指标，围度大说明腿部肌肉发育好，选材时对这两个维度可要求适当大些。但同样不能由于早熟（骨龄鉴定）而造成的围度增加，也不宜选择那些腿部过粗的少年儿童，因为腿围过粗腿长会受到限制，特别是以跑跳为主的项目，运动能力发展水平与腿长的关系密切程度要大于腿粗。

（2）踝围

踝围是指小腿踝关节上方最细处的水平围长。

测量仪器：标准卷尺。

测量方法：受试者两腿分开与肩同宽，测试人员在受试者体侧，将卷尺水平绕过内外踝上方，测跟腱部最细处的水平围度。

意义与评价："踝围/下肢长 A×100"是反映踝围与整个下肢长度比例的指数，"踝围/小腿长 A×100"是反映小腿形态和最细围长的指数，"小腿最大围−踝围＝小腿粗细之差"。差值越大，说明小腿三头肌越发达，跟腱清晰而长，踝围小。经研究认为，以下肢为主的运动项目，踝围较小，跟腱又长对运动有利，所以在选材中应挑选踝围相对较小的少年儿童。小腿围度可反映小腿肌肉发育状况和小腿曲线是否清晰。而大腿过粗，小腿肚过大，踝围粗跟腱短，肌腹下坠且臃肿，小腿曲线不清，都是不利于从事体育运动的小腿形态特征。

6.2.4 身体宽度与厚度测试指标（派生指标）与意义

1. 肩宽

肩宽是指左右肩峰点之间的水平距离，它是反映躯干上端的横径指标，能明显地体现体型。其遗传力比较大，是一个在训练中不易改变的指标。

测量仪器：弯角测径规。

测量方法：受试者上体正直，双肩自然放松。测试人员站在受试者背面，两手食指触摸到肩峰外侧缘突出点,用"弯角测径规"测量两个肩峰最外缘突出点间的水平距离并读取刻度数值。

意义与评价:"肩宽/身高×100"指数是反映上体发育情况和肩宽占身高的比例关系。指数越大,说明上体横径相对值越大,上体就越发达;指数越小,说明上体横径相对越小,上体发育越差。此指数增长较慢,18岁后指数趋于稳定并达到最大值。指数越大,肩带力量相对也越大,适合从事投掷运动。大多数项目都需要指数较大的运动员,如游泳、赛艇、皮划艇等都要求运动员肩宽指数相对较大。但也有少数运动项目需要指数较小,如中长跑、跳高等。

2. 髂宽(骨盆宽)

髂宽是指左右髂嵴向外最突出点之间的水平距离,是反映躯干下端横径的指标,也是一个反映人体体型特点的重要指标,髂宽受遗传因素的影响很大,是一个在训练中不易改变的指标。

测量仪器:弯角测径规。

测量方法:受试者呈立正姿势两腿分开与肩同宽,双腿伸直,肌肉放松。测试人员面对受试者,用食指触摸到髂嵴最高处外缘重点(与腋中线交汇点),用测径规测两点间的水平距离。

意义与评价:"髂宽/身高×100"是反映躯干体型特征和骨盆宽占身高比例关系的指数。这个指数的发展变化是男性在7~13岁呈下降趋势,14~18岁随着年龄的增长,指数逐渐增大,18岁以后基本稳定。女性在10~19岁随着年龄的增长指数逐渐增大,19岁以后基本稳定。女性10岁后,受青春发育前期开始的影响,该指数受男女性别的差异影响越来越大,10~25岁的女性指数均大于男性,反映了女性躯干下端横径的发育特点。从运动生物力学的角度看,骨盆太宽会影响以下肢运动为主的项目的成绩。因而在挑选跑跳等项目运动员时,就应尽量挑选骨盆较窄的运动员,尤其是女子。骨盆窄对大多数运动项目来说都是适宜的,但有少数项目骨盆相对宽一些也无大碍,如投掷项目运动员骨盆相对宽一些,但无论如何骨盆太宽对运动都是不利的。

"髂宽/肩宽×100"是反映躯干本身两个横轴间比例关系的指数,也是躯干重要的形态指数。这个指数的发展变化是男性在7~20岁随着年龄的增长而呈现下降趋势,20岁后基本稳定。女性相反,在7~26岁随着年龄增长而增大。在18~25岁的成人中,男性平均值为71.4,女性平均值为78.1。该指数小,说明肩宽而骨盆窄,上体发达健壮,躯干呈"倒三角"形态,有利于运动;指数大,说明肩窄而骨盆宽,臀部较大,不利于运动,所以在选材中,指数越小越好。

"(肩宽-髂宽)/髂宽×身高"指数是反映躯干整体指标与身高之间的比例关系。指数越大,说明肩宽骨盆窄,体型呈"倒三角",适宜运动,指数小说明躯干部上下较一致,在一些如游泳、划船等项目中,特别需要选择指数较大的运动员。

总之,在选材时要挑选躯干部形态发育良好、肩宽骨盆窄、臀部较小、臀部肌肉结实上翘的运动员,不宜选择臀部大且肌肉松弛的运动员。

3. 髋宽

髋宽是指左右髋关节大转子向外最突出点之间的水平距离，也是反映躯干下端横径和躯干体型特点的重要指标。

测量仪器：弯角测径规。

测量方法：受试者呈立正姿势双脚分开与肩同宽，双腿伸直，肌肉放松。测试人员面对受试者，双手张开，手扶受试者两侧骨盆，用拇指向侧方推动受试者的大转子并使其骨盆侧倾，直到拇指触摸到大转子尖后扶正。用测径规测左右髋关节大转子向外最突出点之间的水平距离。

意义与评价："髂宽/髋宽×100"是反映人体躯干下端两个横轴之间的比例关系，也是躯干下端形态体型的重要指数。肩宽、髂宽和髋宽三个宽度均为遗传占优势的指标。三个宽度正好将人体躯干分成两个梯形，自上而下以 A、B、C 表示。A 和 B 构成躯干上方的"倒梯形"；B 和 C 构成躯干下方的"正梯形"。在选材中，男性两指数从小到大无显著差异，有一定稳定性，易于预测。女性随着进入青春发育期，从 12~16 岁的 4 年间，"髂宽/肩宽×100"指数平均增大 6.8%。由于 12 岁以后骨盆向横向增加明显，女性肩宽本身又较男性窄，所以女性"髂宽/肩宽×100"指数高于男性。经过测试分析男女田径、男女排运动员，"髂宽/肩宽×100"指数明显高于一般人，躯干趋于桶形。男女游泳和男子体操运动员"髂宽/肩宽×100"指数明显低于一般人，对上肢力量与肩带宽度的要求较高，使优秀运动员的躯干呈"倒三角"形。在注意"髂宽/肩宽×100"指数的同时，还应注意上述"正梯形"的高度，在田径径赛与跳跃项目选材中，高度越小越好。

4. 臀厚

臀厚是指臀部后方（臀大肌）最突出处后缘至大腿前方（股四头肌）最突出前缘之间的水平距离。

测量仪器：直角测径规、游标钢尺或改制的胸厚计。

测量方法：受试者呈立正姿势两脚分开与肩同宽，双手抱头，双腿伸直，肌肉放松。只测左侧臀部和左大腿。测试人员站在受试者左侧，用经过改制的胸厚计测臀部最突出处与大腿前缘的水平距离。如果测试距离不在同一平面，需要用测量仪器调整到水平位置。

意义与评价："臀厚/身高×100"是反映臀厚与身高比例的指数；"臀厚/下肢长 B×100"是反映臀厚与下肢长 B 比例的指数。选材时，应当挑选臀厚、臀肌发达上翘的运动员，这种形态非常有利于奔跑跳跃，使得蹬伸有力，弹跳和爆发力好。臀厚指标在下肢的形态中不仅能充分体现下肢曲线，最重要的是能反映臀部肌肉发育程度是否良好，是有利于蹬伸发力的重要指标。

6.2.5 身体成分测试指标（派生指标）与意义

身体成分是指组成人体各组织器官的总成分，其总重量就是体重。体重包含脂肪重量称体脂重量，体脂重量占体重的百分比用"体脂%"来表示，又称体脂率。

身体成分能反映人体的体质状况、体型特征和身材大小。在制定胖瘦标准及体型评定中具有重要意义。身体成分在不同年龄、性别间具有明显的差异。特别是青春期,女性的体重增长中脂肪成分增长快于男性,男性的瘦体重增长较快。对身体成分的研究方法较多,有人体皮褶厚度测量、X线测量、同位素计数、超声波扫描等方法。通过直接和间接方法测定人体密度、皮下脂肪厚度、身体总水量和矿物盐含量等。

体重是指身体重量,包括脂肪重量和非脂肪重量的总称。去脂体重是指除去脂肪后的人的体重,主要有内脏、骨骼、肌肉、水分、矿物盐等各种成分的重量构成。受先天遗传影响很大,男性为0.87,女性为0.78。在青少年时期体脂百分比不仅能反映青少年生长发育情况,也能反映营养状况和水平。

测量仪器:体质成分测试仪(厂家型号均有不同)。

测量方法:受试者站立在体质成分测试仪的平台中,双脚接触平台的电极板,双手握住手部电极,等待受试者稳定后测试人员点开始键开始测试,30~90秒后仪器自动测试完成,出具身体各组成部分的重量及比重。

意义与评价:脂肪占体重百分比称体脂百分比。体脂百分比偏高,体重中肌肉含量相对少,肌肉系统潜在发展能力偏低。在运动训练中,摔跤、举重和拳击等项目对体脂百分比的控制最终围绕发挥运动潜能上。一般运动项目都需要一个较低的体脂百分比,即较高的去脂体重。较高的去脂体重相当于肌肉相对含量较多,运动做功是通过肌肉做功来完成的,因此,在选材中去脂体重相对越高即越有利于运动能力的发挥,但是去脂体重可以在后期通过体育训练消耗脂肪相对得到提高,将体质去脂体重控制在一个理想的水平,有利于训练和运动成绩的提高。同时,一些无差别级或公开级的项目,则需要有一定的脂肪,体脂百分比可以相对高一些,去脂体重可以相对低一些。

6.2.6 体型

1. 体型的定义和研究意义

体型是对人体某个阶段形态结构及组织成分变化的定量描述。影响体型的因素有年龄、营养、发育、体质状况等。表现在身体构造上骨骼大小以及肌肉与脂肪的百分比。体型随形态与机能的变化规律而发展。

运动员体型与运动能力关系很大,不同的体型适合从事不同的运动项目,甚至相同的运动项目因其角色的不同也需要挑选不同体型的人,如篮球中锋和后卫就对体型的要求各不相同。在选材中如何评定和预测人的体型类型,从而使选材更加准确,这是选材工作者的一个重要任务。

2. 体型研究内容

身体整体指标:指身体大小或最大轴长度指标成为身体整体指标(重量、体积、体表面积)。

身体比例:指在不同平面上观测的身体各部分投影面积之比(骨骼大小、脂肪厚度、肌肉发达程度及姿势等)。

身体结构:指人体基本构成成分,它是人体生命形态与功能的统一体现。结构式机能的物质基础,功能是物质的再现与反映。一般来说,有什么样的结构就一定会有什么样的功能。

3. 体型的分类及评定

(1) 目测法(分矮胖型、瘦长型、力士型三种体型,不包含种种过渡型进行定性评价):矮胖型的人体态短粗呈正三角形,身体软而不理,体重大而胖,骨骼粗壮,头大顶平,颈部粗短,肩部圆而宽,四肢短,胸腹围容积大,腹围大于胸围,腹部长,脂肪组织多,不利于运动,应避免选材;力士型(强壮型)的人体呈倒三角形,肩宽腰窄,骨骼大,肌肉发达,脂肪少,骨盆窄,身体各部分长度、围度和宽度适中,是选材最好的人选;瘦长型(瘦削型)的人身体瘦长,体轻,骨骼细长,肩窄,颈部细长,四肢长,手和足以及头部窄长,肌肉不发达,脂肪少,胸围大于腹围。在某些运动项目中具有发展潜力。

(2) 借用胚胎学名称评价法(是美国人类学家希尔顿借用胚胎学名词来命名):内胚层型的人类似于矮胖型,以消化等内脏器官占优势发育而来的体型,不利于运动,应避免选材;中胚层的人类似于力士型,是选材的最好体型,也是以骨骼肌占优势发育而来的体型,身材高大,肌肉粗壮结实,发展潜力大;外胚层型的人类似于瘦长型,是以神经、皮肤占优势发育而来的体型,在某些运动中有一定的潜力。

(3) 根据胸、腹形态描述法:将形态分为腹型、胸型、肌型。腹型相当于矮胖型,不利于运动,避免选材;肌型相当于力士型,是选材最好的体型,发展潜力大;胸型相当于瘦长型,在某些运动项目中有一定潜力。

以上3种总体体型分类具有共性并相对应,因体型与运动能力、项目和成绩均有密切关系,选材时应予注意。

4. 体型的预测意义与评定

一个人的体型与父母的体型有密切关系,遗传度很大,在0.95以上。

人的体型在2~3岁时彼此相差不大,以后逐渐分化显示出差异。儿童时期的体型并不等于其成年时的体型,有的还很不一致。一般地讲,儿童在8~9岁时初显一定的体型,到12岁左右体型才比较明显地显露出来,并趋于定型。所以,从12岁起才能较准确地预测出一个人的未来体型。

(1) 从父母体型预测运动员未来体型

在体型的遗传方面,我国有一些体育工作者做了很多工作,他们发现了一些体型遗传的普遍规律,这种普遍规律对于我们在进行运动员选材时,预测儿童未来体型有一定的参考作用,见表6-3和表6-4。

表6-3 父母体型与运动员未来体型

父母体型	未来运动员体型	父母体型	未来运动员体型
母胖,父胖	肥胖占多数	母壮,父胖	壮肥占多数
母胖,父瘦	肥胖占多数,瘦占少数	母胖,父壮	肥胖占多数
母瘦,父胖	瘦壮占多数	母瘦,父瘦	瘦壮占多数
母壮,父壮	壮占多数		

资料来源:曾凡辉等.运动员科学选材[M].北京:人民体育出版社,1992.

表 6-4 少年儿童体型与父母体型关系分类表

子女与父母体型联系分类		辨别型发育的特征
主显父型,子女未来体型与父亲体型相近		8~10岁时长相较像父亲(外貌轮廓),已有部分体型特征与父亲定型特征相近,未来体型像父亲可能性大
主显母型,子女未来体型与母亲体型相似		8~10岁时长相较像母亲,已有部分体型的特点与母亲定型体型特征相近,未来体型显母亲体型的可能性大
显混合型	混合显优势型,子女未来体型是父母体型优点的混合	8~10岁时长相去父母优点且已有部分体型兼有父母体型的优点成分,未来体型是父母体型优势性状综合的可能性大。
	混合显劣势型,子女未来体型是父母体型缺点的混合	8~10岁时长相去父母缺点且已有部分体型兼有父母体型的缺点成分,未来体型是父母体型劣势性状综合的可能性大。
变异型,子女未来体型与父母体型联系很小		由遗传变异而造成子女体型与父母相比变化较大的现象

资料来源:曾凡辉等.运动员科学选材[M].北京:人民体育出版社,1992.

(2) 体型的简单测量评定法

在体型的评定中,可以根据下列皮、罗、达、皮四个主要体型指数进行分类,这种评定方法只适应于体型基本稳定以后,若有2个以上指数较相符,则体型相近,见表6-5。

皮-弗氏指数=体重(千克)+胸围(厘米)/身高×100

罗氏指数=体重(千克)/身高^3(厘米)×100

达氏指数=体重(千克)/身高^2(厘米)×10

皮氏指数=身高(厘米)-[胸围(厘米)+体重(千克)]

表 6-5 皮、罗、达、皮指数进行体型分类表

指数	性别	瘦长型	中间型	矮胖型
皮-弗氏指数	男	~81.9	82.0~94.2	94.3~
	女	~81.4	81.5~94.7	94.8~
罗氏指数	男	~1.28	1.29~1.49	1.50~
	女	~1.29	1.30~1.50	1.51~
达氏指数	男、女	~20	25~21	26~
皮氏指数	男、女	~50	51~55	56~

注:15~50岁的个体均可按性别根据上述指数测定体型。

资料来源:邵象清.人体测量手册[M].上海:上海辞书出版社,1985.

7 身体素质选材

身体素质是人体在运动过程中表现出来的力量、速度、耐力、柔韧和灵敏的能力。一个人身体素质水平的高低，主要受先天遗传的影响，也与后天环境、营养、健康状况、体育锻炼和训练水平密切相关。运动成绩的好坏与身体素质有很大关系，身体素质主要包含了一般身体素质和专项素质。一般身体素质是专项身体素质的基础，而专项素质是在长期的针对某一种运动项目专门开展训练，从而具有的针对某个项目特点的身体专项素质。

在五类素质指标中，力量、速度和耐力三个指标在运动队中是经常测试并需要保持在一定高的水平的指标，短期的(3~7 天)针对性的训练可以迅速提高力量素质，中期的(10~30 天)针对性的训练可以提高耐力素质，较长周期的(3 个月以上)训练才能够使速度素质获得明显的提高。这是由于速度素质受先天的遗传影响最大，耐力素质次之，力量素质受遗传影响相对最小。相对应，如果一个运动员长期停训，速度素质消退最快，耐力素质次之，力量素质消退最慢。相对应，柔韧素质受后天影响较大，通过一段时间的训练能够得到很大提升，而灵敏素质则不容易通过训练得到提高。

7.1 力量素质测试指标与方法

力量素质是身体素质的基础，是从事体育运动的首要条件。一个人力量大小与肌纤维的类型、横断面的大小、大于成熟度以及肌群间功能性协调等有关。力量素质的变化与肌肉系统的发育基本一致，但在人体九大系统中成熟得最晚。在青春期，由于肌肉系统发育的突增，力量增长很快。在青春发育后期，力量素质能达到较高水平，并能在某些以力量为主的项目中取得优异的成绩。而后力量增长速度减慢，一直能维持并通过训练继续增高到 35 岁左右，在其后会逐渐降低。描述力量素质的一些名词较多，首先了解一些常用名词的含义。

肌肉力量：简称肌力，是指肌肉紧张或收缩过程中所表现出来的能力。它是运动素质的首要前提。

最大力量：指肌肉为了最大随意收缩而用来抵抗或者克服阻力过程中表现出来的最高力值。

绝对力量：指肌肉为了尽最大可能收缩而用来抵抗或者克服阻力过程中表现出来的力量潜力。

相对力量:指相对自身体重(每千克或每磅)而言,肌肉发挥的最大力量。用于比较个体之间力量能力的差异。

快速力量:指在最快速度前提下尽可能高地发挥肌肉力量的能力。

力量耐力:指肌肉在反复进行某一项强度动作过程中抵抗疲劳的能力。

启动力量:指肌肉在产生张力的瞬间尽可能高地发挥速度和力量的能力。

爆发力量:即爆发力,是指张力已经开始增加的肌肉,继续以最短的时间发挥力量的能力。

上述常用名词是鉴别力量素质的具体表现,无论肌肉力量表现的种类有多少,都归结在动力性"等张肌力"和静力性"等张肌力"两种形式下分类。

经专家测定动力性"等张肌力"在 7~18 岁一般儿童少年中,立定跳远(代表速度力量)、握力和背力各年龄组自然增长,男性的速度力量自然增长最快阶段是 12~15 岁,女性是 10~13 岁,男性 17 岁和女性 15 岁以后趋于稳定;背力自然增长最快,男性在 12~15岁,女性在 11~14 岁;握力自然增长最快,男性在 12~15 岁,女性在 12~15 岁。具体增长的幅度见表 7-1。

表 7-1 一般儿童少年 7~18 岁力量增长总的百分比

单位:%

立定跳远		握力		背力	
男	女	男	女	男	女
40.7	24.4	71.7	63.5	71.5	53.8

资料来源:谢燕群.运动员选材学[M].成都:四川教育出版社,1990.

从表 7-1 可以看出,立定跳远增长最少,说明速度力量更受先天遗传的影响。因此,在选材中对速度力量的选择应予重视。而绝对力量是随年龄的增长,肌肉体积增加而增大。同时更受环境与训练因素的影响,这就是为什么握力和背力在后天能有更大提高的原因。

相对力量握力,背力指数受遗传影响较大,后天变化较少,明显低于绝对力量增长百分比,女性少年尤为明显。那些需要相对力量而又不能靠体重增长去获得力量的运动项目,均应当在选材时从严控制(见表 7-2)。

表 7-2 7~18 岁相对力量增长百分比

单位:%

背力指数		握力指数	
男	女	男	女
36.8	2.6	37.6	23.1

资料来源:谢燕群.运动员选材学[M].成都:四川教育出版社,1990.

从 7~18 岁各年龄增长规律来看,男性在 13~15 岁时比其他年龄增长得快,女性相对力量在 12~13 岁时比其他任何年龄增长明显。从科罗布夫实验可以看到,在 16~17岁趋向稳定,并能一直保持到 40~50 岁。

7.1.1 静力性"等张肌力"的测定方法

1. 握力

握力是反映前臂和手部屈肌力量的指标。握力大对于抓握器械的运动项目，如体操和举重等有明显的优势，也对需要抓握对方的运动项目如摔跤和柔道等有明显的作用。

测量仪器：握力计。

测量方法：测试前检查握力计指针是否归零，确定指针归零。握力计握把置于受试者食指和大拇指间的"虎口"内，其余手指并拢，感觉握柄距离是否符合自己的习惯，受试者另一只手旋转拨轮调整好力矩，直到感觉能够最大发力为好。受试者自然站立两脚分开与肩同宽，双臂自然下垂，不能屈肘、挥臂、弯腰或手臂倚靠他物，也不得借用另一只手。受试者发力前做好准备，在憋气状态下用最大力量握握力计。最后，握力计指针指向的位置即为测得的握力值（电子握力计电子屏幕显示最终的结果）。分别测试左右手，每只手最少测试3次，取每只手测试的最大结果即为最大握力。

测试意义与评价：在选材中尽可能挑选握力大的运动员，特别是运动项目中需要有抓握动作的运动项目，握力越大对项目越有利。

2. 背力

背力主要是反映躯干伸肌涉及下肢伸肌力量的指标。背肌力量大，有助于在体操运动中维持背的水平姿势，也有助于在举重运动中抓举杠铃和在其他运动中进行伸脊柱时的发力动作。

测试仪器：背力计。

测试方法：受试者站立在背力计平台上，双脚分开与肩同宽，保持直立姿势的同时将两臂和两手伸直下垂于同侧大腿的前面，手掌向内。测试人员将背力计握柄与受试者两手指尖接触，背力计握柄至底盘传感器挂钩的距离即为适合该受试者的背力计拉链的长度。受试者用这个拉链长度进行测试，掌心向内紧握握柄，两腿伸直，上体绷直抬头，尽全力做背伸动作。测试两次以上，取读数的最大值。

测试意义与评价：在选材中，背力是一个比较重要的指标，背力的大小与运动能力关系很大，背力大，运动能力强。多数运动项目如体操、球类、跑跳、划船、举重等都应尽可能挑选背力大的运动员。

3. 屈臂悬垂

屈臂悬垂是反映肩臂肌肉克服自身重量时的静力性耐力指标。对体操、摔跤、柔道等运动项目具有重要意义。

测试仪器：高单杆、板凳、秒表。

测试方法：测试人员站在受试者后面。受试者站在板凳上，两臂全屈，正手握杠，双手与肩同宽，使横杠位于下颌之下。然后两脚离开板凳，受试者两脚离开板凳身体有摆动时，测试人员可帮助其稳定，但不得给予助力，同时给予受试者一定的保护。当受试者稳定后做静止用力悬垂姿势时开始计时，到头顶低于横杠上缘时停表，记录时间即为屈臂悬垂时间,在此过程中受试者下颌不能挂在横杠上。

测试意义与评价:屈臂悬垂的时间越长,说明受试者克服自身体重的能力越强,在体操等一些要求克服自身体重的运动项目中,优势就越明显,选材意义也越大。

7.1.2 动力性"等张肌力"的测试方法

1. 引体向上

引体向上是一个反映肩臂肌肉力量及克服自身体重能力的指标,引体向上也是体操运动中经常运用的基础动作,在选材中具有很重要的意义。

测试仪器:高单杠、秒表。

测试方法:受试者正握高单杠,两臂与肩同宽,呈直臂悬垂姿势,待身体稳定后,两臂同时用力开始引体向上。待下颌超过杠面时再慢慢伸臂复原直臂悬垂姿势,如此反复进行。在4~8秒之间完成一次屈伸动作为宜。在悬垂屈臂时,受试者不能有蹬腿和借助身体摆动的动作。测试过程中,受试者下颌未能超过杠面不能计数,在受试者屈臂动作节奏明显减慢,每次超过3~4秒时,测试人员应令其停止,以记录完整的次数为受试者引体向上的次数。

测试意义与评价:完成引体向上的次数越多,说明受试者肩臂肌肉力量越大,克服自身体重做功的能力也就越强,对于体操等抓杠项目就越有利,选材意义也就越大。

2. 俯卧撑

俯卧撑是反映肩臂力量的一个重要指标。

测试仪器:可在室内或室外的地板上、平地上和垫子上进行。

测试方法:测试前,受试者双臂伸直,分开与肩同宽,手指向前,双手撑地,躯干伸直,两腿向后伸直。受试者稳定后,测试人员给受试者发出开始口令,受试者屈臂使身体平直下降至肩,与肘处在同一水平面上;然后将身体平直撑起,恢复到开始姿势为完成一次俯卧撑动作。受试者需连续不断地重复此动作。当受试者动作不能持续保持或出现弓背塌腰不能按标准做出动作时,测试人员记录完成次数。

测试意义与评价:在选材中应尽可能挑选俯卧撑完成次数多的运动员,这样的运动员肩臂力量好,有利于体育运动。

3. 一分钟快速仰卧起坐

一分钟快速仰卧起坐是反映腰腹肌力量和速度的指标。

测试仪器:软垫或代用品、秒表。

测试方法:测试前,受试者两手手指交叉抱于脑后,两腿稍分开,屈膝呈90度,仰卧与铺放平坦的软垫上。由一人压住受试者两侧踝关节处,固定下肢。测试人员观察受试者准备就绪后发出开始口令,受试者双手抱头,收腹使躯干完成坐起动作,双肘关节触及或超过双膝后还原至开始姿势。这时为完成一次仰卧起坐动作。受试者连续不断地尽快重复此动作,持续运动1分钟。从开始口令开表计时,记录受试者在1分钟内完成的仰卧起坐次数。在测试过程中,受试者如果借用肘部撑起或臀部上挺后下压的力量完成坐起,或双肘未触及或未超过双膝,该次仰卧起坐不计数。

测试意义与评价:仰卧起坐的次数越多,说明腰腹肌与腹直肌肌肉力量和速度力量越好,更适宜于选材培养。

4. 爆发力

爆发力的大小不仅取决于力量,而且取决于力量和速度的结合。一个瞬时的肌肉收缩力越强,运动能力也越强。在选材中的一个普遍规律就是要挑选爆发力好的运动员。在许多非周期性运动项目中,如投掷、跳高、跳远、球类等项目中,运动员的出手、起跳、起脚主要取决于爆发力。在某些周期性项目中,如短距离自行车、划船中的蹬踏和划桨,速度爆发力也是重要的基础。还有对一些项目的加速能力来说,爆发力也具有决定性的基础作用。所以,爆发力在选材中是一个相当重要的素质指标。

爆发力的测定比较复杂,常用的简易的测定方法有原地纵跳和立定跳远。

（1）原地纵跳

原地纵跳是一个反映下肢伸肌特别是膝关节伸肌和足跖屈肌垂直向上跳起的爆发力的指标。

测试仪器:电子纵跳仪(利用起跳至回落到起跳板上的时间计算出受试者所跳起的高度)。

测试方法:当电子纵跳仪进入工作状态后,受试者踏上纵跳板,双足自然分开,呈直立姿势,准备测试。等待显示器出现"0.0"时,开始测试。受试者屈膝半蹲,双臂尽力后摆,然后向前上方快速摆臂,双腿同时发力,尽力垂直向上跳起。当受试者落回到纵跳板后,显示屏显示出测试值。起跳时受试者双腿不能移动或有垫步动作。起跳后至落地前,受试者不能出现屈髋、屈膝等动作。若受试者没有回落到纵跳板上,测试失败,需重新测试。纵跳测试3次以上,取最大值即为纵跳高度。

测试意义与评价:纵跳的成绩越好,说明受试者的爆发力越好,在需要用到爆发力的项目中的参考意义也越大。

（2）立定跳远

立定跳远是一个反映下肢肌特别是膝关节伸肌和足屈肌向前跳的爆发力指标,也能反映一定的灵敏性,难度稍比原地纵跳要大些。

测试场地仪器:平坦地面或沙坑、标准带尺、直角尺。在平坦地面(地质不限)上画或设立起跳线(可用线绳或胶带),在起跳线前方要备有沙坑或软地面,以起跳线内缘为零点垂直拉一条长1.5~4米的带尺。

测试方法:受试者两脚自然分开,站立在起跳线后,然后摆动双臂,双脚蹬地尽力向前跳。测试人员观察受试者双脚的着地点,用直角尺的一条边抵着距离起跳线内缘最近的着地点,另一条直边与带尺重合。带尺上的数值即为测试结果。测试3次或以上,记录做好成绩。受试者起跳前双脚均不能踩线或过线,起跳时不能有垫脚、助跑或连跳等动作。

测试意义与评价:距离越远说明爆发力越好,对运动选材的意义也越大。

力量素质的大小与肌肉系统关系密切，肌肉系统发育越完善，人的力量也越大。肌肉系统是人体发育最晚的系统，力量素质发展也很晚。如果一个少年儿童过早地表现出很好的力量素质，很有可能是由于提早发育的结果，而早熟型的少年儿童在今后是很难有高水平的发展，这类人的力量素质好只是一个假象，随着进一步发育，其力量优势会逐步减弱，甚至变为劣势。所以，在进行力量素质选材中，力量的大小一定要与所遇对象的发育程度对照起来，应尽可能把发育程度小、力量素质好的少年儿童作为选材的对象。

7.2 速度素质测试指标与方法

速度是人体进行快速运动的能力。在短跑、跳跃和球类以及短距离自行车等项目中，速度对成绩起决定性作用。速度素质的表现形式有三种，分别是反应速度、动作速度和位移速度（属于周期性的运动）。

1. 反应速度

反应速度是指人体对外界各种刺激（信号）发生反应的能力。这种能力的大小主要与神经系统反应速度与肌肉系统的骨骼肌纤维的类型有密切关系。一个人的反应速度受遗传因素的影响较大，遗传度高达 0.75 以上，是一个后天训练不易改变的指标。反应速度的测试方法很多，通常采用简单反应时、手脚反应速度来测试。

（1）简单反应时

简单反应时主要是检测人对声、光刺激的反应能力。

测量仪器：专用反应时测定仪。

测试方法：受试者坐在仪器前，面对显示器。受试人员一直用手指压住开始键，约4秒（每次时间长短不等），显示器上有相应的声光信号显示，根据信号显示受试者做出按键反应，按键结束后受试者手指立即返回开始键并再次按压。经过 5~10 次的按键后，测试结束，仪器自动测出 5~10 次的反应时间（每一次按键来往全过程的时间）以及动作速度时间（受试者看到信号显示后做出按键动作前，即手指离开开始键瞬间的时间，也就是人体感受到声光电信号到做出动作反应之前的神经传递时间）。

测试意义与评价：一些需要听发令枪或者裁判口令做出相应动作的项目，如径赛、游泳、划船、摔跤和柔道等，反应速度越高，队员在比赛中对号令做出的反应时间就越短，越能够抓住先机提高比赛成绩，在这些项目的选材中，挑选反应速度快的运动员有着很重要的意义。另外，在一些同场对抗项目中，如所有球类项目中，反应快的运动员也往往能够占得先机，大多数运动项目都需要反应速度很快，而反应速度的先天遗传性又很高，在后天训练中提高幅度很小，因此在初级选材中选择反应时快的运动员有重要的意义。

（2）手的反应速度

测量仪器：采用美国尼尔森根据"自由落体"原理创造的一种测试计时尺用来测试反应速度。这种计时尺自下端10厘米处为"零位"，向上标出刻度。

测试方法：受试者坐在桌前，手臂放松平放于桌面上，手指伸出桌边约 3~4 厘米，拇指与食指稍稍张开,"虎口"宽度不超过2厘米,上缘水平,指间距离也尽量相等,眼睛注视0点基线,受试者做捏住计时尺的预备姿势,并将尺的0点基准线对准拇指和食指的上缘。测试人员捏住计时尺的上端。测试人员喊"预备"口令,受试者随时准备迅速用拇指和食指捏住即将下落的计时尺。要求受试者集中注意力,先做几次练习,以掌握方法。从预备到计时尺下落时间间隔控制在1.5~2秒之间,计时尺下落时,受试者立即捏住,从拇指上缘刻度上记下读数,测试约20次,把反应最快和最慢的各5次舍掉,取中间10次成绩,通过计算得出反应时间。

计算公式为:中间10次计时成绩之和/10

测试意义与评价:应当选择优势手和脚进行测验。在选材中,手的反应速度越快越好。

2. 动作速度

动作速度是指人体完成单个小动作或成套动作时间的长短。如投掷运动员的器械出手的速度、跳跃运动员的起跳时的踏跳速度以及体操和武术运动员完成成套练习的速度等,动作速度的快慢与运动成绩关系很大,是测试速度的重要指标。

测定动作速度的仪器除上述提到的专用的反应时测试仪可以得到动作速度外,还可以通过配备高度摄影仪推算出动作速度,也可以用专门的测试肌电的仪器测试出动作速度。若无专门仪器,可让受试者在一个较短的规定时间内,连续反复做一个动作,记录下在规定时间内的动作次数,就可测出动作速度。规定时间不宜过长,一般在10~30秒之间,这样就可以排除速度耐力和力量耐力等其他因素的影响,正确测算出动作速度。

在选材中,由于动作速度的遗传性非常大,通过后天的训练通常很难有所提高,因此,尽量选择动作速度快的运动员培养。

3. 位移速度

位移速度亦称运动速度,是指在周期性运动中,单位时间内人体快速运动的能力,位移速度的遗传因素作用很大,如50米快跑的遗传力为0.78,是一个后天训练不易获得较大改变的因素。

在选材中,测定位移速度常用的方法是50米跑,通常位移速度越快,对一般的运动项目的成绩提高越有益。

7.3 耐力素质测试指标与方法

耐力是指人体长时间进行肌肉活动的能力。在体育运动中,耐力是指抗疲劳的能力,即是机体长时间完成练习而不降低练习效果的一种能力,是从事各项运动必不可少的一种运动素质,也是多数运动项目中决定或严重影响比赛成绩的因素之一。耐力素质既有遗传的作用,也可以在后天训练中得到一些改变。耐力素质是选材中一个不可忽略的素质。

耐力素质的测试在生理学上最常用的方法是测定最大吸氧量,通过一些简单的运动模式也可以初步了解运动员的耐力素质。

1. 定距离计时跑

（1）400米（50米×8次往返）跑

400米（50米×8次往返）跑是一个反映全身运动速度耐力的指标。

测试仪器：自制场地，画50米跑道若干条，道宽为2~2.5米。起跑线前0.5米和49.5米处各竖一杆（高1.2米以上），置于跑道正中。秒表3~4块。

测试方法：受试者3~4人一组（最少不能少于2人），采用站立式起跑，听到测试人员的口令后开始起跑，往返8次。往返跑是逆时针绕过立杆。受试者穿跑鞋，不得穿皮鞋或钉鞋，跑时不得碰杆、扶杆和串道。测试人员发出起跑口令时，计时者开始计时，受试者胸部到达终点时停止计时。

测试意义与评价：成绩好者反映出耐力素质相对较好。

（2）800米跑和1500米跑

800米跑和1500米跑是反映耐力水平的两个指标，适合于13岁以上的男女少年。

测试仪器：标准田径场地一块、秒表若干块。

测试方法：测试前做好动员工作，要求受试者全力以赴，测出真实水平。受试者3~4人一组（最少不能少于2人），采用站立式起跑，听到口令后立即起跑，直至跑完全程。跑完后，测试人员应告知受试者继续走动，不能停止或坐下休息，以免发生意外。测试人员用秒表记录每名受试者的时间成绩。

测试意义与评价：成绩好者反映出耐力素质相对较好。

2. 定时计距跑

定时计距跑是指在规定时间内尽可能跑较长的距离，以此测试奔跑的耐力水平。国际上常用的有9分钟跑、12分钟跑和15分钟跑等。

测试场地和仪器：标准400米跑道、秒表若干。

测试方法：受试者站在起跑线听到口令后以最快的速度坚持跑完9分钟（12分钟或15分钟），记录每个受试者在规定时间内跑过的距离，记录以米为单位，不计小数。

测试意义与评价：在规定时间内跑的距离最长者反映出其耐力水平相对较好。

7.4 灵敏素质测试指标与方法

灵敏是一种综合素质，是指运动中运动员能迅速、准确、协调地改变身体部位进行运动的能力。如各类球类运动项目在训练和比赛中经常需要运动员做出突然启动、急停、突然改变运动方向等，这就要求运动员具有相当高的灵敏性。体操和花样滑冰等项目也要求运动员在运动中不断改变身体的位置和方向，同样需要高度的灵敏性。测试灵敏素质的方法很多，经常用到的有以下几种。

1. 立卧撑

立卧撑用以测量迅速、准确、协调地变化身体姿势的能力，但运动量较大，对腹部、肩部和腿部肌肉要求较高。

测试仪器和场地:室内地板或室外平坦地面,秒表一块。

测试方法:受试者取立正姿势,听到开始口令后,双手与脚尖 15 厘米处扶地呈蹲撑,双腿向后伸直呈俯撑,再收腿呈蹲撑,然后还原成立正姿势,即为完成一次动作。成俯撑时,背、腿必须伸直,不得弓背或塌腰。开始和结束时的身体姿势必须呈立正。连续做 10 秒,记录合格的动作次数。按每一动作计 1 分,动作全过程的四个阶段计 4 分,如动作不合格不计分,最后计算累积分数。

2. 反复横跨

反复横跨是一个测试人体灵敏和协调性的指标。

测试仪器:采用反复横跨测定器。简易测定可在地板或平坦地面上画一条中线,在中线两侧各画一条平行线。此平行与中线的距离:7~11 岁受试者为 100 厘米,12~29 岁的受试者为 120 厘米。另外秒表一块。

测试方法:受试者两脚跨中线站立,膝关节微曲。听到开始口令后,单脚跨越横线,双脚落地,先跨右侧平行线,然后跨回中线,再跨左侧平行线,接着又跨回中线。要求横跨,不要向上跳起。受试者横跨没有跨在规定线上时,不计该次成绩。两次测试之间要稍加休息,不要连续进行。往复进行 20 秒钟,记录横跨次数。跨越一条线得 1 分,一次往返横跨总共得 4 分。横跨不过线不得分。受试者进行两次测试,取其中较好的一次成绩。

测试意义与评价:单位时间内反复横跨的次数越多,说明身体灵敏和协调性越好。

3. 十字跳

十字跳测验用于测试变换方向跳和灵活控制身体的能力。

测试仪器和场地:在平坦地面上画两条相互垂直交叉线,形成四等分,标明 1、2、3、4 四个区,秒表一块。

测试方法:受试者听到开始口令后,双腿同时起跳和同时落地,由 1 区跳至 2、3、4 区,再跳回 1 区继续往下跳,直到时间结束。测试前应让受试者预做两次以熟悉方法和要求。测试时,受试者必须按照规定顺序和要求跳。连续跳 10 秒钟。记录 10 秒内跳的区域数,每个区域计 1 分,每跳错一格(踩线、双脚没有同时起跳或落地)扣 0.5 分。

测试意义和评价:10 秒钟的测试时间内得分越高,说明身体灵活能力和控制能力越好。

4. 滑步倒跑

滑步倒跑是一个反映运动中身体向前、侧、后不同方位变化能力的指标。

测试仪器和场地:在一块平坦的地面上画一个 5 米的正方形,并画两条对角线,在正方形的四角各放高度为 40 厘米左右的障碍物,角上按照逆时针的方向设 A、B、C、D 四个点,秒表一块。

测试方法:受试者站在起点 A 处,听到开始口令后,快速从 A 点用倒滑步沿场地外侧向 B 点移动,绕过 B 点障碍物后沿对角线背向移动至 D 点,绕过 D 点障碍物后正面冲刺到 A 点,绕过 A 点障碍物后再转身跑至 C 点,绕过 C 点障碍物后,快速冲刺至 B 点,走后绕过 B 点障碍物,用倒滑步跑至终点 A。测试中主要需要受试者熟练整个规定的过程。熟悉后测试所需要的时间,熟悉完整个过程后,正式测试两次,取最好的一次成绩。

测试意义与评价:时间越短说明在激烈运动中人体变换运动方向的能力越强。

7.5 柔韧素质测试指标与方法

柔韧性是指人体运动时各关节间所能达到的最大活动范围,大小以度数来表示。它反映人体在完成动作时,关节囊、肌腱、肌肉和筋膜等软组织被动伸展能力。

柔韧素质在掌握和完善运动技术中起到了重要作用,几乎对所有运动项目中都有重要意义。柔韧性不好会使力量、速度、耐力和灵敏性的发展受到阻碍,使其他素质水平得不到充分发挥,在训练和比赛中还容易造成伤害事故。柔韧素质是选材检测中不可少的运动素质之一。柔韧性的测试方法很多,常用的简易测试方法如下。

1. 足关节柔韧性

(1) 足关节背屈角度(脚背与小腿之间角度减小)

足关节背屈角度是一个反映小腿后方和足底跖屈肌群(腓肠肌)与跟腱被拉伸能力的指标。

测试仪器:一块平整的墙壁、关节活动度测角规(测角器)。

测试方法:测试前做好充分准备活动,以防受伤。开始后受试者面墙而立,脚跟着地,身体前倾,双眼平视,直臂撑墙,掌心贴紧墙面,脚与墙面之间的水平距离尽可能延长。在脚跟不能离地且两膝伸直的前提下,达到脚与墙面之间的水平最远距离时,测试人员用测角规的一侧尺面与地面和足底平行,另一侧尺面与腓骨(外踝尖延伸至腓骨头)平行,并读取和记录此时的读数。同时记录两腿背屈角度的数值,得出平均值。

测试意义与评价:背屈度数越小,说明足关节小腿后方(腓肠肌和跟腱)和足底跖屈肌群被动拉伸的伸展能力越好。

(2) 足关节跖屈角度(脚背与小腿之间角度增大)

足关节跖屈角度是一个反映小腿前方(胫骨前肌等)和足背伸肌群肌腱被拉伸能力的测试指标。

测量仪器:关节活动测角规(测角器)。

测试方法:受试者赤足坐在地上,先尽量伸直右腿,用力绷直足背,测角规一侧尺面与腓骨平行,另一侧尺面与足背最高处(第二跖骨最高处)相平行。测试时受试者上体正直稍后仰,双手撑地,保持身体平衡,尽量使受试者腿伸直。分别记录两腿跖屈数值,取平均值。

测试意义与评价:测试角度越大说明足关节跖屈的伸展能力越强,足关节的柔韧性越好。

2. 髋关节和腰椎关节柔韧性

（1）髋关节柔韧性

纵横劈叉是测试髋关节柔韧性和髋关节伸展能力的指标。分前后方向的纵劈叉和左右方向的横劈叉两种。

测量仪器：刻度尺、测角规。

测试方法：受试者在测试前做好下肢各方位拉伸练习，以防拉伤。正式测试时两腿前后或左右缓慢分开，尽量使劈叉的双腿分叉处接近地面，两腿向远离身体方向伸出。测量股骨大转子尖至地面的垂直距离，也可测试两个脚跟之间的水平距离。

测试意义与评价：纵横劈叉股骨大转子尖至地面的垂直距离越短，说明髋关节的柔韧性越好。也可计算纵劈腿指数＝足跟间距/（下肢长 B×2）和横劈叉指数＝足跟间距/［髋宽+（下肢长 B×2）］，纵劈腿指数和横劈腿指数越大，说明髋关节的柔韧性越好。

（2）腰椎关节和髋关节柔韧性

①立位体前屈，是测试髋关节和腰椎背部软组织伸展能力的测试指标。

测量仪器：立位体前屈测试计。也可自制，用一定高度的木凳，在木凳的一个边上安装一把刻度尺，刻度尺的 0 点与凳面平齐。向上标出负值 1~20 厘米的刻度，向下标正值 1~30 厘米的刻度。

测试方法：受试者测试前做好充分的体前屈拉伸练习，防止受伤。测试时，受试者站在木凳上做充分的体前屈动作，两臂伸直，两手之间平齐，双腿伸直并拢，两脚尖分开 5 厘米。上体尽量前屈下压。待受试者稳定后记录指尖所到达的刻度。

测试意义与评价：读数越高说明腰椎关节和髋关节的柔韧性越好。

②搭桥，主要是测试胸、腰、髋部前方的柔韧性。

测试仪器：直钢尺、标准卷尺。

测试方法：受试者先成站立位，测量其脐至地面的垂直距离。然后令受试者仰卧，双手双脚分开与肩同宽用力撑地，将身体推起呈弓形。尽量使手脚的距离靠近。测量背弓最高点与地面的垂直距离。

测试意义与评价：评价时用脐高减去背弓最高点与地面的垂直距离，连续测量两次取最好成绩。两数值之间差值越小，说明胸、腰、髋部前方的柔韧性越好。

③立位转体，是一个反映脊柱扭转的柔韧性指标。

测试仪器和场地要求：平坦地面铺成或画上一张标有 0~180 度的弧度的刻度纸或图，在 0 度至 180 度中线两侧从 0 度开始，以 1 度为单位标明从 0 度到 180 度的刻度，即以中线对折后图形是一个标准的具有最小为 1 度单位的半圆。木棍一根，悬挂在木棍一端的锥体重物一个。

测试方法：受试者站在图形的中心点，双脚平分，双脚踏在 0~180 度中心线上。木棍置于腰后，双臂屈肘夹住木棍中段。带有锥体重物的木棍一端锥体物指在刻度 0 度处。开始转体时受试者上体正直，不能前倾后仰或者左右弯曲，足跟不能抬起。受试者分别向左右缓慢转体各两次。在左右转动到最大角度时，记录椎体重物稳定时对应的刻度，取测试最大值。计算左右最大值的平均数。

测试意义与评价:平均的角度值越大,说明脊柱扭转柔韧性越好。

3. 肩关节柔韧性

肩关节柔韧性测试又称旋肩测试,是一个反映两手尽量窄握,旋转肩部时的柔韧性指标。

测试仪器:标准带尺一条,直木棍一根;或者直接用带有刻度的木棍一根。

测试方法:测试前让受试者肩部做好充分的准备活动,然后自然站立,两脚分开与肩同宽,两臂伸直,尽量窄握木棍平举于胸前,然后由胸前向上、向后旋转过头。受试者若不能旋转过头使双臂落于身后,可重新调整加宽两手之间的距离,直至两臂从身后能绕过头顶,并再向前旋转返回开始位置。旋转过程中手臂始终不得弯曲。记录最窄握能够完成动作时双手之间的握距。

测试意义与评价:握距越短,说明肩部旋转能力越强,柔韧性越好。

8 生理生化选材

以运动生物化学的基础理论知识和实验方法作为依据,选择受遗传因素影响大并对运动能力产生制约作用的生物化学指标,进行运动员选材。生理生化机能具有较大遗传力,并且具有较强稳定性,这种选材方法可以探索生理机能发展潜力,判定运动员适合某种项目或者某种项群。本章节主要介绍常用选材的四种生化指标的测定与评价方法,为选材提供参考。

8.1 血清睾酮

8.1.1 睾酮与选材

雄性激素是一类含有19个碳原子的类固醇激素,三种主要的分泌型雄激素为睾酮(T)、雄烯二酮、去氢异雄酮,其中睾酮的活性最高。人体内睾酮主要有睾酮、双氢睾酮、雄烯睾酮、去氢表睾酮、去氢表雄硫酸盐等。睾酮的量远大于双氢睾酮,其生物效能又明显大于其他代谢物,因此,睾酮常被作为雄性代表。

睾酮又称睾丸素、睾丸酮、睾淄酮,分子式为 $C_{19}H_{28}O_2$,分子量为 288.42。男性血清中睾酮主要有睾丸间质细胞内分泌,其余部分由肾上腺皮质和其他组织分泌。女性主要有肾上腺皮质网状带分泌,卵巢只有少量分泌。

血浆中睾酮有三种存在形式,约67%与白蛋白结合,40%与球蛋白(性激素结合球蛋白)结合,游离睾酮(FT)只占2%或2%以下。通常认为,游离睾酮和白蛋白结合型睾酮才发挥生理作用,其中游离睾酮的生理活性最强,而与性激素结合球蛋白结合的睾酮没有生理活性。结合型睾酮是血液中睾酮的临时储存库。

睾丸分泌睾酮的功能受脑垂体(腺垂体)和下丘脑分泌的激素调节和控制,它们间的关系是:下丘脑分泌促性腺激素释放激素(GnRH)、促进垂体分泌黄体生成素(LH)和卵泡刺激素(FSH),LH 和 FSH 共同协调促进睾酮分泌细胞的功能。所以,血睾酮水平的高低直接受血浆 LH 和 FSH 浓度的影响。另外,血睾酮对垂体和下丘脑分泌 GnRH、LH 和 FSH 有反馈抑制作用,即不论何种原因导致血睾酮升高(或降低)时,其对下丘脑和垂体的反馈抑制作用也随之增强(或减弱),结果使 GnRH、LH 和 FSH 水平降低(或升高),进而调节睾酮的合成和分泌作用。由于下丘脑、垂体和睾丸之间内分泌功能的相互制约关系,人们将它们称作下丘脑-垂体-性腺(HPG)轴。在机体内,一些与睾酮结构接近的内源性激素如雌激素、皮质醇等对下丘脑-垂体-性腺轴也有抑制作用。

睾丸间质细胞分泌睾酮的数量受多种因素的影响,如昼夜节奏、季节、年龄、性别、体温、运动等。一般来说,清晨血睾酮水平最高,夜间最低;秋末冬初较高,春季较低。

雄激素的生物学作用广泛,主要是促进性器官(腺体)的发育,并调节性腺机能。此外,还刺激组织摄取氨基酸,促进核酸和蛋白质的合成,促进肌纤维和骨骼的生长,加强磷酸肌酸的合成,刺激促红细胞生成素分泌,增加肌糖原储备,维持雄性攻击意识等等。

人体血睾酮各发育阶段正常值,见表8-1所示。

表8-1 人体血睾酮各发育阶段正常值

单位:ng/100mL

骨龄(岁)	男T	女
8–10	106.7±19.2(72~150)	18.26±6.9(9~41)
11–12	114.7±54.3(85~200)	31.8±13.5(16~56)
13–14	377.0±91.3(125~500)	61.9±14.4(32~94)
15–16	585±112.3(370~770)	62.7±14.4(18~95)
17–18	666±145.5(370~900)	62.4±14.8(20~87)

在运动员选材中,一般选用处于各年龄段睾酮的上限值且运动能力强的少年儿童。一般来说,对于可早出成绩的项目,如体操、游泳、跳水、乒乓球等可选拔血睾酮水平较高者;对于较难出成绩的多有"大器晚成"的项目,如跳高、篮球、划船等项目,应结合其他指标进行综合衡量。

在以ATP-CP功能为主的运动项目比如短跑、举重、铅球、标枪、跳高等,需要最大力量速度。研究表明,以ATP-CP供能为主的项目,运动员睾酮值高于其他项目运动员。睾酮值越高,意味着更好的力量速度。因此在选材过程中,睾酮应作为重要指标。在爆发力项目中,可建立运动员睾酮档案,跟踪并作为优秀的依据。

8.1.2 睾酮随年龄变化的特点

睾酮含量水平影响因素很多,不同年龄、不同性别的人群,血清睾酮的含量水平不同。小于12岁的男女少年运动员之间,血清睾酮水平无明显差异性,一般认为这是由于下丘脑-垂体-性腺轴仍处于静息状态所致。进入青春发育阶段,体内睾酮值陡升,并且出现性别差异。发育初期血清睾酮变异幅度加大,个体间差异较大,经过2~3年的发育变化,个体的睾酮值逐渐趋于稳定。

8.1.3 睾酮的测试

常用的睾酮值按睾酮采集部位不同分为3种,即血清睾酮、唾液睾酮、尿睾酮。

唾液睾酮约占血清睾酮含量的1%,睾酮从血清到唾液腺的转运相当迅速,唾液睾酮和血清游离睾酮的浓度也是同步的,而且相关性极好,无显著性差异。

尿液中睾酮主要以葡萄糖酸苷复合物形式存在,少数以硫酸苷形成复合物,游离成分不足1%。一般在检测前需要对样本进行处理,将尿中以复合形式存在的睾酮分解出来,再按常规方法进行检测。

在选材过程中,我们测试睾酮一般抽取受测者的静脉血,选用的仪器是贝克曼全自动化学发光分析仪,测定方法为放射免疫法。由于睾酮值的个体差异较大,因此,仅用某一次睾酮测值来评定该运动员睾酮水平是不全面的,我们一般都是积累资料进行纵向比较。在实际应用中,一般选用不受药物、训练等外部环境影响的睾酮值,也称为基础值,这样对选材更有意义。

8.2 血红蛋白

8.2.1 血红蛋白与选材

血红蛋白(Hb)俗称血色素,是红细胞中一种含铁的蛋白质,成熟红细胞中 Hb 占湿重32%,占干重97%。血红蛋白的主要生理功能是运输氧和二氧化碳,以及缓冲体液酸碱度,在维持人体正常生理活动方面有重要作用。

血红蛋白正常值,成年男性 120~160 g/L,女性 110~150 g/L,14 岁以下儿童均为 110~160 g/L。通常说的贫血指单位容积血液中血红蛋白低于正常值下限。成年贫血标准男性为 120 g/L,女性为 110 g/L,14 岁以下均为 120 g/L。运动员血红蛋白正常标准和贫血标准与成人一致。研究证明,最适宜血红蛋白为 160 g/L,这种情况下血球压积和血液黏度不会影响血红蛋白作用。目前存在使用 EPO 及血液回输技术可以使血红蛋白浓度达到 180 g/L,甚至更高的水平,这并不利于氧的运输,还会影响运动员的健康。因此,血红蛋白高低对运动员选材的成功率有一定价值。

一个人血红蛋白值的高低受多方面因素影响,有遗传、环境、机能状况、饮食、性别等,其中遗传是主要的。在 2003 年全国体育院校成人教育协作组编写的《体育测量与评价》一书中阐述遗传度达 80%~99%。就是说血红蛋白的高低,在很大程度上是先天决定的,后天改变的幅度很小。

血红蛋白不但在体能项目选材中重视,而且也发现对心理素质和神经类型要求极高的射击项目同样重视。在射击运动中,肌肉处于一种持续的紧张状态,这种静力性做功由于持续时间长,消耗能量大,因此导致血红蛋白降低至贫血,使射击运动所产生的各种疲劳更加难以消除,运动员很难接受大负荷训练。所以在射击运动的选材中,不但要注重心理素质和神经类型,也要注重血红蛋白。血红蛋白也应作为射击选材的敏感指标,并在今后重视。

8.2.2 血红蛋白的测试

一般是抽取运动员的清晨空腹静脉血,也可用微量指血。测定方法常为光反射法或溶血比色法,目前的测试常用血细胞计数器直接测定。

8.3 尿素氮

8.3.1 尿素氮与选材

尿素氮是机体内蛋白质和氨基酸分解代谢的最终产物,在肝细胞内经鸟氨酸循环合成后释放入血,称为血尿素氮。在正常的生理活动情况下,尿素的生成和排泄是处于平衡的,这时尿素氮的浓度是稳定的。在大强度、长时间的运动后,血液中尿素含量增加,如果机体的运动负荷适应能力差,那么尿素生成就多。在我国一般成人的血尿素正常值在 2.9~8.2 mmol/L,运动员比一般人略高。在 40~70 mmol/L 之间。冯连世、冯美云等发现优秀运动员和一般运动员在同等负荷的情况下,优秀运动员运动后的尿素氮值和清晨的尿素氮值较一般运动员低。因此,这种较低的安静尿素氮值对负荷适应的潜力比较大,所以可考虑在安静时和同等负荷运动后尿素氮都较低的运动员作为选材的好苗子。

运动使尿素氮水平升高,主要有五个原因:(1)随着运动时间的延长,肌肉中氨基酸氧化分解供能加强,脱下的氨基数增多,使氨基在肝脏中代谢产生的尿素氮增多;(2)受运动的影响,机体的结构蛋白和功能蛋白(肌肉、酶)分解加剧,使分解代谢终产物尿素氮的生成增多;(3)在长时间运动达到疲劳后,AMP 脱氨基增加,进一步代谢转变为尿素氮;(4)长时间大强度运动时,肾脏血流供应减少,造成肾功能下降,使尿素氮的清除能力下降;(5)运动中大量排汗使血液浓缩,也是运动时尿素氮浓度升高的一个原因。

8.3.2 尿素氮的测试方法

一般在运动后或次日晨取微量(20 μL)全血或静脉血测定,测定方法有二乙酰一肟法和酶电极法,目前常用的仪器为半自动或全自动生化分析仪。

8.4 血清肌酸激酶

8.4.1 肌酸激酶与选材

肌酸激酶(Creatine Kinase,CK)又称为磷酸肌酸激酶,是骨骼肌能量代谢的关键酶之一,其作用是催化三磷酸腺苷和磷酸肌酸之间高能磷酸键可逆性的转移。研究发现,高强度肌肉负荷后,肌肉酸痛与血清 CK 水平存在高度相关。

肌酸激酶主要存在细胞质和线粒体中,是一种与细胞内能量运转、肌肉收缩、ATP 再生有直接关系的重要激酶,其中人体骨骼肌、平滑肌的肌酸激酶含量比较多,另外脑组织、胃肠道、肺和肾内的含量比较少。血清肌酸激酶的正常参考值在 18.0~198.0 U/L 之间。肌酸激酶是评价机体损伤程度的有效指标。研究证明,无论是大强度还是低强度的训练都会使血清 CK 活性增加。在承受大负荷运动强度中,教练员可根据运动员的肌酸激酶变化情况来判断此种运动负荷对运动员的骨骼肌和心肌造成的损伤情况,从而调整训练计划。因此,测定体内肌酸激酶也是选材的生理生化指标之一。

运动强度和运动时间对血清 CK 影响具有以下规律:(1)运动强度只有达到一定程度时,才引起酶活性的显著变化;(2)较大强度和较短时间运动后血清 CK 活性变化显著地大于较长时间和较小强度的运动;(3)运动强度和持续时间都是影响酶活性的重要因素。一般认为,持续时间的影响最为明显,但也有研究指出强度变化对血清 CK 活性水平影响更明显。

8.4.2 血清 CK 的测试方法

一般在运动后或次日晨起取静脉全血测定,测定方法常用荧光测定法,目前常用仪器设备为全自动或半自动生化分析仪直接测定。

8.5 血乳酸

8.5.1 血乳酸与选材

血乳酸最大浓度遗传度可达 70%~81%,说明遗传对血乳酸的最大浓度有很大影响。血乳酸是体育领域中应用范围最为广泛的指标,也是应用效果最好的指标。它不仅用来评价有氧耐力水平,也用来评价无氧训练水平即速度和速度耐力水平,同时也广泛用于运动员的选材和预测。

血乳酸是体内糖代谢的中间产物,主要是由红细胞、横纹肌和脑组织产生的。乳酸主要在骨骼肌中生成的,然后通过细胞膜进入血液。一般情况下,乳酸生成与消除处于动态平衡中,血乳酸浓度在 2 mmol/L,运动员血乳酸安静值与正常人无差异。但是,有的运动员比赛前情绪紧张时,血乳酸安静值可能比平时训练时高达 2~3 倍,这与肾上腺分泌增多有关。血乳酸的浓度随着运动强度的加大而增加。在较低负荷运动时血乳酸增加不明显,随强度平缓上升,但运动强度超过一定水平时,血乳酸呈直线急剧上升,特别是当运动时间在 45 秒以上、2~4 分钟以内的剧烈运动时,血乳酸浓度会大大提高。在血乳酸平缓上升和急剧上升之间存在拐点,即为乳酸阈(LAT)常为 4 mmol/L(乳酸阈是指血乳酸达到 4 mmol/L 所对应的摄氧量、功率或运动速度等)。研究表明,乳酸阈值存在个体差异,其变化范围为 2~8 mmol/L。所以,在用乳酸阈评定运动能力时,应注意测定其个体的乳酸阈值。

乳酸是糖酵解的重要产物,由糖酵解释放能量,是时间短、强度大、速度快的运动项目的主要能源,故常用血乳酸来评定运动强度和运动员的糖酵解供能能力。有研究用 10 秒、30 秒、60 秒的 Wingate 无氧功率来反映短跑运动员的磷酸原供能系统、乳酸系统和无氧供能的能力。目前,国内外已广泛运用这一生化指标来预测运动成绩和选拔运动员。例如短跑,由于其运动时间短、运动强度大,故运动中主要靠 ATP-CP 和糖酵解供能,其供能能力越强,血乳酸产生量越多,运动员的成绩就越好。

通过糖酵解释放生成 ATP 的能力强,即具备了很好的无氧代谢的基础,具有较高的无氧供能能力,则在激烈运动中能获得充足的能量供应,这无疑是取得优异成绩的保证。血乳酸和乳酸阈还可以用来评价有氧耐力。有研究显示乳酸阈和运动耐力的相关性比最大摄氧量还要高,对于速度耐力性运动项目的选材有重要意义。所以,定量地测评血乳酸水平,是生化科学选材的有效手段之一。

此外,良好的有氧能力是无氧能力保证,高乳酸可用于评定无氧能力,乳酸清除率可评定有氧能力。在实际选材应用中,应选择最大摄氧量越大、血乳酸值越高和乳酸清除速率越快的运动员。

8.5.2 血乳酸的测试方法

在实际中有血乳酸最大浓度测试方法、乳酸能商(LQ)测试方法、乳酸阈测试方法。

血乳酸最大浓度测试方法是在大强度运动后获取,或者最好在激烈比赛后测定。一般来说,运动员进行 1 min 左右最大强度运动后,测定血乳酸含量。血乳酸越大其无氧能力越好。

乳酸能商(LQ)测试方法是 1988 年奥林匹克运动医学手册中提出的评定糖酵解能力的方法。测试方法是:在自行车功率机上以 100 转/min、600 W 的负荷进行 45 s 最大用力运动,要求记录 45 s 完成总功(TWP)。要求在运动前和运动后 6 min 取血测定血乳酸,然后用 45 s 总功除以前后血乳酸差值就是乳酸能商(LQ)值。

乳酸阈测试方法常采用的方法有多级递增负荷法、两点法和多点法等。运动员在乳酸阈跑速越快,有氧耐力越好,可选拔为耐力性运动员。乳酸阈存在明显的个体差异,在科学选材中,最好测定运动员的个体乳酸阈。在运动训练中常采用日本或德国的便携式血乳酸仪或台式测试即刻血乳酸。

9 生理机能选材

每个人的生理机能都有较大程度的遗传度,由于个体生长环境的不同,导致先天优势遗传没有得到及时发现,很多遗传生理在没有从事运动训练之前或没有经过一定周期多种训练形式的发展,以及科学的实验观察尚不能被真正发现。那么,作为生理机能选材要关注的就是通过合理的生理指标,科学的监测与评价运动员个体机能,以便能够通过教练员初选的基础上进行科学的生理机能的初步筛选和阶段跟踪监测与评价其机能发展状况和发展潜力。

9.1 不同运动项群对生理机能的基本要求

人体在进行体育活动或在承受巨大的训练负荷时,体内各系统各器官的机能活动都活跃起来,表现出各自的机能功能水平。不同的运动项目对人体各器官系统的机能状况有不同的要求,机体生理机能水平的高低又直接影响着运动能力。机能水平越高,运动潜力越大,越有可能出优异运动成绩。

由于长期从事某一项群的运动训练,会使机体的生理生化机能产生相应的适应变化,能提高人体器官与系统的机能。研究项群特点对人体生理生化机能的不同要求,设计与专项运动特点相一致的测试方法,就可以把握运动员是否适合于从事某一项群的运动训练,这是生理生化机能选材的重要依据。不同项目对生理生化机能的要求不同(见表9-1)。

表9-1 主要运动项群(目)生理机能选材要点

项(目)群		生理机能选材要点
体能类速度力量项目	短冲类	快肌纤维比例大,无氧代谢能力强,神经-肌肉系统募集能力、协调、灵活性高,肌肉耐酸能力强。
	跳跃类	空间本体感觉好,定向调节能力强,神经-肌肉系统募集能力、协调、灵活性高,快肌纤维比例大。
	投掷类	无氧代谢能力强,神经-肌肉系统募集能力、协调、灵活性高,快肌纤维比例大。
	举重	快肌纤维比例大,神经-肌肉系统募集能力、协调、灵活性高,肌肉耐酸能力强。

续表

项(目)群		生理机能选材要点
体能类耐力性项群	短时	无氧代谢能力强,神经-肌肉系统募集能力强,肌肉耐酸能力强,快肌纤维比例大。
	中时	无氧和有氧耐力强,心肺发育良好,心容量大,脉搏徐缓有力,最大吸氧量和无氧阈指标优秀。
	长时	有氧(速度和力量)耐力能力强,最大吸氧量和无氧阈指标优秀,心肺发育良好,心容量大,脉搏徐缓有力,体内血红蛋白和睾酮含量高、耐练,红肌纤维比例高。
技能表现难美性项群	体操技巧跳水武术艺体	有氧代谢能力强,神经-肌肉系统募集能力强、协调、灵活性高,快肌纤维比例大。本体感觉好,平衡能力、空间调节能力强。
技能准确性	射击射箭	内脏系统健康,具有良好的有氧代谢能力和强有力的神经系统、稳定性好。本体感觉好,平衡能力强。
技能隔网对抗	排球乒乓羽网	快肌纤维比例大,本体感觉、视觉、听觉、位置觉良好,反应快,良好的心肺功能,有氧代谢和ATP-CP供能能力强。
技能同场对抗	篮足棒垒球	反应速度快,有氧和无氧供能能力强,快肌纤维比例大,良好的心肺功能,血红蛋白和睾酮值高。
技能格斗性项群	击剑摔柔跆拳散打	反应迅速,无氧供能能力强,心肺功能良好,快肌纤维比例大,ATP-CP含量高,血红蛋白百分比大,本体感觉、视觉、听觉、位置觉良好,反应快,机敏。

资料来源:王金灿.运动选材原理与方法[M].北京:人民体育出版社,2005.

9.2 选材中常用生理指标的评定方法

在运动训练中,如心脏、血管和肺的机能是影响运动能力的重要生理因素之一。而脉搏、血压、肺活量和最大摄氧量等是了解心肺功能及其随训练发展程度的常用生理指标。这些指标在遗传因素决定其机能潜力的情况下,于少年儿童时期,随着其年龄的增长而增长,在个体生长发育过程中均呈现出明显的规律性。因此定期监测这些指标,对选择具有较优异生理机能的少年儿童来说具有重要的意义。大量研究表明,运动员优异的运动成绩是机体多器官、多系统机能相互协调一致的结果。如在耐力性项目上要取得优异成绩,就要有良好的心肺功能,较多的慢肌纤维百分比,较高的睾酮、血红蛋白等。如在力量项目上要取得优异成绩,就要有较大的肌肉块头和良好的肌力,较多的快肌纤维百分比,较高血睾酮水平等。所以,在运动员选材时必须注重监测运动员身体各项机能指标的跟踪观察和评价。

在选材中常用且方便跟踪监测的生理系统有:心血管系统的心率、血压、心电活动;呼吸系统的肺功能的各项指标;能量代谢系统的有氧和无氧代谢能力;神经系统的脑电活动,视觉频率反应(闪烁值),主观体力感觉等。

在生理机能监测与评价中,一方面监测他们在安静状态下的指标状况,另一方面也要结合定期、定量阶段运动训练负荷后的跟踪对比这些指标的变化情况,结合运动员个体年龄、发育和运动训练年限来诊断其各方面机能的可持续发展潜力。所以,阶段安静状态和定期、定量的运动现场或实验室运动负荷强度和负荷量情况下的生理机能监测与评价,在运动员选材中有极其重要的参考价值。为此本篇特别介绍少年运动员入队生理机能初检、静态机能检查和实验室及场地监测方法与技术,以方便选材时应用。

9.2.1 心血管系统选材的监测与评价

1. 家族心脏疾病史

有心脏异常、心脏病、心律不齐、期前收缩、心肌炎或年轻时突然死亡的家族史者,应做好心脏的检查,包括定期运动试验检查、超声心动图检查。有运动晕厥、胸痛、心悸和极度呼吸困难者,以及有心脏品质性病变者均不宜从事运动训练。

2. 心脏的检查

(1) 心脏形态检查。

心脏是身体的动力机器,在选择运动员时,首先对运动员的心脏基本状况有个初步检查。保证心脏形态功能正常,以及有无异常搏动。用叩诊法判定心脏横径和长径的大小。

正常横径(厘米)= [身高(厘米)/10]-4,正常长径(厘米)= [身高(厘米)/10]-3

大于这个范围表示心脏增大,结合 X 射线和心功指数的检查,诊断是因训练导致的正常良性增大,还是天生无品质性病变的心脏大。小于这个范围则表明心脏过小,不适合从事运动训练。

(2) 听诊

听诊是心脏检查中的一项十分重要的内容,主要注意心率、跳动节律、心音强度是否正常,有无杂音或亢进音,特别是在情绪激动时,运动训练间期听诊尤为重要。对于有过训练史的少年运动员,在安静时心音可能会有低沉或心跳偏于缓慢;而对于有一定强度后即刻运动心率快并伴有心音低沉时,要检查有无心肌病变。

(3) 心电图检查

心电图是心肌产生电位变化的体表记录,也是心脏在收缩之前先有生物电活动,所产生的动作电流,可经体内组织传导至体表各部位。并且在心跳周期中,心脏综合电偶的强度和方向不断地发生着周期性变化,传到身体各部的电位也随着发生周期性地不断变化。在两个体表相应部位放置导电电极板,用导线连接至心电图机,就可描记出心脏生物电活动的周期曲线图,即心电图。

(4) 心率

心率是心脏周期性跳动的频率,测心率的最简易方法是徒手数脉搏,正常情况下脉搏和心率是一致的。心率是探察运动员机能状态的一个简易窗口,在选材中和运动员机能评定或负荷诊断中被广泛监督应用。在运动训练或机能评定中,常用的有基础心率、安静心率、运动中心率和运动后恢复心率。

基础心率:指清晨初醒后起床前的卧位心率。一般情况下,每个人的基础心率较为稳定,并且与年龄和发育程度有关,亦随着训练年限的延长和身体机能的提高而有所减慢。

安静心率:指正常生活状态下空腹非运动时的心率。安静心率高于基础心率,不同项目运动员的安静心率有差异。

运动中心率:包括定量负荷心率、低负荷心率、中负荷心率、大负荷心率和最大心率。有时也观察组间休息的恢复心率等。定量负荷心率,指规定运动量或规定运动负荷强度情况下的心率。常用于训练水平的自身前后比较或相互比较,当随着训练时间的延长,同一运动量或强度下心率降低,或者同一心率下的训练量和强度提高,可提示运动员对负荷适应水平或机能能力的提高。低负荷心率,指在训练强度较低情况下的心率,一般指 140~160 b/min。中负荷强度心率,指在训练强度中等水平时的训练心率要求,一般指 160~180 b/min。大负荷强度心率,指在训练强度较大时的心率要求,一般指 160~180 b/min。最大心率,指在无氧能训练过程中,冲击最大心率极限时的心率,一般在 180 b/min 以上,甚至达到 200 b/min 以上。最大心率虽是稳定的,但其出现多是有偶然性的,甚至是没有最高只有更高。最大心率与安静心率差为心率储备,心率储备越大,表示运动员的潜能越大。

运动后恢复心率:指运动后恢复期间的心率或间歇训练组间休息的恢复心率。在一般情况下,运动后单位时间内心率恢复较快者心血管功能较好。

基础心率和安静心率都是在非紧急的情况下测量,应以分为单位记数,以减小误差。运动中测量比较困难,一般在运动间隙,因多受时间限制,多测 10 秒心率乘以 6,或直接记以 10 秒心率对比,往往误差比较大。运动后心率的测定,可以以分钟为单位,也可以以 10 秒乘以 6 测量,根据测试的要求分别在其第 1 分钟、2 分钟、3 分钟内测量,以观察运动后恢复的时间。有条件的可以用心率表时时监测,比较方便。

心率测量方法有扣诊法、器诚法和单个或团体心率表法。

扣诊法:①桡动脉扣诊是以食指、中指和无名指压在受试者手腕桡动脉上数心跳次数的方法。②颈动脉扣诊是在胸锁乳突肌前的下颌三角区测量。此方法被比较多地采用,两指在颈部一侧或两侧触摸,但不宜用力过大,该部有动脉压力感受器,以免引起昏厥。

器诚法:①听诊法是以听诊器于心前区直接听诊,并记录心率的方法。该方法多被专业医务人员使用,但对于训练中的心率测量不方便使用。②指脉仪法是光电或压力传感器感应因脉搏周期性搏动引起的手指光密度或容积的周期性变化,来显示心率的方法,此方法仅适用于实验室。

心率表法:随着科技的发展,用于测量心率的心率表有了较大的改进,直接系好心率表发射带,便可实时监测训练瞬间心率变化,教练员可随时现场指导训练,并通过相关软件做出快速统计分析,调整训练计划,科学控制运动员的训练。

3. 血压

血压是指每当心脏收缩向血管射血时,血液对血管壁造成的侧压力,是由心室射血和外周阻力相互作用的结果。形成血压的首要前提是要有适当的血容量,保持血管的充盈,才能有临床上的正常血压。血容量过大或过低会导致高血压或低血压。临床上常用的血压是成对的数值,即收缩压和舒张压,两者分别表示了血管壁所承受的一个心动周期中的最大和最小压力,两者之差为脉压差。收缩压主要反映心脏每搏射血量的多少,收缩压主要反映了外周血管阻力的大小,脉压差主要反映了大动脉血管壁的弹性。血压一般都在肱动脉处测量,通常以水银血压计和听诊器、电子血压计,电子血压计又分上臂式血压计和手腕式血压计等。

以上臂式电子血压计为例,测量前受测者至少坐位休息 5 分钟。其间,将血压计平放于桌面上,检查臂带是否漏气,血压计电源是否连接好或显示面板电池电压是否充足。测量时受试者自然端坐,被测臂自然放于桌面,将臂带置于上臂肘关节之上 1~2 厘米缠绕,松紧应能伸进一个指头,保持臂带中间部位与其心脏处于同一水平线上,臂带导气软管处于中指延长线上,保持手心向上,自然放松,测量过程应保持安静和体位不动,测量并做好记录。

对于运动后血压的测量,以观察血压恢复快慢为目的时,应以即刻 1 分钟、2 分钟、3 分钟,直到恢复到安静时为止,记录每次测量的血压值。

4. 心脏功能的检查

心脏功能的检查主要是对心血管系统的机能评定,通常是以运动负荷机能试验为手段,观察运动员的心血管功能指数的方法来实现。运动负荷试验的方法比较多,有行走、蹲起、15 秒原地疾跑、台阶试验等。运动量的选择有定量运动、极限运动、不定量运动或定心率的运动等。心血管系统机能试验多是定量负荷试验,让受试者进行一定量的负荷运动之后,观察相关指标的前后变化,对心脏功能作出评价。我国用于评价和选择运动员时,常采用以下定量负荷试验。

(1) 60 米跑心率指数

本方法主要是通过 60 米定量运动,测评运动员的心血管机能水平。运动实践证明,在一定范围内,运动强度越大,工作时心率也越快,恢复时间也越长,反映机能情况的心率与运动强度、运动成绩和恢复情况有一定的内在关系。

测验仪器:秒表、听诊器。

试验方法:让受试者静坐 10~15 分钟,测量安静时心率的稳定值,以 10 秒计,连续测 3 次,求平均值,然后进行 60 米全速跑到终点。记录成绩,并连续测量前 1 分钟、2 分钟、3

分钟,每分钟前 10 秒的心率。

心率指数:

$$K = S \cdot \sum P / t \cdot P_3$$

K 为心率指数;S 为跑的距离;$\sum P$ 为终点前 1 分钟、2 分钟、3 分钟每分 10 秒心率之和;t 为成绩;P_3 为第 3 分钟前 10 秒的心率。

从心率指数的公式中可以看出,在跑距相同的情况下,心率指数与负荷后的心率成正比,与成绩和速度的乘积成反比,即成绩好、强度大、恢复快,心率指数就大,评定标准见表 9-2。

表 9-2　60 米跑心率指数评定标准

等级	7~12 岁		13~17 岁	
	男	女	男	女
良好	22.60↑	21.60↑	25.30↑	21.50↑
较好	21.40~22.50	20.40~21.50	23.80~25.30	20.10~21.40
一般	18.70~21.30	17.50~20.30	21.30~23.70	17.70~20.30
较差	17.70~18.60	16.40~17.40	20.10~21.20	16.20~17.60
落后	17.60↓	16.30↓	20.10↓	16.20↓

(2) 30 秒 30 次蹲起机能测试

本试验是测试心脏功能的最简易方法,只需要秒表即可,也不需要特殊场所。以相对定量的负荷,测心率变化和恢复情况。一般情况下,心功能越弱,运动心率越快,恢复时间也就越长,反映定量负荷下的心率及其恢复与心脏功能的内在关系。

试验方法:①需要受试者静坐 5 分钟,测 15 秒的心率,将所得数乘以 4,得出 1 分钟心率,标以 P_1;②在 30 秒内完成 30 次蹲起动作,最后一次站起来时,测即刻 15 秒心率,将测得数乘以 4,标以 P_2;③休息 1 分钟后,再测 15 秒心率,将测得数乘以 4,即恢复期第 1 分钟的心率,标以 P_3。

心脏功能指数(K):

$$K = (P_1 + P_2 + P_3 - 200) / 10$$

评价方法:根据计算出的指数评价心脏功能,指数小于或等于 0 的为最好,0~5 为很好,6~10 为一般,11~15 为不好,大于 16 为很差。

(3) 布兰奇心功能指数(BI)

本测试方法也比较简单,便于操作,所需仪器为秒表、血压计、听诊器。测量时让受试者采取坐姿,待完全安静下来以后,测 1 分钟心率,然后测血压。取得数据后将数据代入布兰奇心功能指数公式:

布兰奇心功能指数=[心率×(收缩压+舒张压)]/100

评定方法:本方法的优势在于测量心率的同时,考虑了血压因素,因而能较全面地反映心脏和血管的功能。BI 的平均值为 140,当 BI 值位于 110~160 的范围内为心血管机能正常,如果超过 200,应进行心血管机能的进一步检查。

(4) 联合机能试验

本试验是由三个不同时间、不同强度的一次性机能试验组成,所需测量工具有血压计、秒表。由于试验负荷强度较大,所以更能有效地检查运动员的心血管系统机能水平。

试验方法:试验开始时,首先测量安静时心率和血压,然后不解下血压计袖带和气囊,按顺序做三个一次性机能试验。

①30秒20次蹲起:受试者两足开立与肩同宽,两臂自然下垂,做蹲起动作。下蹲时足跟不离地,两膝要深屈,两臂前平举,起立后,两臂恢复原状,如此重复20次。要求动作速度均匀,并在30秒内做20次,蹲起结束后立即测1分钟、2分钟、3分钟每分钟前10秒心率和每分的血压,本节共休息3分钟。

②15秒钟原地快跑:跑的速度和强度如同百米跑。跑完后分别测量恢复期1分钟、2分钟、3分钟、4分钟每分钟前10秒心率和每分的血压,本节共休息4分钟。

③3分钟(女子2分钟)原地高抬腿跑,要求步频180次/分,跑完后测量恢复期1分钟、2分钟、3分钟、4分钟、5分钟每分钟前10秒心率和每分钟血压。

三个测试部分之间都要紧密衔接,心率和血压可同步测量,也可测完心率立即测血压,操作时要在规定的时间内完成,完成20次蹲起并经过3分钟恢复期后,紧接做15秒的原地快跑,而后休息4分钟,就紧接着做原地3分钟高抬腿。根据负荷后脉搏和血压升降的幅度,以及恢复时间来评价受试者心脏功能。

在运动员选材时,要严格操作,按规范测量。联合机能测试的结果与运动员的身体状况关系密切,把握好疾病或过度训练等因素对其的影响,评价时应全面分析。力求能从先天性的心血管机能角度进行判别,而排除类似疾病或过度训练等后天性因素的干扰。可以肯定的是联合机能试验的结果与训练程度有关,那么在初级选材时如何判断或避开原有的训练效应,进而诊断出运动员先天的心血管系统的机能,是亟待解决的问题。

9.2.2 呼吸系统机能选材指标与测评

呼吸系统作为机体能量代谢系统中人体与外界进行气体交换的重要环节,其生理机能的好坏直接关系到机体能量代谢系统的效率,也体现在运动员身体机能的优劣上。所以,选材或训练阶段测评运动员呼吸系统的功能,可作为评价运动员身体机能的一部分,也可作为对其心血管系统机能测评的补充,对运动员选材和机能评定时具有非常重要的意义。

人体的呼吸包括外呼吸、气体在血液中的运输和内呼吸三个部分组成。习惯上我们所说的呼吸系统,指的是具有机械运动的外呼吸部分。

1. 肺活量

肺活量(VC)是指在不限时间的情况下,一次最大吸气后,再尽最大能力所呼出的气体量。肺活量由三部分气体容积组成,即潮气量(每次正常吸入或呼出的气体量)、补吸气量(正常吸气末,又尽力深吸时吸入的进气量)、补呼气量(正常呼气末,又用力呼出时呼出的气体量)。肺活量与肺容量不同,肺容量还包括残气量,由于残气量不好测,并且对评价肺通气功能的意义不大,一般不把肺容量作为测评指标。而肺活量的测量方法简单,误差较小,可重复性强,体育科学则常把肺活量作为反映人体生长发育水平的重要机能指标之一。

肺活量的测量:肺活量的测量仪器有较老的浮筒式,各种新型的气体流量计、自动电子肺活量计等,并且操作都越来越简单。现以浮筒式肺活量计的测量方法为主进行操作方法如下。

(1)将肺活量计放置于平衡的台面上调平,检查肺活量有水量是否合适、浮筒上下是否顺畅、筒和气管及连接处是否漏气漏水、计量盘上的指针是否在零位等,如若加水需要加入事先准备好的与室温相近的水,水位达到标定位置。

(2)受试者站立位,做几次扩胸运动或伸展运动,而后手持气嘴,试吹两次,而后尽最大可能地深吸气,直到不能再吸后将口紧贴吹气嘴,向浮筒中尽力呼气,直到呼尽为止。此时,立即关闭进气管开关、待浮桶平稳后读数,以毫升为单位,精确到十位数,肺活量计上所显的数值,即为受试者的肺活量。呼气时如若感到鼻子漏气,可捏住鼻子。受试者每人测三次,每次间隔约15~20秒或更长时间,以免出现头晕或呼吸肌痉挛,取最大值。

(3)运动后肺活量的测量,应以运动后即刻1分钟、2分钟、3分钟、4分钟、5分钟每分钟测一次,共测5次。呼吸机能良好时,运动后5次的肺活量测试值与运动前相同或略有减少,并在2分钟内恢复,过度疲劳或有疾病时,运动后肺活量值则明显下降,且恢复缓慢。

2. 肺活量指数

肺活量指数是肺活量与身高(厘米)、体重、胸围、体表面积的比值,即肺活量/身高、肺活量/胸围、肺活量/体重、肺活量/体表面积等,肺活量指数比肺活量更能反映个体差异。

(1)肺活量/身高。

国内外大量研究证明,肺活量大小与身高呈高度相关。从我国7~24岁肺活量/身高指数均值可以看出(见表9-3),男性7~21岁,女性7~19岁,该指数随年龄增大而增大,此后基本稳定。

表9-3 我国7~24岁肺活量/身高指数均值

年龄	城市		乡村	
	男(x±SD)	女(x±SD)	男(x±SD)	女(x±SD)
7	11.1±1.61	10.1±1.94	10.8±1.58	9.8±1.40
8	11.8±1.70	10.8±1.58	11.4±1.63	10.5±1.51
9	12.7±1.80	11.6±1.66	12.3±1.75	11.1±1.66
10	13.6±1.79	12.5±1.76	13.1±1.75	11.9±1.73
11	14.3±1.85	13.3±1.84	13.8±1.80	12.5±1.77
12	15.1±2.03	14.1±1.99	14.6±1.93	13.4±1.91
13	16.3±2.44	15.0±2.07	15.6±2.11	14.4±2.08

续表

年龄	城市		乡村	
	男（x±SD）	女（x±SD）	男（x±SD）	女（x±SD）
14	18.0±2.79	15.9±2.21	16.9±2.47	15.4±2.14
15	19.8±2.86	16.6±2.15	18.7±2.85	16.3±2.21
16	21.2±2.81	17.0±2.19	20.0±2.79	16.8±2.14
17	22.3±2.79	17.2±2.20	21.3±2.82	17.2±2.17
18	23.2±2.85	17.6±2.23		
19	23.9±2.75	18.0±2.19		
20	24.3±2.82	18.1±2.19		
21	24.3±2.81	18.2±2.20		
22	24.5±2.91	18.2±2.27		
23	24.4±2.92	18.1±2.20		
24	24.3±2.90	18.2±2.27		

（2）肺活量/胸围

肺活量大小与胸围呈正相关。胸围越大，胸腔越大，因此肺活量就越大。在对呼吸机能进行评价时，肺活量/胸围也是经常采用的指标。该指标的性别和年龄特点与肺活量/身高指数基本一致，见表9-4。

表 9-4　我国 7~25 岁肺活量/胸围指数均值

年龄	城市		乡村	
	男（x±SD）	女（x±SD）	男（x±SD）	女（x±SD）
7	23.3±3.41	21.9±3.24	21.9±3.27	20.5±2.97
8	24.9±3.65	23.6±3.51	23.4±3.40	21.9±3.21
9	27.1±3.88	25.4±3.67	25.4±3.68	23.4±3.60
10	29.3±3.82	27.5±3.87	27.3±3.73	25.3±3.73
11	30.9±4.03	29.2±3.98	28.8±3.83	26.8±3.82
12	32.7±4.40	30.7±4.15	30.6±4.07	28.4±4.04
13	35.1±5.08	32.1±4.15	32.7±4.36	30.2±4.18
14	38.4±5.57	33.3±4.40	35.5±5.01	31.9±4.24
15	41.7±5.56	34.3±4.36	38.7±5.59	33.1±4.35
16	43.9±5.40	34.7±4.48	41.5±5.28	33.8±4.26
17	45.7±5.41	35.0±4.52	43.3±5.30	34.1±4.36
18	46.8±5.48	35.4±4.52		
19	47.8±5.33	36.3±4.59		
20	48.3±5.49	36.5±4.65		
21	48.7±5.52	36.8±4.66		
22	48.5±5.62	36.8±4.57		
23	48.3±5.70	36.6±4.60		
24	48.0±5.61	36.5±4.69		
25	47.5±5.68	36.4±4.68		

(3) 肺活量/体重

肺活量/体重指数,实际上是反映每公斤体重的肺活量,在绝对肺活量相同的情况下,比肺活量/身高指数更能体现单位肌肉的平均获氧量,使用相对值对呼吸机能进行评价时,这个指数经常被采用。但由于人的胖瘦不同,其机体的脂肪含量也有较大差异,如果有条件测量体脂成分时,能测量一下受试者的瘦体重,以"肺活量/瘦体重"来衡量肺功能可能更有生理意义。

表 9-5 是我国 7~25 岁儿童青少年肺活量/体重指数均值,由于青春期的肺活量增长没有体重增长快,青春期后体重趋于稳定,表现出肺活量/体重指数从 7~25 岁,先增长,再下降,而后再增长并趋于稳定。

表 9-5 我国 7~25 岁儿童青少年肺活量/体重指数均值

年龄	城市		乡村	
	男(x±SD)	女(x±SD)	男(x±SD)	女(x±SD)
7	63.3±8.82	59.5±8.55	62.5±8.89	58.8±8.25
8	63.8±8.87	60.6±8.83	63.5±8.83	59.6±8.40
9	65.1±8.76	60.9±8.67	65.0±8.82	60.2±8.80
10	66.1±8.39	61.3±8.47	66.1±8.66	60.8±8.66
11	66.1±8.19	60.9±8.11	66.2±8.31	60.6±8.34
12	65.2±8.16	59.1±7.85	65.9±8.13	59.6±8.25
13	64.6±7.68	57.8±7.45	65.7±7.79	58.4±7.89
14	65.1±7.73	56.9±7.46	65.7±7.68	57.6±7.66
15	66.6±7.55	56.3±7.32	66.2±7.83	56.5±7.53
16	67.6±7.71	55.8±7.35	67.6±7.37	55.6±7.16
17	69.0±7.80	55.5±7.32	68.0±7.72	55.0±7.33
18	69.8±7.76	55.1±7.17		
19	70.3±7.62	55.8±7.17		
20	70.8±7.82	55.7±7.27		
21	71.1±7.90	56.4±7.34		
22	71.0±8.05	56.3±7.15		
23	71.0±8.05	56.1±7.28		
24	70.4±8.17	56.3±7.60		
25	70.6±8.44	56.5±7.70		

(4) 肺活量/体表面积

肺活量/体表面积指数与肺活量/身高、肺活量/胸围指数大体相似,均比较稳定增长。性别与年龄特点也比较一致。表 9-6 是我国 7~25 岁儿童青少年肺活量/体表面积指数均值。

表 9-6　我国 7~25 岁儿童青少年肺活量/体表面积指数均值

年龄	城市		乡村	
	男(x±SD)	女(x±SD)	男(x±SD)	女(x±SD)
7	156.4±21.4	144.6±20.1	153.5±21.5	142.1±19.3
8	162.2±22.0	151.2±21.0	160.0±21.8	147.8±20.4
9	170.5±22.4	157.0±21.2	168.5±22.4	153.4±21.7
10	178.6±21.6	164.3±21.3	175.8±22.3	159.9±22.0
11	183.7±21.5	169.6±21.0	180.7±21.9	164.5±21.5
12	188.3±22.3	173.2±21.5	186.3±22.3	169.5±21.9
13	195.5±23.9	177.9±21.3	192.6±22.3	174.8±22.3
14	207.0±26.2	182.4±22.5	201.7±24.3	180.6±22.4
15	220.2±26.4	185.9±22.1	213.1±27.0	184.7±22.9
16	229.9±26.4	187.6±22.6	224.0±26.0	186.8±22.1
17	238.8±26.6	188.5±22.8	232.0±26.8	188.1±22.8
18	245.2±27.1	190.4±22.4		
19	250.0±26.1	194.1±22.5		
20	253.0±26.9	194.3±22.7		
21	254.8±26.9	196.4±22.7		
22	254.3±27.7	196.4±22.4		
23	254.0±27.7	195.0±22.6		
24	252.6±27.8	195.1±23.5		
25	252.6±28.3	194.8±23.7		

3. 肺活量试验

(1) 屏息试验

屏息试验分为深吸气后屏息和尽呼气后屏息两种方法,一般健康男子深吸气后屏息时间达 40~50 秒,甚至更长,尽呼气后屏息时间达 20~30 秒。女子稍短,运动员较长。如若患有肺部疾病就会因肺的气体交换功能不足而致屏息时间缩短。

(2) 多次肺活量试验

①静态五次肺活量试验,这是专门试验呼吸功能正常与否的一种简易方法。让受试者至少连续测 5 次肺活量,并且缩短每次的时间间隔,包括吹气时间在内每次间隔 15 秒,并记录结果。如果每次数值基本相同或逐渐增加者为肺功能良好,若每次测的数量逐次下降,特别是最后两次明显下降者,提示为呼吸机能不良的反应。

②肺活量运动负荷试验,先测安静时肺活量,然后可根据受试者个体情况,做定量负荷运动,如 30 秒 20 次蹲起或 1 分钟上下台阶 30 次等,运动后测即刻 1 分钟、2 分钟、3 分钟、4 分钟、5 分钟的量肺活量,共测 5 次,记录每次结果。负荷后 5 次肺活量与安静时相比,逐渐增加、持平,或略低并在 1~2 分钟内很快恢复者,提示其呼吸机能良好;若在运动后肺活量逐渐下降,且 5 分钟后仍不能恢复者,说明其呼吸机能不良。

9.2.3 神经系统及感觉机能测试指标

神经系统是人体功能的主要调节系统。在神经系统直接或间接的调节和控制下,人体各器官、系统的功能才能得以相互配合、相互制约,以维持人体整体水平的协调统一,并适应身体内外环境的变化,保证生命活动的正常进行。感觉是感受器和感受器官接受外界的刺激后通过神经冲动传到大脑皮层,并经过大脑皮层精确分析和综合后形成的。在体育运动实践中,各种运动技能的形成以及每个工作运动动作的形成,都依赖于对内外环境变化的感受和各种感受器的相互作用。

1. 两点辨别阈

皮肤感觉能分辨出的最小距离叫皮肤两点辨别阈。

器材:触觉器(将两脚规的金属针拔去,各插入尼龙触毛一根,外露5毫米,将毛尖烫成小球形)和尺(测定范围10厘米以上)。

测定部位:手指指腹、脚趾趾腹、掌心部、脚前掌和手腕部等处。

测定步骤:

(1) 将两脚规的两脚同时接触皮肤,实验者逐次移动两脚规的两脚,并逐次询问被试者,直至测出可辨别出两个点的最小距离。接近两点辨别阈值时,应交替地用两脚规的一个脚或两个脚触点皮肤,来确定其阈值。

(2) 也可以将两脚规的两脚分开约3~5厘米,使两脚规的两脚同时接触皮肤,然后逐次移近两脚。

(3) 注意两脚距离在多少时受试者感到是一点,然后将两点的阈值记下来。

2. 闪光融合率(FFF)

闪光融合频率,也叫闪烁融合频率、临界融合频率或闪烁值。运动时FFF的变化,一般是随着运动开始,在一段时间里逐渐增大,随后就开始下降。运动量愈大,下降就愈快,并且下降的幅度也愈大。所以,根据FFF值的变化,基本上可以推测中枢神经系统的功能状态,进而闪光融合频率实验可以作为测试由于运动训练引起的中枢神经系统急性和慢性疲劳状态的一项常用指标。

仪器:闪频仪。

测试步骤:

(1) 让受试者注视闪频仪的光源,并告诉受试者:"当看不到灯闪时,向实验者报告。"然后,旋转调节频率的旋钮,由低频到高频;当受试者报告时,记下该闪光频率。

(2) 然后,再从高频到低频,按同样的方法记录受试者报告时的频率。

(3) 上述方法各做3次,求6次的平均值,即为闪光融合频率。

3. 主观体力感觉等级(RPE)

主观体力感觉等级是目前欧美国家研究较多并广泛应用的一种简易而又有效评价运动强度和医务监督的方法,也是介于心理学和生理学的指标。

RPE由瑞典著名心理学家Borg首先提出,即"主观体力感觉",并在此基础上研制了主观体力感觉等级表(见表9-7),即RPE表。Borg随后研究发现主观体力感觉与工作负荷、心率、耗氧量,甚至与乳酸和激素都有着密切的关系。

表 9-7　主观体力感觉等级表

自我感觉	等级
根本不费力（　）	6
	7
极其轻松（　）	8
很轻松（　）	9
	10
	11
轻松（　）	12
	13
稍累（　）	14
	15
累（　）	16
	17
很累（　）	18
极累（　）	19
精疲力竭（　）	20

9.2.4 有氧代谢能力与无氧代谢能力测试指标

有氧、无氧代谢是能量代谢的基本过程，可细分为三大供能系统，即磷酸原供能系统、糖酵解供能系统和有氧代谢供能系统。

磷酸原供能系统主要由 ATP、CP 组成，其特点为储量少、供能速度快、输出功率大，是短时间极限运动的主要供能物质，在高强度运动时供能时间约为 6~8 秒。

糖酵解供能系统是在高强度运动时，肌浆中 ADP、CP 浓度上升，激活无氧酵解酶系活性。肌糖原进入无氧酵解并产生乳酸的过程。糖酵解供能速率仅次于磷酸原系统，最快供能时间约 30~90 秒。是速度耐力项目主要的供能方式。

有氧代谢供能系统是在较长时间运动时，体内氧供应充足的情况下，糖、脂肪、蛋白质等能源物质在有氧代谢酶系的催化下，充分氧化释放能量合成 ATP 的过程。有氧代谢供能速率低，但时间长，是长时间耐力运动时的主要供能方式。

不同专项运动时的能量代谢类型和供能比例都不相同，因此对三个供能系统的准确评定，将为运动员选材和训练效果的客观评估提供重要的参考依据。

1. 有氧代谢能力的评定

（1）最大摄氧量（VO_2max）的测定

最大摄氧量（VO_2max）是在心肺功能和全身各器官、系统充分运动的条件下，在单位时间内机体吸收和利用的氧容量，它的意义在于反映人体最大有氧代谢能力，反映心肺功能氧的转运能力（包括心排血量、血红蛋白、毛细血管密度）和肌肉对氧的吸收、利用能力（包括线粒体多少、酶活性）。

最大摄氧量可分为绝对最大摄氧量和相对最大摄氧量。绝对值单位表示升/分（L/

min),相对值单位表示为毫升/千克·分(mL/kg.min)。最大摄氧量的测定方法分为直接法和间接法。

①最大摄氧量直接测定法,是指在运动场或实验室利用自行车测功计、运动平板(跑台)等进行极限运动,使用气体分析仪直接测定摄氧量。测值精确可靠,可获得多项参数,能综合评定心肺功能。但需要精密的仪器设备。

最大摄氧量直接测定法的判定标准:继续运动后,摄氧量的差小于5%或150 mL/min或2 mL/kg·min;呼吸上成人大于1.10,少儿大于1.00,心率大于180次/min(马拉松运动员相对低一些),血乳酸大于7~8 mmol/L;体力达到力竭,受试者不能保持原有的运动速度。

运动程序设置原则:根据专项运动方式选择测功器;测试时的起始负荷及递增时间与递增负荷要根据受试者的性别、年龄、运动项目和运动能力来确定。最大摄氧量测试时间为12 min左右达到力竭,起始功率为最大功率的30%,每级递增10%~15%。

运动负荷设置方法有恒定负荷方法、递增负荷方法。常用的各类测功器有功率车、跑台(活动平板)、手摇功率计、攀登器、划船测功器、游泳测功器等专项测功器。

②最大摄氧量的间接测定法,是受试者进行亚极限运动,根据摄氧量、心率等数值推算最大摄氧量的方法。下面介绍几种常用的方法。

Astrand-Ryhnuiy最大摄氧量的推测,本方法是按照Astrand-Ryhnuiy设计的方法,让受试者在自行车测功计上进行次最大强度(即低于百分之百最大摄氧量的强度)运动,测定出运动时的心率及输出功率,然后推测出该受试者的最大摄氧量。实验器材有自行车测功计、心率遥测仪、节拍器、秒表。

实验步骤要求受试者以中等功率蹬踏自行车测功计量直到出现稳定的心率为止,然后,根据功率和心率使用Astrand-Ryhnuiy定的表格(或列线图解)推测出最大摄氧量。具体步骤如下:受试者穿运动服,实验前1h不进食、不吸烟;记录受试者体重(穿运动服、脱鞋)、年龄;调整车座高度,以踏蹬到最低点时腿略有屈曲为宜,将自行车测功计的阻力指示器调整到0;令受试者以50周/分的速度蹬踏自行车测功计,调整负荷。女子开始可为300 kg·m/min,男子为600 kg·m/min。持续运动6 min,休息5 min(坐于车座上),然后再重复上述步骤,但负荷适增加(女子可选450 kg·m/min、600 kg·m/min、750 kg·m/min、900 kg·m/min中的任一负荷。男子可选择600 kg·m/min、900 kg·m/min、1200 kg·m/min、1500 kg·m/min中的任一负荷)。前后两次负荷运动时的心率都要在120~170 b/min之间;记录前后两种负荷情况下,每分钟后30 s的心率。用运动中的第5和第6 min记录下的心率的平均值来推测最大摄氧量。

用台阶负荷时心率和体重推测最大摄氧量。

实验仪器与器材:40 cm高台凳、心率遥测仪、体重计、电子节拍器、计时器(秒表)。

实验方法与步骤:将心率遥测仪固定在被试者的胸部;让受试者以22.5 b/min的频率上下40 cm的台阶5 min,记录4.5~5 min的心率,然后乘以2代表台阶负荷时第5 min心率;按下列公式推测被试者的最大摄氧量。

男青年体育爱好者:$Y=1.488+0.038X_1-0.0049X_2$

[说明] X_1:代表受试者的体重(kg)。X_2:代表台阶负荷时第5min心率(b/min)。Y:代表推测的最大摄氧量(VO_2max)(L/min)。

12分钟跑推算最大摄氧量。受试者全力连续跑12分钟,测跑的距离。由表9-8推算最大摄氧量。

表9-8 由12分钟跑成绩推算最大摄氧量

12分钟跑成绩(m)	最大摄氧量(ml/kg·min)	12分钟跑成绩(m)	最大摄氧量(ml/kg·min)
1000	14.0	2500	45.9
1100	16.1	2600	48.0
1200	18.3	2700	50.1
1300	20.4	2800	52.3
1400	22.5	2900	54.4
1500	24.6	3000	56.5
1600	26.8	3100	58.5
1700	28.9	3200	60.8
1800	31.0	3300	62.9
1900	33.1	3400	65.0
2000	35.3	3500	67.1
2100	37.4	3600	69.3
2200	39.5	3700	71.4
2300	41.6	3800	73.5
2400	43.8	3900	75.6

(2) PWC_{170} 实验

PWC(Physical Work Capacity)是运动员机能评定中一种常用的次极限负荷实验。它测定机体在定量负荷运动时,当身体机能动起来并处于相对稳定状态、心率为170 b/min时,单位时间内所做功的数量。它反映了机体工作能力,尤其是耐力的水平。

PWC_{170} 的测试常采用间接测定的方法。间接测定法的理论基础是心率和功率在一定的负荷范围内(相当于心率在120~180 b/min之间)呈直线正比关系。PWC_{170} 的间接测定方法是让受试者完成两个或两个以上不同功率的运动负荷(每次6 min),在负荷末的最后30 s时测量心率,并描绘在坐标纸上。例如在第一种负荷(600 kg·m/min)中,心率为125 b/min(A点),在第二种负荷(1200 kg·m/min 中,心率为160 b/min(B点),连接这两点得一直线,该直线向上延长与心率为170 b/min的水平线相交于C点,C点做垂线与横坐标交于D。这个D点所表明的功率就是受试者的 PWC_{170}。

PWC_{170} 也可以用弗·勒·卡尔普曼建议的公式计算。公式是由图形推导而来的。

$PWC_{170}=N_1+(N_2-N_1)[(170-f_1)/(f_2-f_1)]$ ……公式(1)

N_1=第一个负荷的功率(kg·m/min)

N_2=第二个负荷的功率(kg·m/min)

f_1=第一个负荷的心率(b/min)

f_2=第二个负荷的心率(b/min)

在进行 PWC_{170} 机能测验后,把所得的 N_1、N_2、f_1、f_2 的数据代入公式,即能很方便地计算出受试者 PWC_{170} 的确值。

此外,为了使第二个负荷时的心率尽可能地接近170 b/min,可参考表9-9确定第二次负荷的功率。

表9-9 测定 PWC_{170} 采用的负荷功率

单位:kg·m/min

类别	女		男	
	第一次负荷	第二次负荷	第一次负荷	第二次负荷
运动员	300	600	600	1500
一般人	150	300	300	600

①通用的实验方法。

实验器材:自行车测功计、节拍器、心率遥测仪、秒表。

实验方法与步骤:受试者着运动服。测验前至少1 h不应进食、饮水、吸烟;让受试者按第一个功率开始蹬自行车;所用功率可参见表9-10,每次练习不超过6 min,蹬踏频率为50周/分;在练习中的每分钟的最后30 s,测定并记录心率,由于试者只需工作到稳定状态,当达到稳定状态后再继续蹬30 s,并同时测定及记录心率。假如由于发生某种故障未能取得心率材料,可再继续蹬30~60 s;从事第二种负荷的练习前,受试者可休息5min(坐在车上休息);用第二种负荷重复测验(负荷功率参见表9-9,其他方法同上);按照实验理论部分,画出心率—功率曲线,并找出 PWC_{170};按照公式(1)计算 PWC_{170},根据所测材料进行分析。

负荷选择:第一次负荷,心率在120 b/min左右,女性用500~700 kg·m/min,男性用700~900 kg·m/min。少年用300~400 kg·m/min。如第一次负荷后心率数低于100 b/min或高于140 b/min,应调整负荷重做。第二次负荷功率数应依据第一次负荷后即刻心率来确定,以能达到接近170 b/min心率的负荷为最好。运动员 PWC_{170} 试验负荷功率选择参考值见表9-10。

表9-10 负荷功率选择参考值

受试者 PWC_{170} 估计值	第一次负荷功率数值	第一次负荷后即刻心率		
		100~120	120~130	130~140
		第一次负荷功率参考值		
<800	300~500	1080	900	750
800~1000	450~720	1260	1080	900
1000~1500	720~900	1440	1260	1080
>1500	900~1080	1800	1440	1260

资料来源:浦钧宗.优秀运动员机能评定手册[M].北京,人民体育出版社,1989.

②台阶试验法。

如果没有功率自行车,可以用台阶试验来测定 PWC_{170} 值,计算公式为:

$W = p \cdot h \cdot n \cdot k / t$

W 为功率(kg·m/min);P 为体重(kg);h 为台阶高度(m);n 为上下台阶次数;t 为上下台阶总时间(min);k 为常数 4/3,由于下台阶所做功大约是上台阶的 1/3,则整个过程中所做的功应乘上一个常数 $k = (1+1/3) = 4/3$。例如,受试者的体重(p)为 60kg,台阶高度(h)为 30 cm,上下台阶次数(n)为 150 次,上下台阶的总时间(t)为 6 min,则该受试者所做的功率为:$W = (60 \times 0.3 \times 150/5) \times (4/3) = 720$(kg·m/min)。根据第一次负荷后心率,调整上下台阶的次数,然后进行第二次台阶试验,记录下两次的功率和心率,将所得结果代入上述卡尔普曼公式,即可计算出 PWC_{170} 的值。

2. 磷酸原代谢能力的测定

测定磷酸原代谢能力,一般是通过 10~15 s 的最大能力持续运动实验来完成。基本评价标准是无氧输出功率越高,血乳酸上升越少,磷酸原能力越强。

(1) 磷酸原能商法

实验器材:自行车功率计、采血装置、血乳酸测定仪。

实验方法与步骤:先测定安静时血乳酸,然后让受试者在自行车功率计上做 2~3 min 准备活动后,再以 100(rpm)、600 w 最大用力运动 15 s,记录在 15 s 期间完成的总功(TWP),以 KJ 表示,并在运动后 6 min 取血测定血乳酸,求出血乳酸增值,通过下列公式计算出磷酸原能商(AQ):磷酸原能商 = TWP(15 s)/血乳酸增值(15 s)

(2) Margeria 台阶实验

测试仪器:需要一段楼梯(每级台阶可以是 175 mm 左右),两个带传感器的脚踏垫子(灵敏度 0.01 s)。

测试步骤:将两个传感器的脚踏垫分别安放在第 8 阶和第 12 阶(可以间隔 4 阶或 6 阶);让受试者做好充分的准备活动,站在台阶前 2 m 处,以最快的速度,跑向台阶,要求跑楼梯时,每步跑两阶,必须踏在有传感器的那两阶。连续测试 3 次。需要记录的是两个传感脚踏垫子的垂直高度(m)和踏过两个传感脚踏垫之间的时间(s)。此外,可以改变受试者的助跑距离和选取不同的位置放置传感器的脚踏垫。

测试结果:$P = (9.8 \times D/T)$。

P:为非乳酸性无氧功率(W);9.8:为重力加速度(m/s^2);W:为受试者体重(kg);D:为两个传感脚踏垫子的垂直高度(m);T:为踏过两个传感脚踏垫子之间的时间(s)。

(3) Quebec 10 秒无氧功实验

测试仪器:Monark 功率车。

测试步骤:受试者在功率自行车测功计上骑行 5~10 min,做好充分的准备活动。受试者的阻力负荷设置为每千克体重 0.09 kp,首先让受试者以 80 rpm 的速度踏蹬,测试者在 2~3 s 内将阻力加上,发出"开始"命令,让受试者尽力快骑,骑行 10 s,在测试过程中,不断给予大声的口头鼓励;休息 10 min 进行第 2 次 10 s 测试;结束测试,放松蹬骑 2~3 min。

(4) 10秒最大负荷测试法

实验器材：自行车功率计（或活动跑台、30~60 m 跑）、采血装置、血乳酸测定仪。

实验方法与步骤：根据磷酸原供能系统的供能特点，采用 10 s 以内的最大负荷运动进行测试，如自行车功率计、活动跑台或 30~60 m 跑，也可根据具体运动专项进行评定。先测定安静时血乳酸值，然后进行 10 s 内最大负荷运动，记录完成的功率或跑速，并测定运动后的血乳酸峰值，求出运动中血乳酸增值。

3. 糖酵解代谢能力测定

测定糖酵解代谢能力，一般是通过 30~90 s 的最大能力持续运动实验来完成的。基本评价标准是：做功的功量越大，运动前后血乳酸的增值越大，也是糖酵解代谢供能能力强的标志。

（1）Wingate 无氧试验

①准备活动：受试者在功率自行车测功计上骑行 2~4 min，使其心率达到 150~160 b/min，其中 2~3 次（每次持续 4~8 s）为全力蹬骑。

②准备活动后休息 3~5 min。

③正式试验：发出口令后，受试者尽力快骑，同时阻力递增，以便在 2~4 s 内达到规定负荷。达到规定负荷后，开始计算骑行圈数，并持续做够 30 s 最快速度蹬骑，每隔 5 s 记录骑速和心率。规定负荷的阻力系数上下肢是不同的。用下肢蹬骑时，成年男性的阻力系数为 0.83，儿童和女性为 0.75。当用上肢摇柄时，成年男性为 0.58，女性为 0.50。单位为千克体重。

④结束阶段：放松蹬骑 2~3 min。

⑤功率车阻力设置为：系数×体重（kg）。

测试结果可得到或选取的指标有：

最大功量：全力踏蹬过程中的最大做功峰值。

平均功量：测试过程中所有做功的平均值。

疲劳%：测试过程中最大功量——最低功量值/最大功量的百分比。

（2）Quebec 90 s 实验

测试仪器：采用 Monark 功率车。

测试步骤：

①准备活动：受试者在功率自行车测功计上骑行 5~10 min，做好充分的准备活动。

②受试者的阻力负荷设置为每千克体重 0.05 kp，速度要求 10~16 m/s。

③首先让受试者以 80 rpm 的速度踏蹬，测试者在 2~3 s 内将阻力加上，发出"开始"命令，要求受试者在 20 s 内尽量达到 130 rpm，并尽力快骑，骑行 90 s 在测试过程中，不断给予大声口头鼓励。每 5 s 记录一次功率数值。

④结束测试，放松蹬骑 2~3 min。

9.2.5 内分泌机能选材指标

睾酮、可的松、生长素和甲状腺素水平与运动能力密切相关,许多国家的生理学者也将它们作为运动员选材指标。这四种物质的分泌有一个共同的特点:早晨觉醒前后,分泌水平和血液浓度达到最高峰;觉醒两小时后,血浓度迅速下降,直至晚间睡眠的最初 2~3 h 保持低水平状态,然后缓慢回升(见表9-11)。故在选材时,应采用同一时间采样分析,以便进行准确的相互比较。

表 9-11　正常人体血清睾酮、可的松、生长素和甲状腺素昼夜分泌特点

指标	峰相位时刻	变化范围	中值水平	节律性 P
睾酮	07:10	05:00~08:30	23.14	<0.001
可的松	06:18	05:00~08:00	218.08	<0.001
生长素(7-12岁时)	22:39	21:00~05:00		<0.001
甲状腺素	07:44	04:32~11:00		<0.05

资料来源:王瑞生.运动生理学[M].北京:人民体育出版社,2002年版

用激素节律选材的主要指标如下。

(1) 中值水平。该指标较准确地反映了运动员体内的激素浓度在昼夜 24 小时内的节律性变化的平均水平。一般情况下,其中值水平越高越好。

(2) 双倍振幅值。反映了激素浓度在昼夜 24 小时内,从最大值到最小值的变化程度,也反映了机体内分泌功能调节水平的潜力和可塑性。选材时运动员某激素的双倍振幅值越大,则体内激素的有效变化范围也越大,该运动员更有机能潜力。

(3) 节律性变化的最大值。它反映了运动员在安静状态下的激素水平上限。采用该指标既排除了可能存在的干扰因素,又能反映实际水平,更能与其他节律指标联系起来,从整体和多指标分析的角度,筛选出更有发展潜力的运动员。

(4) 激素应激分泌最大值,指在最大强度运动(应激)状态下,激素分泌量能够达到的最高水平。它既反映了人体内分泌机能随运动强度的提高而增加的激素分泌储备能力,也反映了运动员能够达到的最大应激水平。一般情况下,该值越高,说明运动员更能承受大强度的运动训练和比赛应激的刺激,其机能潜力越大。

9.2.6 感觉机能选材测试指标

1. 视野的测定

当眼球固定注视正前方一点所能看到的空间范围,谓之视野。视野的大小取决于视网膜上圆柱细胞与圆柱细胞的分布情况,面部骨骼结构以及视觉分析器皮层部分的机能状态。根据过去的测定证明,人的白色视野最大,其次是黄色、蓝色、红色,绿色视野最小。有训练的运动员,绿色视野的范围比一般人大。

测试器材:视野计、色标、视野图纸。

测试方法与步骤:

(1) 让受试者背向光源,手持视野计,将眼托贴于被测眼的眼眶下部,被测眼的目光

注视小镜,另一眼用眼罩遮蔽。

(2) 旋转半圆弧使其与地面垂直(指针标示在 0°)。然后将色标放入半圆弧内,由远端慢慢向轴心移动,同时让受试者说出色标的颜色,待受试者回答正确时,则将这时色标所在处的刻度记下,并将色标所在半圆弧的度数记在视野图表相应经线上。

(3) 依次旋转半圆弧继续检查 45°、90°、135°、180°、225°、275°、315°各个方向的视野,检查完毕后将所测各点连接起来绘成视野图。

(4) 同样可测定眼的各种颜色视野,测定颜色视野时,必须准确地分辨出颜色才算正确。

2. 前庭机能稳定性测定

测试目的:利用旋转加速度刺激前庭分析器,研究前庭机能的稳定性。学会评定前庭机能的方法。

测试原理:前庭分析器的感受器位于内耳前庭。由椭圆囊、球囊和三个互相垂直的半规管组成。当人的身体或头在空中做直线或旋转运动时,由于直线或角加速度的变化,就会刺激前庭器官,引起前庭的位觉感受器的兴奋,从而使人体能够感觉到在空间的位置和身体姿势。过度刺激前庭器官,可引起许多反射性反应。

测试器材:旋转椅、血压计、听诊器、节拍器、评分表、皮尺、秒表。

下面为植物反应的测定与观察、躯体性反应的观察、前庭器官受刺激时主观感觉评定法的测试步骤。

(1) 植物性反应的测定与观察

前庭分析器受刺激时,可根据刺激前后脉搏和血压变化,观察植物性神经机能的反应。按陆查诺夫和柏钦柯所制定的评分表,评定前庭机能的稳定性。

①让受试者坐在旋转椅上,过 5 分钟后测定受试者安静时脉搏血压。

②让受试者头前倾 30°,闭眼。试验者以两秒钟一周的速度旋转转椅 5 周(逆时针)。

③旋转停止后,让受试者快速抬头睁眼,并立刻测出旋转后第一个 10 秒钟的心率,接着测出血压(测血压要迅速,最好在 30 秒钟内完成)。

④根据所得的测试结果,查评分表(见表 9-12)评定受试者前庭机能的稳定度。例如,受试者在安静时脉搏为 11 次/10 s,动脉血压为 116/64 mmHg 汞柱。旋后的脉搏是 13 次/10 s,动脉血压是 122/60 mmHg。旋转后脉搏增加了两次,收缩压上升 6 mmHg。那么,从评分表上端所表示的"收缩压变化"和表的右端所表示的"脉搏变化",可以查出"脉搏变化"+2 的一行数字和"收缩压变化"+6 的一列数字的交叉点为 4 分,即为受试者前庭机能稳定性的评分。受试者在旋转后脉搏和血压的变化越小,所得的评分也越高,前庭机能的稳定性也越高。在 3 分以下是前庭机能稳定性差的表现。

表 9-12 前庭分析器机能测验评分表

10秒钟脉搏变化	最高血压变化（mmHg）												
	+30	+26	+23	+20	+17	+14	+11	+8	+5	±2	-5	-8	-11	-14
+5	-	-	2	2.25	2.5	2.75	3	3.25	3.5	3.75	2.5	2.25	-	-
+4	-	2	2.25	2.5	2.75	3	3.25	3.5	3.75	4	3	2.75	2.5	-
+3	2	2.25	2.5	2.75	3	3.25	3.5	3.75	4	4.25	3.5	2.75	2.75	2.25
+2	2.25	2.5	2.75	3	3.25	3.5	3.75	4	4.25	4.5	4	3.5	3	2.5
+1	2.5	2.75	3	3.25	3.5	3.75	4	4.25	4.5	4.75	4.5	4	3.5	3
0	2.75	3	3.25	3.5	3.75	4	4.25	4.5	4.75	5	4.75	4.25	3.75	3.25
-1	-	2.5	2.75	3	3.25	3.5	3.75	4	4.25	4.5	4.25	3.75	3.25	2.75
-2	-	-	-	2.5	2.75	3	3.25	3.5	3.75	4	3.75	3.25	2.75	2.25
-3	-	-	-	-	2	2.5	2.75	3	3.25	3.5	3.75	2.75	2.5	-
-4	-	-	-	-	-	2	2.25	2.5	2.75	3	2.75	2.25	-	-
-5	-	-	-	-	-	-	-	-	-	2.25	-	-	-	-
-6	-	-	-	-	-	-	-	-	-	2	-	-	-	-

⑤运用评分表时应注意的事项。"收缩压变化"下面的一行数字,正数表示最高血压上升的差数,负数表示最高血压下降的差数。因此,当旋转后最高血压上升时按正数查表,下降时则按负数查表。

表中"收缩压变化"下面的数字±2,表示旋转后,最高压的变化在+2到-2之间变动。因此在这之间最高血压变化,就按这一行下面的数字查表。"+5"即变动在+3到+5之间,"-5"即变动在-3到-5之间,依此类推。

当脉搏压没有降低,最低压变化在±1到±9 mmHg之间时,不减分数。最低血压变化在±9到±15 mmHg时,要在按脉搏变化和收缩压变化查表所得的评分再减0.5分,在+16到±20 mmHg之间时,再减1.0分,在±21 mmHg以上减1.5分。

如果遇到脉搏压降低时,不按收缩压的变化查表,而是把收缩压和最低血压变动数字相加之和按负数查表。

（2）躯体性反应的观察

1）眼震颤的观察法。

①受试者坐在转椅上,闭眼,头前倾30°,按逆时针方向,每2 s一周的速度旋转10周。

②旋转结束后马上抬头,并睁开眼睛,注视竖立在右侧前方的目标（手指或小棒）。这时可以观察眼球有规律地左右震动。

③记录旋转停止后眼球震动的次数和持续时间。

2）运动反射观察法。

①用粉笔在旋转椅正中的地上画一条直线,长6~7米。

②受试者坐在旋转椅上,双脚蘸一点水。然后用上述方法旋转10周,让受试者旋转停止后立刻抬头睁眼,并站起沿直线行走（不要跑）。事先要告诉受试者,如果有身体倾斜感觉或已经偏离直线时,要努力控制自己沿直线前进。

③实验者站在旁边保护,并用粉笔记下受试者的脚印,量脚印离直线的距离。

旋转停止后,受试者能沿直线全程行走,偏离中线不超过0.25米者,属于前庭机能稳定性良好,得 5 分。

旋转停止后,受试者能全程行走,偏离中线超过 0.25 米而不超过 0.5 米者,属于前庭机能稳定性较好,得 4 分。

旋转停止后,受试者能全程行走,偏离直线超过 0.5 米而不超过 1 米者,属于前庭机能稳定性一般,得 3 分。

旋转停止后,受试者 2 秒钟内站不起来、不能行走或走时偏离直线超过 1 米者,属于前庭机能稳定性差,评分为不及格。

(3) 前庭器官受刺激时主观感觉评定法

听觉:①受试者坐在转椅上,先熟习闹钟声音的方向。

②依上法旋转,停止后,立刻用手指出声音的方向(闹钟位置和旋转前一样)。

视觉:①受试者坐在转椅上,前面放一狭长的木箱,把箱内的红灯开亮。

②依上法旋转,旋转后,立刻睁开眼睛观察红光的形象说出自我感觉。

肌肉感觉:受试者坐在转椅上,前面放一张桌子。告诉受试者,旋转后把手掌平放在桌面上,说出自我感觉。

3. 上肢三关节动觉方位测试

测试目的:测评上肢三关节动觉方位感受性。

测试原理:上肢三关节动觉方位感受,是人体感觉的重要组成部分,与体育运动有着密切的联系,尤其对球类和其他需要上肢参与或协同动作的运动项目,都有着十分重要的作用。本测试所采用的上肢"动觉方位感觉仪"及其测试方法以心理、生理实验的理论为根据。

测试仪器:上肢动觉方位感觉测试仪,该仪器由一个底座及支架和左、右上肢测试仪组成,每个单肢测试仪包括类似上臂、前臂、手部长度的三个连杆,依次绕轴连接,组合成类似肩关节、肘关节、腕关节的三个活动轴,每个活动轴可使相邻两环节进行屈(内外)和伸(外展每个活动轴下方有转动角度盘,由指针标明该关节的运动角度)。

测试方法:

(1) 让被试者静状态下放松、集中注意力,坐在仪器侧,戴眼罩,单侧手臂方在相应的上肢测试仪上,使其肩关节、肘关节、腕关节在运动时能带动仪器杆分别转动。

(2) 每个单侧臂测 3 组,每组有两次活动。每组开始前,被试者手臂向侧平伸直。第一次由主试提示被试者开始手臂三环节作屈,让其在任意位置停止,呈静止状。被试者可用 5 秒钟的时间体会此时本人手臂各部分的肌肉感觉、方位、各关节的角度及其他状态,主试记录下当时的三个角度盘上的刻度。静止 5 秒钟后,主试让被试者手臂还原到原来侧向平伸的原始位置,再立刻让被试者根据其感觉方位记忆,自己主动屈手臂各环节,回到刚才主试叫停的那个位置上,当被试者认为已回到该位置时就停下不动,由主试记下各环节的角度,然后让其还原放松,第一组测试结束。主试算出两次间的角度误差。依此方法测试第二组和第三组,并算出各组的误差度数和总平均误差。

(3) 测试时每次结果不宜马上宣布,应在被试者全部测完后再告诉其误差,以免起暗示作用。

(4) 当习惯手臂做完 3 组后,依同样方法测非习惯手臂。据王金灿等测试认为:①由于运动员从事的运动项目不同,各关节的动觉方位感受性亦不同。②各运动项目运动员习惯手的动觉方位感受性明显高于非习惯手。③乒乓球运动员的运动级别越高,其各关节的动觉方位误差越小,其感受性因运动训练可相应提高。④男女乒乓球运动员之间的上肢动觉方位感受性无明显差异(见表 9-13)。建议将"上肢动觉方位感受仪"用作测试运动员心理感受、记忆动觉等有关方面的测试,也可作为乒乓球、网球、羽毛球等项目运动员选材指标。

表 9-13　不同项目运动员三关节动觉方位感觉误差(度,平均值)

项目	人数	习惯手臂				非习惯手臂			
		肩	肘	腕	合计均值	肩	肘	腕	合计均值
篮球	7	5.5	7.1	5.3	5.8	5.6	7.4	4.7	5.9
足球	8	5.8	5.8	10.3	7.3	6.2	6.4	12.1	8.2
排球	8	5.0	4.7	5.9	5.0	5.6	5.1	6.8	5.9
投掷	7	3.0	4.3	3.3	3.5	4.1	5.0	4.3	4.5
跑跳	10	5.0	5.4	6.4	5.6	5.7	6.4	7.0	6.4
举重	6	4.5	5.1	4.5	4.7	5.7	7.7	5.2	6.2
体操	9	4.7	5.1	3.6	4.5	4.9	6.1	4.2	5.0
乒乓球	18	4.6	4.3	3.8	4.2	5.4	6.1	5.7	5.8

(5) 注意事项:①由于此方法因训练(尤其相向动作)的水平不同而有差异,故分析数据时应考虑其训练因素,选材或评价时应以同级别相互对照为好;②由于测试对象在不同条件下可能测出数据不同,故应注意测试时间、被试者情绪、身体状况及环境等情况的相对一致,不宜在过度疲劳和疾病等情况下应试。

10 心理选材

研究表明,很多心理素质是先天遗传的,后天改善较少。因此,通过心理指标、量表、器材的应用对运动员进行心理选材,可提高成才率。心理因素对于比赛成绩的重要性决定了其在运动员选材体系中的地位和权重。运动员在赛场上的机能控制和动员,是先天因素和后天因素共同作用的结果,很大程度上取决于个人的心理功能和素质,其中遗传度大的先天心理因素则直接关系着运动员从事和发展项目可能,尤其是少年儿童时期,先天心理因素较少受到社会实践的改造,是人们探视的大好时机。运动员心理选材是指:直接或间接地将被选者的运动才能之天赋因素测定出来,并根据测试结果分析预测其未来的竞技能力,其实质在于以一些稳定的心理变量为基础来预测运动员的心理发展情况,进而预测运动员的比赛成绩。运动员心理选材的这些稳定的变量是指较多受遗传因素影响、较少受环境影响的变量。因此,遗传因素对心理变量的作用成为运动员心理选材的基础。

10.1 心理选材现状

心理选材研究的内容主要包括心理过程和个性心理特征两个方面。目前,心理选材已取得了很多具有借鉴意义和参考价值的研究,但仍存在一些问题:运动员心理学选材的很多指标来源于研究者自身的选材经验,大量的研究工作仅限于对运动员心理初级选材等基础性研究,多采用"单一模式"进行粗浅性选材。

在认知方面包括感觉的敏锐度、知觉的准确度、反应的迅速选择与准确性、运动记忆的及时准确性以及运动员的想象力与注意力等方面的心理机能做出了较好的探索与尝试,但对运动表象、意志和情感等动力性问题少有涉及。

专门研究分析心理选材的文献在科学选材中所占比例并不大,且心理研究的项目单一、不平衡,研究的指标深度与广度还不够,对选材指标的结合性、连续性、特异性和变化性考虑较少,结合训练与竞赛的实践不足。

目前,关于项目选材所选用的研究指标,不同项目间存在一些共性,如感知觉敏锐、表象清晰、意志坚定等,但缺乏有针对性地将某具体项目的具体要求相结合。例如对运动员清晰动作表象的要求,在体操项目中就要细化研究肌肉动力感、重力感、平衡感等选材指标,而在篮球项目中则应更多地考虑深度感、方位感、速度感等。

10.2 心理选材的遗传基础

应利用行为遗传学的方法来研究情绪的控制、情绪的稳定性、注意力、意志力、表象能力、运动知觉等这些指标的遗传度,选择遗传度较高的指标确定为心理选材指标,以便更好地预测运动员的比赛成绩。从发展心理学的角度考虑,人的心理特征发展过程有其固有规律,这些规律受遗传和环境的共同作用,应将遗传学和发展心理学结合起来,才能进一步增大选材工作的预测效度。

10.3 心理选材的年龄因素

选材的起始时间应根据运动员专项训练特征和人的遗传特征来确定。刘献武认为：初级选材的适宜年龄,一般是根据各运动项目达到最佳成绩的年龄和所需训练的年限而确定,两者之差即为该项目初期选材的适宜年龄。另外他还提出,运动定向和初选时,主要考虑那些制约性相当大的遗传特征,即使在第一生长加速期,能把遗传特征区分为先天制约性还是后天制约性占优势或两种制约性相等的时期,形态和机能特征也必须根据其遗传制约性来加以排列,一般从 5 岁左右开始。

10.4 心理选材的连续性

心理选材是一个连续的动态过程,选材和育材是密不可分的。邱宜均认为：没有纵向的长期追踪研究,没有个案追踪研究的结果与事实,我们就难以深入下去以便得出有实际意义的结论,也无法验证我们的研究结果。

10.5 心理学及常用心理选材指标

10.5.1 心理学简介

心理学(Psychology)是研究心理现象发生、发展和活动规律的一门科学。心理学认为心理是大脑对外界事物的反应,大脑是心理的器官。从生理学角度来讲,心理学是主要研究人大脑的科学。一方面,尝试用大脑运作来解释个人基本的行为与心理机能;另一方面,心理学也尝试解释个人心理机能在社会行为与社会动力中的角色。

10.5.2 常用心理选材指标

1. 智力

智力(Intelligence)是指生物一般性的精神能力,也是人认识、理解客观事物并运用知识、经验等解决问题的能力,包括记忆、观察、想象、思考、判断等。智力的一个核心问题是环境和遗传在塑造智力方面起多大的作用。有关双生子、家人和领养的研究发现,遗传、环境以及两者之间的相互作用都影响智力,但是智商的个体差异具有高度的遗传性。然而,目前的研究并没有证明种族之间的智力差异主要是基因导致的。智力的影响因素包括遗传与环境、早期经验、教育与教学、社会实践和主观努力。

智力测验,是经过专门设计的一种心理测量工具,用来评估个体相对于人群中其他人认知能力的高低。瑞文标准智力测验是英国心理学家瑞文于1938年设计的非文字智力测验,该测验旨在测试人的一般智力水平,尤其可以测量人的解决问题的能力、观察力、思维能力、发现和利用自己所需的信息及适应社会生活的能力。

2. 反应时

反应时(reaction time,RT),是从刺激作用于有机体到明显的反应开始之间的时间,可分为:简单反应时,又称为A反应时,给予被试者单一刺激,要求被试者做单一反应,所得到的反应时就是简单反应时。选择反应时,又称为B反应时,指给予被试者几种不同的刺激,要求被试者对每种刺激选择一种符合要求的反应。辨别反应时,又称为C反应时,指给予被试者几种不同的刺激,要求被试者只对其中一个特定的刺激做出反应,对其余的刺激不做反应。三种反应时之间的差异,就是辨别活动和选择活动所花费的时间,辨别时间=C-A,选择时间=B-C。

测量反应时间的仪器包括三部分:刺激呈现的装置,反应装置和计时装置。这三部分都会影响到实验结果的精确度和准确度。测量反应时的仪器和方法,刺激键与反应键:对刺激键的要求是,要适合所刺激的感官;对反应键的要求是,尽量减少机械阻力,便于被试操作,符合被试的习惯。影响反应时的变量:额外动机、准备状态、适应水平、练习次数、被试的个体差异等。

3. 时间知觉

知觉是当前的客观事物的各个部分和属性在人脑中的综合反应。时间知觉(time perception)是指个体对客观事件的顺序性和持续性的反应。

人类知觉到的世界具有时间上先后延续的性质,因此只有具备时间知觉,人们才能区分先后,理解连续的动作或行为。时间并不是为我们所能见的时针或分针,也不是任何具有实体的存在。时间和空间一起作为事物运动变化的尺度,人们因为知觉到时间而履行生活规律。因为知觉到时间而选择持续或停止正在进行的动作,可以说,我们对生命本身的知觉是建立在时间知觉基础上的。时间知觉又可以分为时序时间和时距时间。时序时间让我们分清楚不同事件发生的先后顺序,时距时间则告诉我们事件延续的时间长短。

时间知觉的评估法:即先呈现一定长度的刺激,要求被试评估它持续的时间有多长,评估的时间与实际刺激持续的时间越接近,时间知觉越准确。被试判断的结果中包含有被试对具体时间经验的因素,测得的结果不能精确地代表一个人对时间长短的知觉能力。误差百分比=(误差的绝对值/实际时间)×100%。

4. 人格

所谓人格,是指一个人在社会化过程中形成和发展的思想、情感及行为的特有统合模式,这个模式包括了个体独具的、有别于他人的、稳定而统一的各种特质或特点的总体。人与人没有完全一样的人格特点,另外,生活在同一社会群体中的人也有一些相同的人格特征。人格特征包括:(1)稳定性,人格具有稳定性,在行为中偶然发生的、一时性的心理特征,不能称为人格;(2)综合性,人格是由多种成分构成的一个有机整体,具有内在的一致性,受自我意识的调控;(3)统合性,人格的统合性是心理健康的重要指标;(4)功能性,人格在一定程度上会影响到一个人的生活方式,甚至会决定某些人的命运,因而是人生成败的根源之一。

英国心理学家艾森克(Hans J. Eysenck)从特质理论出发,将因素分析方法和传统的实验心理学方法相结合,长期研究人格问题并把研究兴趣从特质转向维度,从而确立了自己的人格理论。依据因素分析法提出人格的三因素模型。这三个因素分别是:外顷性(外顷性表现内外顷的差异)、神经质(神经质表现为情绪稳定性的差异)、精神质(精神质表现为孤独、冷酷、敌视、怪异等偏于负面的人格特征)。他认为特质是观察到的个体的行为倾向的集合体,类型是观察到的特质的集合体。他把人格类型看作某些特质的组织,并提出人格理论主要是属于层次性质的一种类型。每一种类型结构的层次明确,因此人格就可分解为有据可查、有数可计的要素。

5. 认知风格

认知风格是指个人所偏爱使用的信息加工方式,也叫认知方式,指个体在信息加工过程中表现在认知组织和认知功能方面持久一贯的特有风格。它既包括个体知觉、记忆、思维等认知过程方面的差异,又包括个体态度、动机等人格形成和认知能力与认知功能方面的差异。认知风格是个体在认知活动中表现出来的独特的、稳定的特征。

在所有认知风格中,最著名的是场依存与场独立。场依存性和场独立性属于认知方式的个体差异。这种差异表现在人对外部环境的不同依赖程度上。场依存性的人在加工信息时,对外在参照有较大的依赖倾向,他们的心理分化水平较低,处理问题时往往依赖于"场",与别人交往时较能考虑对方的感受。场独立性的人在信息加工中对内在参照有较大的依赖倾向,他们的心理分化水平较高,在加工信息时,主要依据内在标准或内在参照,与人交往时也很少能体察入微。

6. 气质

气质是表现在人们心理活动和行为方面的典型的、稳定的动力特征,是个体心理活动和行为的外部动力特点,主要表现在心理活动的速度、强度、稳定性、指向性方面的特征。

气质类型是指表现为心理特性的神经系统基本特性的典型结合。构成气质类型的各种心理特性,多数是某一种神经特性的表现,但有的也可能是两种神经特性的结合。例如,感受性是神经系统强度特性在心理上的表现,反应的速度是灵活性特征在心理上的体现,而情绪兴奋性既体现兴奋或抑制过程的强度,也体现二者的平衡性。由于人的心理反应可以从多方面表现出神经系统的基本特性。目前,对气质神经类型分类较为流行的方法结合巴普洛夫的高级神经类型分类,认为人的气质类型可分为胆汁质、多血质、黏液质和抑郁质四种。胆汁质相当于神经活动强而不均衡型;多血质相当于神经活动强而均衡的灵活型;黏液质相当于神经活动强而均衡的安静型;抑郁质相当于神经活动弱型,其兴奋和抑郁过程都弱。

第二篇　实践篇

11 短跑运动科学选材

短跑是以无氧代谢供能为主的极限强度运动。它的特点是时间短、强度大、神经兴奋与抑制转换快、速度素质要求高。决定短跑竞技水平的速度能力、反应时、最高动作频率及无氧耐力等因素,在很大程度上是由遗传决定的,后天较难培养与改变,训练仅使这些天赋能力得到充分发挥。因此,短跑运动员选材更重视先天因素。

11.1 选材的基本要求

选材年龄:男、女均为 10~17 岁。
身体形态:身体匀称、健壮、肌肉细长、明显,下肢长,骨盆窄,小腿长,重心高,踝关节围度小,足弓高、脚面薄。
运动素质:反应速度、运动速度、步频较快,步幅大,爆发力强,韧性好,全身力量大,协调性好。
生理机能:安静状态脉搏较低,运动后脉搏恢复快,快肌纤维比例较大,磷酸原代谢水平高,血型多为 O 型,血色素含量较高。
心理品质:神经类型多为活泼型,自信好胜,勇于拼搏,善于集中注意力,听觉反应速度较快,节奏感强。
技能表现:动作协调、自然、用力集中,跑姿优美、轻松。

11.2 选材的指标体系

短跑项目选材的指标体系见表 11-1。

表 11-1 短跑项目选材指标体系

指标类别	选材的基本指标	选材的参考指标
形态类	身高、克托莱指数、下肢长 A/身高×100、(下肢长 B−小腿长 A)/小腿长 A×100、下肢长 C/下肢 H×100、踝围/跟腱长×100	
机能类	心功指数、肺活量/体重	血红蛋白、血睾酮
素质类	60 米跑、步频、后抛铅球、立定三级和十级跳远	
专项类	专项成绩:100 米、400 米	
心理类	声、光反应时	
教练员评定	节奏感、柔韧性、协调性、灵活性;接受能力、智力水平;跑的技术自然、合理、放松;意志品质、比赛和训练作风	

11.3 选材指标的测量方法及意义

11.3.1 形态类

1. 身高

测量方法:受试者赤脚,以立正姿势站于身高坐高计底板上,足跟、骶骨部和两肩胛与立柱相接触,身体自然挺直,头部正直,两眼平视。测量者站在被测者的侧面,将受试者头部进行调整,支柱压板水平下移,轻放于头顶最高处,松紧要适度,观察并读取数据。误差不得超过 0.5 厘米。

身高是反映骨骼发育状况及生长发育水平的一个重要形态指标。一般来说,身高较高的人下肢较长,下肢较长有利于加大步幅。

2. 克托莱指数(体重/身高×1000)

体重测试方法:让受试者站在体重秤平台中部不动,面对指针,待指针稳定后读数。

克托莱指数是反映人体发育匀称度的重要指标。短跑项目运动员要求身体匀称结实、肌肉富有弹力,瘦体重相对较大。

3. 下肢长 A/身高×100

下肢长 A 测量方法:是髂前上棘点上缘至地面的垂直距离,它是大腿摆动起来的最高点,能表现出下肢运动的最大弧度。

下肢长 A/身高×100 是反映下肢长度的重要指标,下肢较长的人步幅较大,运动时克服体重的负担量相对较小,有利于发挥速度及节省能量。短跑项目运动员要求身体匀称结实、肌肉富有弹力,瘦体重相对较大。

4. (下肢长 B-小腿长 A)/小腿长 A×100

下肢长 B 测量方法:是大转子上缘最高点至地面的垂直距离。

小腿长 A 的测量方法:受试者站立,屈腿将脚踩于凳上,全脚掌贴在凳面,小腿与凳面垂直。测量胫骨内踝上缘至胫骨踝尖的垂直距离。

该指标反映人体大小腿的比例关系,是短跑运动员最重要的形态指标。从力学角度看,大腿相对较短,摆动半径较小,摆动速度加快,步频就快。小腿相对较长,向前摆动时,步幅较大。这就从形态上构成了力学的最佳结构。大腿稍短、小腿较长的优秀运动员,跑起来轻松自如,做功小而向前的实效性好。

5. 踝围/跟腱长×100

踝围测试方法:受试者自然站立,两脚分开同肩宽,测试者用带尺在左小腿踝关节上方,以水平位置量其最细处的围度。

跟腱长测试方法:受试者面向墙,两脚并拢,扶墙提踵使小腿三头肌充分收缩,测量者于腓肠肌内侧腹下缘画意测量标志,然后让受试者还原成站立姿势,量内侧肌腹下缘到地面的垂直距离。

该指数反映踝围和跟腱长的比例关系与小腿形态。踝围大小,反映了踝关节的粗细。跟腱长短,反映了小腿肌肉的形态结构。踝围较小,跟腱较长,人体肌肉收缩的作用力集中,有利于踝关节的蹬伸,踝关节的蹬伸力量和速度直接影响跑的爆发力。

11.3.2 机能类

1. 心功指数

受试者静坐时心率标记为 P_1,然后让受试者从立正姿势开始,按节拍器节奏,在 30 秒内完成 30 次匀速蹲起动作。要求下蹲到最大限度,站起时,两手平举,足不离地,最后一次蹲起结束后,立即测 10 秒脉搏,然后将测得的脉搏数乘以 6 得到运动后即刻的心率,标记为 P_2,在休息 1 分钟后再测 10 秒脉搏数,乘以 6 得到恢复期第一分钟后心率,标记为 P_3,测试 3 次结果套入心功指数公式:

心功能指数 = $(P_1+P_2+P_3-200)/10$

心功能指数是反映人体心脏功能水平的重要指标(见表 11-2)。心功能指数属于一种定量负荷机能实验。安静时脉搏次数越少,说明心脏收缩力量大,心储备力强;运动后即刻脉搏次数越少,说明完成定量负荷时,心脏机能出现节省化现象,恢复期脉搏次数越少,说明心脏机能恢复越快。因此,心功能指数越小,心脏功能越好。

表 11-2 心功能指数评价心脏功能表

心功能指数	≤0	0~5	6~10	11~15	≥16
心脏功能	最好	较好	一般	较差	最差

2. 肺活量/体重

肺活量测试方法:受试者站立位,作一两次扩胸运动或深呼吸后尽力深吸气,吸满后再向肺活量计的口嘴尽力呼气,直到不能再呼气为止。此时,所呼出的气量即为肺活量,重复测量三次,取其最大值作为被测试者的肺活量值。

这个指标反映了人体每千克体重的肺活量,间接反映人体的肺功能水平。有关研究表明,肺活量受遗传的影响较大,但可以通过长期的训练、提高呼吸肌力量来提高肺活量水平。短跑项目运动员需要有良好的呼吸机能和较大的肺通气量,这些都与肺活量有直接关系。

3. 血红蛋白

测试方法:血细胞计数器。

血红蛋白反映运动员的营养与机能状况。

4. 血睾酮

测试方法:放射免疫法。

血睾酮水平高,体内蛋白质合成快,肌肉质量好,肌力大,承受运动负荷的能力强,消除疲劳的时间短。运动选材时,一般选处在各年龄段血睾酮的上限值且运动能力强的少年儿童。

11.3.3 素质类

1. 60 米跑

测试方法:受试者穿钉鞋,每组不少于 2 人,采用站立式起跑。计时员见受试者起动即开表计时,待受试者的躯干任何部分到达终点线内沿的垂直平面时停表。记录以秒为单位,精确到一位小数。

60 米跑是反映跑的速度的重要指标。它不仅能反映起动后的加速能力,而且能反映出高速度的能力。优秀运动员一般都在 30~60 米的段落中发挥着最高速度。

2. 步频

测试方法:受试者从 30 米起点线后 15~20 米开始起跑,助理计时员站在 30 米起点线侧面 2~3 米处。当受试者跑至该线瞬间挥动手势,计时员开表计 30 米行进跑的时间。另一助理计时员站在 30 米的中段,计量途中跑连续两步的距离,除以 2,得出每步的平均距离,并用 30 米除以每步的平均距离,得出 30 米的步数,并在测试中记下步数和时间。

步频=行进 30 米的步数/行进 30 米的时间

步频是构成速度的重要因素。步频是受先天遗传因素影响较大,后天通过训练提高的幅度不大。因此,步频能用来反映青少年运动员先天具备的速度能力。

3. 立定三级跳和立定十级跳远

立定三级跳测试方法:在沙坑前画一条起跳线(距离沙坑的远近可视受试者的水平而定)。受试者在线后立定,双脚起跳,第一跳单脚落地,第二跳另一脚落地,依次,共跳三跳,第三跳落沙坑。起跳线设置在平地上,丈量成绩时由起跳线量起,以厘米为单位,受试者穿钉鞋,每人跳三次,记录最佳成绩。

立定十级跳测试方法:同上,但共跳十跳,第十跳落沙坑。

立定三级跳和十级跳含多级跳因素,它不同于立定跳远仅仅一次爆发性用力。它是在身体摆脱静止状态后,产生位移的过程中连续爆发力的表现。这可以测出髋、膝、踝在运动过程中协调用力及蹬伸的实效性和连续蹬伸的爆发力。

4. 后抛铅球

测试方法:铅球重量:男子 12~15 岁(4 千克)、16~17 岁(5 千克);女子 12~15 岁(3 千克)、16~17 岁(4 千克)。受试者背向抛球方向站立,两脚开立与肩同宽,脚后跟与起掷线齐平,双手持球经预蹲后自下而上用力将球向后方抛出。球抛出后,受试者可向后退,不算犯规。丈量时,应从起掷线量至铅球落地痕迹最近点。每人抛球三次,取最好成绩。记录以米为单位,精确到两位小数。

主要测试全身的协调用力技术和力量发展水平,同时也测试爆发力水平。

11.3.4 心理类

测试方法:受试者背向主试站立摸墙或下蹲摸地,然后听到枪声转身快跑 10~15 米,计所用时间。有条件的可用起跑反应仪,只计手离地面或蹬离地的时间。

声反应时是反映人体的声-动反应时间。时间越短,说明反应越快。短跑运动员反应的快慢,直接影响到起跑速度。另外,通过测试也可以反映出运动员的神经类型及接受刺激的反应能力。

11.3.5 专项类

运动员专项成绩是运动员专项技术水平、专项素质水平和其他专项能力的综合反映,经过一段时间的训练,专项成绩的好坏和提高的幅度,直接反映运动员的专项课训练性和运动潜力,是选材的重要指标。

11.3.6 教练员评定

1. 柔韧性、协调性和灵活性

其反映运动员的协调能力和随机应变能力,以及掌握和学习新技术的情况。

2. 接受能力和智力水平

运动训练要求运动员能及时、准确地领会教练员的训练意图和目的,并准确无误地执行,以达到良好训练效果。比赛中临场的变化也要求运动员具有思考分析能力,做出正确判断,尽力发挥水平。这些都要求运动员具有良好的智力水平,任何头脑简单的人都不可能应付错综复杂的比赛场面而成为优秀运动员。

3. 技术合理性

运动技术评定的一个重要指标。运动员的技术要适合专项技术特点并具有个人的特点。具体表现在自然、放松、适合于个人素质水平。

4. 意志品质、比赛和训练作风

吃苦耐劳、勇于进取和比赛中不畏强手、遇到困难时不低头的顽强意志品质,是运动员成才的关键。

11.4 选材评价使用说明

(1) 本标准适用 12~17 岁儿童少年短跑运动员。
(2) 各项指标的评分一律按当年拍摄的骨龄片所确定的生物年龄来评定。
(3) 各项指标得分之和为总分。总分在 80 分以上为优秀,总分在 60~79.9 分为良好,总分在 30~59.9 分为及格,总分在 29.9 分以下为不及格。
4. 参考指标给予等级评价,暂不列入总分。

11.5 指标类别权重和各指标权重分配表

短跑运动员科学选材指标类别权重和各指标权重分配,见表 11-3。

表 11-3 短跑运动员科学选材指标类别权重和各指标权重分配表

类别	指标	权重(%)男(12~17岁)												权重(%)女(12~17岁)											
		12		13		14		15		16		17		12		13		14		15		16		17	
		指标	类别	指标	类别	指标	类别	指标	类别	指标	类别	指标	类别	指标	类别	指标	类别	指标	类别	指标	类别	指标	类别	指标	类别
形态	(下肢长B−小腿长A)/小腿长A×100%	30	24	30	24	30	24	30	24	30	24	30	24	30	24	30	24	30	24	30	24	30	24	30	24
	下肢长C/下肢长H×100%	21		21		21		21		21		21		21		21		21		21		21		21	
	(下肢长A/身高)×100	16		16		16		16		16		16		16		16		16		16		16		16	
	身高	13		13		13		13		13		13		13		13		13		13		13		13	
	体重/身高×1000	10		10		10		10		10		10		10		10		10		10		10		10	
	(踝围/跟腱长)×100	10		10		10		10		10		10		10		10		10		10		10		10	
机能	心功能指数	40	21	40	21	40	21	40	21	40	21	40	21	40	21	40	21	40	21	40	21	40	21	40	21
	肺活量/体重	60		60		60		60		60		60		60		60		60		60		60		60	
素质	60m跑(s)	33	25	33	25	33	25	33	25	33	25	33	25	33	25	33	25	33	25	33	25	33	25	33	25
	立定三级跳远(m)	33		33		33		33		33		33		33		33		33		33		33		33	
	步频(步/s)	17		17		17		17		17		17		17		17		17		17		17		17	
	后抛铅球(s)	17		17		17		17		17		17		17		17		17		17		17		17	
心理	声反应时(ms)	100	10	100	10	100	10	100	10	100	10	100	10	100	10	100	10	100	10	100	10	100	10	100	10
专项	100米(s)	100	10	100	10	100	10	100	10	100	10	100	10	100	10	100	10	100	10	100	10	100	10	100	10
教练员评定	节奏性、协调性、灵活性	25	10	25	10	25	10	25	10	25	10	25	10	25	10	25	10	25	10	25	10	25	10	25	10
	接受能力、智力水平	25		25		25		25		25		25		25		25		25		25		25		25	
	跑技术自然、放松、合理	25		25		25		25		25		25		25		25		25		25		25		25	
	意志品质、比赛训练作风	25		25		25		25		25		25		25		25		25		25		25		25	

12 中长跑运动科学选材

中长跑是以有氧代谢供能为主的耐力项目,对心血管系统和呼吸系统功能要求较高。不仅要求有良好的有氧代谢功能,而且还要有较强的无氧能力,为呼吸、步幅、频率能够达到完美结合,奠定良好的生理基础。跑动的过程中要求轻松自如,后蹬快速有力、节奏明快、富有弹性。决定中长跑竞技水平的肌肉纤维类型、心肺功能、最大吸氧量等受遗传因素的影响较大。

12.1 选材的基本要求

（1）选材年龄：男、女均为12~17岁。
（2）身体形态：身体匀称健壮、肩宽、下肢略长,骨盆较窄,足弓较高,跟腱长。
（3）运动素质：耐力素质高,速度素质较好,髋关节灵活性大。
（4）生理机能：慢肌纤维比例较大,最大摄氧量水平高,血色素含量高,肺活量大。
（5）心理品质：中长跑运动时间长、强度大,且单调乏味。要求运动员自觉性强,能较长时间集中注意力；情绪稳定,能承受长时间的大强度负荷；有拼搏精神和必胜的信念；对环境的适应能力较强等。
（6）技能表现：中长跑要求后蹬实效性好,前摆积极有力；两臂以肩为轴前后摆动,与腿部动作协调配合；整个动作自然、放松,重心移动较平稳,跑的节奏较快。

12.2 选材指标

中长跑项目选材指标和参考数据,见表12-1和表12-2。

表12-1 中长跑项目选材指标

指标类别	选材的基本指标	选材的参考指标
形态类	身高、克托莱指数、下肢长A/身高×100、(下肢长B-小腿长A)/小腿长A×100、踝围/跟腱长×100	
机能类	心功指数、肺活量/体重、最大摄氧量/体重	血红蛋白、血睾酮
素质类	60米跑、步频、后抛铅球、立定十级跳远	
专项类	专项成绩：800米或1500米	
心理类	声反应时	
教练员评定	节奏感、柔韧性、协调性、灵活性；接受能力、智力水平；跑的技术自然、合理、放松；意志品质、比赛和训练作风	

表 12-2 中长跑运动员选材常用指标的参考数据

指标	男子					女子				
	12岁	13岁	14岁	15岁	16岁	12岁	13岁	14岁	15岁	16岁
身高(cm)	164	168	172	175	178	160	164	168	170	171
(体重/身高)×1000 (g/cm)	265	275	305	315	325	245	265	295	295	315
(下肢长A/身高)×100	57.0	57.0	57.0	57.0	57.0	57.0	57.0	57.0	57.0	57.0
(下肢长B-小腿长A)/小腿长A×100	86.0	86.0	86.0	86.0	86.0	86.0	86.0	86.0	86.0	86.0
(踝围/跟腱长)×100	88.0	88.0	88.0	88.0	88.0	88.0	88.0	88.0	88.0	88.0
心功能指数	4.0	4.0	3.0	3.0	2.0	5.0	5.0	4.0	4.0	3.0
肺活量(ml/kg)	64.0	64.0	65.0	65.0	66.0	62.0	62.0	64.0	64.0	66.0
最大摄氧量[ml/(kg·min)]	60.0	60.0	65.0	65.0	70.0	60.0	60.0	65.0	65.0	70.0
60m跑(s)	8.2	8.0	7.8	7.6	7.3	8.2	8.0	7.8	7.6	7.5
立定十级跳远(m)	26.0	26.5	27.5	28.5	29.5	23.0	24.0	25.0	26.0	27.0
步频(步/s)	4.50	4.50	4.60	4.60	4.70	4.50	4.50	4.50	4.50	4.60
后抛铅球(s)	9.0	10.0	11.0	12.0	12.5	8.0	9.0	10.0	10.5	11.0
声反应时(ms)	140	135	133	130	125	150	145	140	130	135
专项(800m跑)(min、s)	2'18	2'14	—	—	—	2'22	2'18	2'15	—	—
专项(1500m跑)	—	—	—	4'05	3'58	—	—	—	4'36	4'30

12.3 选材指标的测量方法及意义

12.3.1 形态类

1. 身高

测量方法:受试者赤脚,以立正姿势站于身高坐高计底板上,足跟、骶骨部和两肩胛与立柱相接触,身体自然挺直,头部正直,两眼平视。测量者站在被测者的侧面,将受试者头部进行调整,支柱压板水平下移,轻放于头顶最高处,松紧要适度,观察并读取数据。误差不得超过 0.5 厘米。

身高是反映骨骼发育状况及生长发育水平的一个重要形态指标。一般来说,身高较高的人下肢较长,下肢较长有利于加大步幅。

2. 克托莱指数(体重/身高×1000)

体重测试方法:让受试者站在体重秤平台中部不动,面对指针,待指针稳定后读数。

克托莱指数是反映人体发育匀称度的重要指标。短跑项目运动员要求身体匀称结实、肌肉富有弹力,瘦体重相对较大。

3. 下肢长A/身高×100

下肢长A测量方法:是髂前上棘点上缘至地面的垂直距离,它是大腿摆动起来的最高点,能表现出下肢运动的最大弧度。

下肢长A/身高×100是反映下肢长度的重要指标,下肢较长的人步幅较大,运动时克服体重的负担量相对较小,有利于发挥速度及节省能量。短跑项目运动员要求身体匀称结实、肌肉富有弹力,瘦体重相对较大。

4. (下肢长 B−小腿长 A)/小腿长 A×100

下肢长 B 测量方法:是大转子上缘最高点至地面的垂直距离。

小腿长 A 的测量方法:受试者站立,屈腿将脚踩于凳上,全脚掌贴在凳面,小腿与凳面垂直。测量胫骨内踝上缘至胫骨踝尖的垂直距离。

该指标反映人体大小腿的比例关系,是短跑运动员最重要的形态指标。从力学角度看,大腿相对较短,摆动半径较小,摆动速度加快,步频就快。小腿相对较长,向前摆动时,步幅较大。这就从形态上构成了力学的最佳结构。大腿稍短、小腿较长的优秀运动员,跑起来轻松自如,做功小而向前的实效性好。

5. 踝围/跟腱长×100

踝围测试方法:受试者自然站立,两脚分开同肩宽,测试者用带尺在左小腿踝关节上方,以水平位置量其最细处的围度。

跟腱长测试方法:受试者面向墙,两脚并拢,扶墙提踵使小腿三头肌充分收缩,测量者于腓肠肌内侧腹下缘画意测量标志,然后让受试者还原成站立姿势,量内侧肌腹下缘到地面的垂直距离。

该指数反映踝围和跟腱长的比例关系与小腿形态。踝围大小,反映了踝关节的粗细。跟腱长短,反映了小腿肌肉的形态结构。踝围较小,跟腱较长,人体肌肉收缩的作用力集中,有利于踝关节的蹬伸,踝关节的蹬伸力量和速度直接影响跑的爆发力。

12.3.2 机能类

具备良好的心肺功能,是中长跑运动员能承担较大的运动负荷以及机体能迅速恢复的关键。

1. 心功指数

受试者静坐时心率标记为 P_1,然后让受试者从立正姿势开始,按节拍器节奏,在 30 秒内完成 30 次匀速蹲起动作。要求下蹲到最大限度,站起时,两手平举,足不离地,最后一次蹲起结束后,立即测 10 秒脉搏,然后将测得的脉搏数乘以 6 得到运动后即刻的心率,标记为 P_2,在休息 1 分钟后再测 10 秒脉搏数,乘以 6 得到恢复期第一分钟后心率,标记为 P_3,测试 3 次结果套入心功指数公式:

心功能指数 = $(P_1+P_2+P_3-200)/10$

心功能指数评价心脏功能,见平遥 12-3。

表 12-3 心功能指数评价心脏功能表

心功能指数	≤0	0~5	6~10	11~15	≥16
心脏功能	最好	较好	一般	较差	最差

安静时脉搏次数越少,说明心脏收缩力量大,心储备力强;运动后即刻脉搏次数越少,说明完成定量负荷时,心脏机能出现节省化现象,恢复期脉搏次数越少,说明心脏机

能恢复越快。因此,对运动员进行心脏定量负荷机能实验的测试,能有效反映其心脏功能水平的优劣。

2. 肺活量/体重

肺活量测试方法:受试者站立位,作一两次扩胸运动或深呼吸后尽力深吸气,吸满后再向肺活量计的口嘴尽力呼气,直到不能再呼气为止。此时所呼出的气量即为肺活量,重复测量三次,去其最大值作为被测试者的肺活量值。

运动员需要有良好的呼吸机能和较大的肺通气量。该指标是指人体每千克体重的肺活量,能间接反映人体的肺功能水平。研究表明,通过长期的训练,能提高呼吸肌力量来提高肺活量水平。

3. 最大摄氧量/体重

最大摄氧量测试方法有直接测定和间接测定两种。直接测定法:心肺功能仪测定。受试者测试前固定和戴好三通阀嘴罩,在跑台上慢跑,速度为4~5千米/小时运动5分钟热身,使心率上升至120~130次/分左右;受试者热身同时,观察连接仪器运行是否正常,当心率达到140左右后稍休息片刻,但心率恢复到120左右,再以7千米/小时的速度开始进行测试;每运动3分钟后递增一级负荷,负荷等级有8千米/小时、9千米/小时、10千米/小时、11千米/小时、12千米/小时、13千米/小时,直到达到最大摄氧量标准后停止测试。间接测定法:12分钟跑推算法。

该指标能衡量人体摄氧量水平的高低。一个具有突出摄氧能力的运动员,能在耐力项目中所需要的有氧耐力方面取得较强的优势,能为耐力素质提供良好的物质基础。

4. 血红蛋白

测试方法:血细胞计数器。

血红蛋白反映运动员的营养与机能状况,机体内血红蛋白含量直接影响有氧能力,是决定运动员耐力水平的因素之一。含量高,有利于供氧,运动能力高。含量低至贫血程度,就会使运动能力下降。当超过正常值高限时,血球压积变大,血黏度高,血流速度减慢,对运动能力反而不利。

5. 血睾酮

测试方法:放射免疫法。

研究表明机体运动能力与血清睾酮呈较高度正相关。血睾酮水平高,体内蛋白质合成快,肌肉质量好,肌力大,承受运动负荷的能力强,消除疲劳的时间短。运动选材时,一般选处在各年龄段血睾酮的上限值且运动能力强的少年儿童。

12.3.3 素质类

具备全面的、优秀的一般素质和专项素质水平,是运动员专项水平提高的基础,更是反映中长跑运动员专项基本能力的主要指标。

1. 60米跑

测试方法:受试者穿钉鞋,每组不少于2人,采用站立式起跑。计时员见受试者起动即开表计时,待受试者的躯干任何部分到达终点线内沿的垂直平面时停表。记录以秒为单位,精确到一位小数。

测试运动员起跑后的加速能力和保持高速度的能力通常采用 60 米跑,因为优秀运动员一般都是在 30~60 米的段落中发挥着最高速度。

2. 步频

测试方法:受试者从 30 米起点线后 15~20 米开始起跑,助理计时员站在 30 米起点线侧面 2~3 米处。当受试者跑至该线瞬间挥动手势,计时员开表计 30 米行进跑的时间。另一助理计时员站在 30 米的中段,计量途中跑连续两步的距离,除以 2,得出每步的平均距离,并用 30 米除以每步的平均距离,得出 30 米的步数,并在测试中记下步数和时间。

步频=行进 30 米的步数/行进 30 米的时间

步频是一个受先天遗传因素影响较大的指标,后天通过训练提高的幅度不大。因此,步频能用来反映青少年运动员先天具备的速度能力。

3. 立定十级跳远

测试方法:在沙坑前画一条起跳线(距离沙坑的远近可视受试者的水平而定)。受试者在线后立定,双脚起跳,第一跳单脚落地,第二条另一脚落地,依次,共跳十跳,第十跳落沙坑。起跳线设置在平地上,丈量成绩时由起跳线量起,以厘米为单位,受试者穿钉鞋,每人跳三次,记录最佳成绩。

该指标含多级跳因素,其区别于一次办法性用力的立定跳远。它是产生位移的过程中连续爆发力的表现,手臂、髋、膝、踝等关节在运动过程中,协调用力及蹬伸的实效性和连续蹬伸的爆发力都能在多级跳远中得到充分展示。

4. 后抛铅球

测试方法:铅球重量:男子 12~15 岁(4 千克)、16~17 岁(5 千克);女子 12~15 岁(3 千克)、16~17 岁(4 千克)。受试者背向抛球方向站立,两脚开立与肩同宽,脚后跟与起掷线齐平,双手持球经预蹲后自下而上用力将球向后方抛出。球抛出后,受试者可向后退,不算犯规。丈量时,应从起掷线量至铅球落地痕迹最近点。每人抛球三次,取最好成绩。记录以米为单位,精确到两位小数。

主要测试全身的协调用力技术和力量发展水平,同时也测试爆发力水平。

12.3.4 心理类

测试方法:受试者背向主试站立摸墙或下蹲摸地,然后听到枪声转身快跑 10~15 米,计所用时间。有条件的可用起跑反应仪,只计手离地面或蹬离地的时间。

运动员起跑时反应的快慢,直接影响到起跑速度甚至全过程跑的成绩。声-动反应时间越短,说明反应越快。同时,也可对神经类型及接受刺激的反应能力进行间接评定。

12.3.5 专项类

优秀运动员专项技术的评价,目前最先进的手段是采用运动生物力学进行诊断和定量分析。由于该手段费用昂贵,初、中级选材均很难普及。因此,一般采用专项成绩来进行侧面评价。选材过程中,根据专项与素质的提高速度、专项成绩提高的速度以及它们相互间的关系等方面的分析进行对比,进而对其专项发展潜力进行评估。

12.3.6 教练员评定

1. 柔韧性、协调性和灵活性

掌握和学习新技术,技术动作的保持和技术动作的动力定型均要求运动员又良好的协调能力和随机应变的能力来支撑。

2. 接受能力和智力水平

及时、准确地领会和执行教练员的训练意图和目的,是达到良好训练效果的基础。具有思考分析能力,做出正确判断,尽力发挥水平,是应付比赛中瞬息万变的临场状况的智力保障。

3. 技术合理性

运动员的技术要适合专项技术特点并具有个人的特点。具体表现在自然、放松、适合于个人素质水平。

4. 意志品质、比赛和训练作风

吃苦耐劳、勇于进取和比赛中不畏强手、遇到困难时不低头的顽强意志品质,是运动员成才的关键。

12.4 选材评价使用说明

(1) 本标准适用 12~17 岁儿童少年中长跑运动员。

(2) 各项指标的评分一律按当年拍摄的骨龄片所确定的生物年龄来评定。

(3) 各项指标得分之和为总分。总分在 80 分以上为优秀,总分在 60~79.9 分为良好,总分在 30~59.9 分为及格,总分在 29.9 分以下为不及格。

(4) 参考指标给予等级评价,暂不列入总分。

12.5 指标类别权重和各指标权重分配表

中长跑运动员科学选材指标类别权重和各指标权重分配,见表12-4。

表12-4 中长跑运动员科学选材指标类别权重和各指标权重分配表

类别	指标	权重(%)男(12~17岁)												权重(%)女(12~17岁)												
		12 指标	类别	13 指标	类别	14 指标	类别	15 指标	类别	16 指标	类别	17 指标	类别	12 指标	类别	13 指标	类别	14 指标	类别	15 指标	类别	16 指标	类别	17 指标	类别
形态	(下肢长B-小腿长A)/小腿长A×100	33.3	30	33.3	30	33.3	30	33.3	30	33.3	30	33.3	30	33.3	30	33.3	30	33.3	30	33.3	30	33.3	30	33.3	30
	(体重/身高)×1000(g/cm)	20		20		20		20		20		20		20		20		20		20		20		20	
	(下肢长A/身高)×100	16.7		16.7		16.7		16.7		16.7		16.7		16.7		16.7		16.7		16.7		16.7		16.7	
	(踝围/跟腱长)×100	16.7		16.7		16.7		16.7		16.7		16.7		16.7		16.7		16.7		16.7		16.7		16.7	
	身高	13.3		13.3		13.3		13.3		13.3		13.3		13.3		13.3		13.3		13.3		13.3		13.3	
机能	心功能指数	22.2	18	22.2	18	22.2	18	22.2	18	22.2	18	22.2	18	22.2	18	22.2	18	22.2	18	22.2	18	22.2	18	22.2	18
	肺活量(ml/kg)	22.2		22.2		22.2		22.2		22.2		22.2		22.2		22.2		22.2		22.2		22.2		22.2	
	最大摄氧量[ml/(kg·min)]	55.6		55.6		55.6		55.6		55.6		55.6		55.6		55.6		55.6		55.6		55.6		55.6	
素质	60m跑(s)	33.3	30	33.3	30	33.3	30	33.3	30	33.3	30	33.3	30	33.3	30	33.3	30	33.3	30	33.3	30	33.3	30	33.3	30
	立定十级跳远(m)	33.3		33.3		33.3		33.3		33.3		33.3		33.3		33.3		33.3		33.3		33.3		33.3	
	步频(步/s)	16.7		16.7		16.7		16.7		16.7		16.7		16.7		16.7		16.7		16.7		16.7		16.7	
	后抛铅球(s)	16.7		16.7		16.7		16.7		16.7		16.7		16.7		16.7		16.7		16.7		16.7		16.7	
心理	声反应时(ms)	100	2	100	2	100	2	100	2	100	2	100	2	100	2	100	2	100	2	100	2	100	2	100	2
专项	100米(s)	100	10	100	10	100	10	100	10	100	10	100	10	100	10	100	10	100	10	100	10	100	10	100	10
教练员评定	节奏性、协调性、灵活性	25	10	25	10	25	10	25	10	25	10	25	10	25	10	25	10	25	10	25	10	25	10	25	10
	接受能力、智力水平	25		25		25		25		25		25		25		25		25		25		25		25	
	跑技术自然、放松、合理	25		25		25		25		25		25		25		25		25		25		25		25	
	意志品质、比赛训练作风	25		25		25		25		25		25		25		25		25		25		25		25	

13 赛艇运动项目科学选材

赛艇运动是一项以力量为基础的体能类周期竞速项目,赛艇运动要求桨手和船艇以最快的速度,按规定的水域,从起点向终点划完规定的距离。赛艇运动员是以桨作为划行的工具,每一桨的桨距及划桨的频率很重要,这就要求在选材时要注意运动员的身高、体重、臂长、肩宽等形态条件。坐高和腿长也很重要,因为划轨长在75~80厘米,腿较长的运动员可以根据腿长来调整划轨。赛艇是一项速度耐力项目,不但要有起航时的无氧耐力,同时也要具备2000米赛程对心肺功能的要求,有氧供能占70%~85%,耐力要突出,力量耐力也是判断赛艇运动员身体素质的重要因素。赛艇划桨用力是周期性全身协调用力,协调性好坏直接影响到技术水平的发挥,也是配合好多人艇的重要因素,所以赛艇运动应重视协调、灵敏和反应能力,同时还要具备良好的意志品质。

13.1 国外赛艇选材理论

奥运会赛艇项目共设男子公开级、男子轻量级、女子公开级、女子轻量级4个级别,14块金牌。因此,也是各国争夺的重点区域。欧洲在该项目上具有统治地位。传统强队,如英国、德国一直在奥运会上有良好表现。

(1)德国的划船选材理论。德国不仅在20世纪六七十年代间曾开展过举国性的运动员选材工作,而且其著名训练学专家哈雷在《训练学》专著中对运动员选材问题进行了系统归纳,构建了目前看来仍很有价值的选材理论体系。

(2)匈牙利划船选材理论。1998年,匈牙利的Laszlo Nadori以匈牙利运动员为研究对象对划船项目的科学选材进行了系统的理论研究。他认为身体素质、身体成分、血液成分;循环系统的生理特性;运动特征,运动技能学习;年轻运动员的个性特点与划船运动员的运动成绩相关。认为高度的有氧能力是从事划船运动的基础,在此基础上的制胜环节则是高度发达的无氧能力。他指出,单纯了解身体素质或者单纯了解运动员的身体机能是没有意义的,我们需要把完成某种素质测试的生理学反映综合考虑才有价值。

(3)罗马尼亚划船选材理论。罗马尼亚著名教练纳瓦萨1981年来华讲学,介绍了罗马尼亚的划船选材情况。他们的选材主要考虑臂展、肩宽、坐肩宽、手垂长、素质测试(包括引体向上、卧推、跑步1000~3000米)、速度测试等指标。

(4)加拿大划船选材理论。加拿大主要通过每年3000人规模的基础测试(卧推、拉、引体、5000米跑)选拔和储备后备力量,根据测试情况,各俱乐部根据运动员隶属地域挑选适龄运动员进行训练。

（5）中国赛艇选材理论模式。我国的划船运动开展较晚，我国划船后备力量的建设得到重视已到20世纪80年代中期，中国划船协会曾组织教练员和科研人员制定了划船项目运动训练、选材大纲。建立我国青少年运动员的选材标准。前期标准有很多不准确的成分，但该标准随着时间正在逐渐完善。如最新的"选材与育才结合理论"。

13.2 选材的基本要求

（1）身体形态：理想体形为身体高大、粗壮，四肢较长并且有力，屈伸柔韧性好。肩宽、胸廓、腰粗的儿童少年适合从事赛艇项目。

（2）运动素质：该项目要求运动员具有强大的腰背伸展力，背阔肌群发达，下肢动作速度较快，四肢克服阻力的速度力量高，同时也应具备良好的控制重心平衡能力及灵活性。

（3）生理机能：该项目的生理机能特点体现在不仅要求运动员具备较强的氧运输、氧利用能力，而且要求运动员具备高水平的心肺功能。另外，对运动员糖无氧代谢水平也都有较高要求。

（4）本体感觉：要求水感好，本体感精细，节奏感、速度感好。

13.3 选材指标

赛艇项目选材指标和参考数据，见表13-1～表13-3。

表13-1 赛艇项目选材指标

指标类别	选材的基本指标	选材的参考指标
形态类	身高、克托莱指数、肩宽、指距-身高、下肢长B×100/身高	身高,下肢长
机能类	心功指数、肺活量/体重、最大吸氧量	血红蛋白,肺活量,最大吸氧量
素质类	3000米跑、杠铃俯卧拉、负重深蹲、500米单人艇、2000米单人艇、4000米单人艇及相关测功仪成绩、下蹲伸臂距、3分钟立卧撑	负重深蹲,2000米成绩
专项类	技术类：平衡（纵向踩木）、水感、基本技术、划船效果	水感、划船效果
战术类：	速度控制感教练员对意志品质的观察	速度感
心理类		选择反应时、声反应、意志品质（量表测试）

表 13-2 赛艇男、女各年龄段选材常用指标的参考数据

指标	男子						女子					
	初选年龄（岁）			优选年龄（岁）			初选年龄（岁）			优选年龄（岁）		
	13	14	15	16	17	18	13	14	15	16	17	18
身高（cm）	166	174	182	184	188	190	170	173	175	176	177	178
体重（kg）	54	60	67	74	78	80	56	61	65	68	69	71
肩宽（cm）	36	37	39	40	42	44	36	37	38	38	39	39
髋宽（cm）	27	28	29	30	30	31	25	26	27	27	28	28
双手摸高（cm）	213	222	230	235	239	242	216	221	223	225	226	227
下肢长（cm）	87	91	93	94	96	98	90	91	92	93	94	95
指间距减身高（cm）	8~4	9~5	9~5	10~5	10~6	10~6	6~3	6~3	6~3	7~4	7~4	7~4
最大摄氧量（L/min）	-	-	-	4.5~5.2	4.7~5.2	5~5.5	-	-	-	3.4~3.9	3.5~4	3.6~4.1
心功能指数	10~5	10~5	10~5	10~5	10~5	10~5	10~5	10~5	10~5	10~5	10~5	10~5
肺活量（ml）	3390	3900	4440	4830	5140	5360	3440	3710	3920	4040	4100	4200
*3000跑	5'20	12'50	12'22	11'55	11'27	11'00	2'45	14'30	14'10	13'50	13'30	13'10
6min最大功率（W）	-	-	-	360	370	380	-	-	-	240	250	260
卧拉（kg）	-	-	-	60	70	80	-	-	-	50	60	70
高翻（kg）	-	-	-	60	70	80	-	-	-	50	60	70
负重深蹲（kg）	-	-	-	80	100	120	-	-	-	80	90	100
下蹲伸臂距（cm）	45	45	45	49	49	49	40	40	40	45	45	45

注：13岁男子测1500米，女子测800米。

表 13-3 赛艇男、女轻量级各年龄段选材常用指标的参考数据

指标	男子						女子					
	初选年龄（岁）			优选年龄（岁）			初选年龄（岁）			优选年龄（岁）		
	13	14	15	16	17	18	13	14	15	16	17	18
身高（cm）	158	167	173	174	176	178	161	164	165	166	167	168
体重（kg）	44	48	54	60	62	64	44	48	52	54	55	56
肩宽（cm）	34	36	37	38	39	40	34	35	36	36	37	37
髋宽（cm）	26	27	28	29	30	30	24	24	25	25	26	27
双手摸高（cm）	203	203	221	223	225	228	205	208	210	212	212	213
下肢长（cm）	88	92	94	95	96	97	85	85	86	86	87	87
指间距减身高（cm）	8~4	9~5	9~5	10~5	10~6	10~6	6~3	6~3	6~3	7~4	7~4	7~4
最大摄氧量（L/min）	-	-	-	4~4.5	4.3~4.8	4.5~5	-	-	-	3.1~3.6	3.2~3.7	3.3~3.8
心功能指数	10~5	10~5	10~5	10~5	10~5	10~5	10~5	10~5	10~5	10~5	10~5	10~5
肺活量（ml）	3190	3700	4240	4630	4940	5130	3340	3610	3820	3940	4000	4100
*3000跑	5'10	12'30	12'00	11'30	11'00	10'30	2'45	13'10	13'00	12'50	12'40	12'30
6min最大功率（W）	-	-	-	320	330	340	-	-	-	210	230	240

续表

指标	男子						女子					
	初选年龄(岁)			优选年龄(岁)			初选年龄(岁)			优选年龄(岁)		
	13	14	15	16	17	18	13	14	15	16	17	18
卧拉(kg)	-	-	-	60	70	80	-	-	-	40	50	60
高翻(kg)	-	-	-	60	70	80	-	-	-	40	50	60
负重深蹲(kg)	-	-	-	80	100	120	-	-	-	70	80	90
下蹲伸臂距(cm)	40	40	40	45	45	45	30	30	30	35	35	35

13.4 选材指标的测量方法及意义

13.4.1 形态类

1. 身高和指距

身高测量方法：受试者赤脚，以立正姿势站于身高坐高计底板上，足跟、骶骨部和两肩胛与立柱相接触，身体自然挺直，头部正直，两眼平视。测量者站在被测者的侧面，将受试者头部进行调整，支柱压板水平下移，轻放于头顶最高处，松紧要适度，观察并读取数据。误差不得超过0.5厘米。

指距测量方法：将测量尺(超过2米的钢尺或皮尺)固定在平台上，受试者两脚分开，两臂左右侧平举，上体伏在测量尺上，一手中指固定于测量尺零位，上肢尽量向另一侧伸直，两手臂呈一直线。测试人员面向受试者，测量两中指之间的距离。测量误差不得超过0.5厘米。

2. 克托莱指数(体重/身高×1000)

体重测试方法：让受试者站在体重秤平台中部不动，面对指针，待指针稳定后读数。

克托莱指数是通过计算体重与身高的比值再乘以1000获得的，主要是反映人体发育匀称度，赛艇项目要求运动员不仅身材高大，而且匀称结实。

3. 肩宽

肩宽测试方法：受试者两脚分开与髋同宽，自然站立，两肩放松，测试人员站其身后，先用食指沿肩胛岗向外摸到肩峰外侧缘中点，再用测径尺量两肩峰间距离。测量误差不得超过0.5厘米。

肩宽是反映躯干横径的发育指标。肩宽大则肩带的杠杆臂长，肩带肌也长，有利于肩带肌的发展和肌力的发挥，肩较宽是赛艇运动员的形态特点之一。

4. 下肢长 B×100/身高

下肢长 B 测量方法：是大转子上缘最高点至地面的垂直距离。

该指数是反映躯干与下肢比例的指标，因为划轨长80厘米，腿长的运动员可以根据腿长来调整划轨使划桨更有效，所以下肢相对较长的赛艇运动员对划桨有利。

5. 体脂百分比

体脂百分比测量方法：体脂成分分析仪直接测定。

体脂百分比是反映身体成分的重要指标,间接地体现出全身肌肉力量。

13.4.2 机能类

1. 心功指数

测试方法:受试者静坐时心率标记为 P_1,然后让受试者从立正姿势开始,按节拍器节奏,在30秒内完成30次匀速蹲起动作。要求下蹲到最大限度,站起时,两手平举,足不离地,最后一次蹲起结束后,立即测10秒脉搏,然后将测得的脉搏数乘以6得到运动后即刻的心率,标记为 P_2,在休息1分钟后再测10秒脉搏数,乘以6得到恢复期第一分钟后心率,标记为 P_3,测试3次结果套入心功能指数公式:

心功能指数 = $(P_1+P_2+P_3-200)/10$

心功指数是对心脏定量负荷的一种功能测试(见表13-4),通过安静时心率显示的心脏储备和定量负荷后恢复程度而反映心血管机能,该指数要求越小越好。

表13-4 心功能指数评价心脏功能表

心功能指数	≤0	0~5	6~10	11~15	≥16
心脏功能	最好	较好	一般	较差	最差

2. 肺活量/体重

肺活量测试方法:受试者站立位,作一两次扩胸运动或深呼吸后尽力深吸气,吸满后再向肺活量计的口嘴尽力呼气,直到不能再呼气为止。此时所呼出的气量即为肺活量,重复测量三次,去其最大值作为被测试者的肺活量值。

肺活量是衡量肺容量、反映呼吸肌力量和呼吸器官发育状况的指标。通过单位体重的肺活量能更客观地反映肺功能,该测试结果越大越好,赛艇运动员的肺活量值都较大。

3. 最大摄氧量

最大摄氧量测试方法有直接测定和间接测定两种。

(1) 直接测定法

①心肺功能仪测定

受试者测试前固定和戴好三通阀嘴罩,在跑台上慢跑,速度为4~5千米/小时,运动5分钟热身,使心率上升至120~130次/分;受试者热身同时,观察连接仪器运行是否正常,当心率达到140左右后稍休息片刻,但心率恢复到120左右,再以7千米/小时的速度开始进行测试;每运动3分钟后递增一级负荷,负荷等级有8千米/小时、9千米/小时、10千米/小时、11千米/小时、12千米/小时、13千米/小时,直到达到最大摄氧量标准后停止测试。

②国际赛艇联合会测试方案

仪器:划船测功仪(Concept Ⅱ、ErgoRow 或 RowPerfect),Polar 心率表或其他同功能设备,乳酸分析仪,摄氧量(和二氧化碳)测量设备。

准备活动:先让运动员进行一些积极的伸展活动;随后在测功仪上进行数分钟的活动。

测试:休息2分钟,消除乳酸并连接好测摄氧量设备;每级3分钟,30秒间歇(在每级结束后的间歇时间里取乳酸)

男子公开级(起始230 W,每3分钟增加30 W,直至力竭)

230 W—260 W—290 W—320 W—350 W

男子轻量级(起始200 W,每3分钟增加30 W,直至力竭)

200 W—230 W—260 W—290 W—320 W

女子公开级(起始170 W,每3分钟增加30 W,直至力竭)

170 W—200 W—230 W—260 W

女子轻量级(起始140 W,每3分钟增加30 W,直至力竭)

140 W—170 W—200 W—230 W

(2)间接测定法

12分钟跑估算法

大量的实践研究证明,12分钟跑与VO_2max相关度达到90%以上,因此,在无仪器设备情况下,可以采用12分钟全力跑估算法。测试方法:要求被测者全力连续跑12分钟,记录12分钟跑结束时距离。测试成绩对应的VO_2max,见表13-5。

表13-5 运动员最大摄氧量估算表

12分钟跑成绩(米)	VO_2max [mL/(kg·min)]	12分钟跑成绩(米)	VO_2max [mL/(kg·min)]
1000	14.0	2500	45.9
1100	16.1	2600	48.0
1200	18.3	2700	50.1
1300	20.4	2800	52.3
1400	22.5	2900	54.4
1500	24.6	3000	56.5
1600	26.8	3100	58.5
1700	28.9	3200	60.8
1800	31.0	3300	62.9
1900	33.1	3400	65.0
2000	35.3	3500	67.1
2100	37.4	3600	69.3
2200	39.5	3700	71.4
2300	41.6	3800	73.5
2400	43.8	3900	75.6

12分钟跑曾运用在中国国家男子足球队的耐力测试中,根据中国足协原来的标准,12分钟跑必须达到3200米,此标准所对应的VO_2max为60.8 mL/(kg·min),而中国特种部队的标准更加严格,必须跑到3500米,才能达优秀,此时的VO_2max为67.1 mL/(kg·min)。

最大摄氧量是反映人体有氧代谢能力的主要指标之一,是指人体在极限运动中,呼吸和循环系统功能达到最高水平,单位时间内所摄取和利用的最大氧量。研究表明,最大摄氧量主要受遗传因素的影响,是赛艇运动项目的重要机能指标。

13.4.3 生理指标

1. 血红蛋白(Hb)

血红蛋白指标相对稳定,又能较敏感地反映身体机能状态,所以运动训练中经常利用这一指标评定运动员营养状况、机能状态、训练水平、预测运动能力,并且,血色素可反映出运动员对运动负荷量与强度的承受能力,更多的是反映对负荷强度的承受力;另外,机体内血红蛋白含量直接影响携氧、运动氧能力,是决定运动员耐力水平的因素之一。

测试方法:空腹,血细胞计数仪测试肘静脉血。

2. 血清睾酮(T)

血清睾酮是雄性激素,在体内促进同化作用加强,可使蛋白质合成增强,肌肉重量增加,刺激红细胞生成,加速血红蛋白合成,促进体内抗体形成,增加免疫功能。睾酮是雄性激素中最具有代表性的同化激素,它能加速糖原、蛋白质合成,提高攻击性,增加勇气,加速身体恢复过程。

测试方法:取肘静脉血,提取血清,利用放射免疫法测试。

13.4.4 运动能力类

1. 无氧能力

无氧功测试主要反映机体 ATP、CP 和糖酵解供能,因此,可以用无氧功率来评定受试者的无氧能力。运动用赛艇测功仪 250 米最大功率测试,来评定赛艇运动员的无氧能力。这种无氧能力在比赛中往往反映运动员在启航和冲刺阶段的速度耐力。测试方法:无氧功测试采取测功仪 250 米全力划。最大功率测试前,进行 10 分钟的慢跑、拉伸等陆上预热活动后,然后在测功仪上进行 5~10 分钟的专项热身,休息 5 分钟左右开始测试,以最快速度拉 250 米,记录最大功率。

2. 有氧耐力

由于有氧能力在赛艇比赛中占 85% 以上,因此,发展及评价赛艇队员有氧能力一直是赛艇训练中的重要环节。选取合适的指标无疑起着重要作用,有报道评价赛艇运动员有氧能力指标主要为最大摄氧量。本文中选取多级负荷作为有氧能力评定的指标。主要原因有,最大摄氧量对于专业运动员,尤其是多年专业训练的运动员,其变化不敏感,增长的差值不会太大。另外,也有主张在水上进行测试 6000 米,但水上专项成绩由于受外界环境如风向、水流的影响,很难将赛艇水上成绩进行非常严密的比较,因为外界环境对船速的影响极大而会使前后数据的可比性下降。多级负荷测试方法:测功仪准备活动 10 分钟,以心率达到 120 次/分为准,每级负荷 8 分钟,间歇 1 分钟,并在此 1 分钟内采取耳血乳酸,第三级负荷结束后取第 1 分钟、3 分钟、5 分钟的血乳酸,最后一级负荷血乳酸以结束后血乳酸的最大值为准;依据 2000 米最大功率,第一级负荷为个人最大功率的 45%~50%,第二级负荷为个人最大功率的 55%~60%,第三级负荷为个人最大功率的

70%~75%,测试其间用Polar心率表监测心率。

13.4.5 心理类

1. 意志品质

测试方法:由选材测试人员根据运动员在训练、比赛中的表现情况综合观察以下四个方面的表现,按五个等级进行评定。(1)独立性:有独立的工作能力,少依赖,遇事有主见;(2)果敢性:在比赛和训练中,遇有偶发事件,迅速作出判断和决定;(3)坚持性:有不屈不挠、坚持不懈、克服困难的精神,有顽强的毅力;(4)自制性:善于控制自己,能控制自己的过度紧张、恐惧、暴怒、失望、懒惰等,有组织纪律性,服从大局和集体目标。评分分为五个等级:很不坚强,不坚强,一般,坚强,很坚强。

运动员的意志品质,对情绪的控制能力和判断、应变力在训练和比赛中能充分地表现出来,教练员应给予细致的观察。观察运动员训练和比赛中是否自觉、认真,不怕艰苦和挫折,胜不骄、败不馁,敢打敢拼,能充分发挥自己的水平和风格。观察运动员是否善于控制自己的情绪,是否能较快地消除情绪障碍,受主、客观因素的影响较小,能保持积极而稳定的情绪。判断、应变力的观察:对场上局势的判断是否快速而准确,能根据对手技战术的变化,迅速地采取相应的措施,及时准确调整自己的应答行动。

2. 选择反应时

测试方法:用华东师范大学研制的"反应时测试仪"。受试者面对信号灯坐下(距离约为30厘米),用优势手持反应开关,拇指轻触反应键钮,眼睛注视信号灯。测试时,规定受试者只对红灯信号做出反应动作,对绿灯信号不做反应动作。信号出现的顺序为红、红、绿、绿、红、绿、红、红、绿、绿。当看到红色信号灯亮时,立即以最快速度按下反应键钮,之后恢复准备状态。测试人员记录测试结果,清屏,准备下次测试。正式测试前,让受试者联系数次,直至掌握方法,正式测试10次,计算均值,以毫秒为单位,取整数记录。与此同时,记录反应错次。

测定人的视觉动作反应速度和准确性,可反映人体神经与肌肉系统的协调性和快速反应能力。

3. 声反应

测试方法:受试者背向主试站立摸墙或下蹲摸地,然后听到枪声转身快跑10~15米,计所用时间。有条件的可用起跑反应仪,只计手离地面或蹬离地的时间。

声反应可测定人对听觉刺激作出反应的速度,数值越小表示反应越快。

13.4.6 专项素质类

1. 耐力素质——3000米跑

测试方法:400米平坦跑道若干条,测试前做好思想动员,要求受试者全力以赴,测出真实水平。受试者至少2人一组,用站立式起跑。当听到口令后开始起跑,发令员在发出口令时摆动发令旗。计时员视旗动开表计时,受试者胸部到达终点线的垂直面停表。

记录以秒为单位,精确到小数点后一位。

3000米跑是反映耐力水平的指标,赛艇是一项速度耐力项目,要求运动员有较好的耐力。

2. 力量素质——杠铃俯卧拉

测试方法:长凳(凳高以俯卧时双手下垂可以握到地面上的杠铃杆为准),杠铃一副。调整好杠铃重量后,受试者俯卧在长凳上,胸部和下颌紧贴凳面,双手同时用力拉起杠铃,杠铃杆触凳板底面即可。测试时,可先以本人能拉起重量的80%开始,每组拉一次,逐渐增加重量,直至动作变形(下颌或胸部离开凳面)或拉不起为止。记录可拉起的最大重量,以千克为单位,精确到一位小数。

俯卧拉动作是测试手臂屈肌和胸、背、肩等部位的力量指标,是赛艇运动员常用的力量训练手段。

3. 力量素质——负重深蹲

受试者双脚并立与肩同宽,全脚掌着地,肩负已调节好重量的标准杠铃,双手正握杠铃杆,上体保持正直。然后深蹲至大小腿夹角小于90度,再起立至直立姿势,保持2秒后卸下杠铃即为成功。从低于个人最好成绩20~25千克开始,每次增加5千克。每一重量最多可试蹲2次,直至动作变形(先提臀,后起立)或不能起立为止。记录以千克为单位,取整数。

负重深蹲是测试运动员下肢蹬伸力量及腰背部力量的指标,也是赛艇运动员常用的力量训练手段。

4. 水上素质——4000米单人艇

测试方法:单人艇4000米全力计时划,标准航道。

测试4000米单人艇成绩更能反映其专项耐力水平,此测试用于中级选材。

5. 水上素质——2000米单人艇

测试方法:单人艇2000米全力计时划,标准航道。

2000米是赛艇项目的比赛距离,反映运动员专项竞技能力,该指标测试用于中级选材。

6. 模拟水上素质——测功仪测试

测试方法:以2000米和6000米的距离在测功仪上进行测试。

该指标反映运动员的专项体能水平和专项有氧能力。用于中级运动员选材。

7. 柔韧素质——下蹲伸臂距

测试方法:在高度不小于60厘米的小凳或小桌的一侧钉一钢尺,受试者蹲在木凳上,两脚分开,与肩同宽,脚尖不得超出木凳边缘,两臂在两腿之间尽量向下伸,记录手指尖下伸的最大距离,以厘米为单位,精确到一位小数。

主要测量髋、背弯曲的能力,是反映运动员柔韧性的指标。

8. 力量耐力——3分钟立卧撑

测试方法:受试者取立正姿势,同道开始口令后,双手在脚尖前扶地称蹲撑,双腿向后伸直呈俯撑,再收腿呈蹲撑,然后还原成立正姿势,即为完成一次动作。连续做3分钟,记录合格动作数。呈俯撑时,背、腿必须伸直,不得弓背和屈腿;开始和结束姿势必须立正,动作不合格,不予计数。

3分钟立卧撑可反映运动员的协调性、腰腹肌力量和耐力素质的指标,也是教练员常用的身体训练手段。

13.4.7 技术类指标

1. 平衡(纵向踩木)

测试方法:受试者赤脚,两臂平举,单脚站在长30厘米、宽3厘米、高3厘米的木条上,另一脚点地,蒙眼。听到开始口令后,点地脚离地,测试人员开始计时,当受试者身体任何部位触地时立即停表。以秒为单位记录成绩,精确到一位小数。左右脚各测两次,记录其最好一次的成绩。

少年运动员通过纵向踩木测试,不仅可以测出其平衡能力,也可看出其协调性。用于初级选材。

2. 水感

测试方法:通过教练员的观察、依据"人艇结合、匀、漂、刚、柔"等方面对运动员的水感按以下等级进行评定。

五等:学习掌握赛艇技术动作快;动作连贯;人与船、桨、水的结合显得协调紧密;船的运行匀速、漂浮;基本技术评定达到四等以上。

四等:学习掌握赛艇技术动作快;动作连贯;人与船、桨、水的结合协调;船的运行较匀速、漂浮;基本技术评定达到三等以上。

三等:学习掌握赛艇技术动作一般;动作较为连贯;人与船、桨、水的结合较协调;船的运行尚匀速;基本技术评定达到二等以上。

二等:学习掌握赛艇技术动作尚可;动作不连贯;人与船、桨、水的结合基本协调;船的运行速度不匀;基本技术评定达到二等。

一等:达不到二等要求者。

赛艇运动员的水感是指运动员在划船时对水的浮力、阻力、船在水中运行的速度及划桨效果等因素的综合性的专门化知觉。良好的水感是掌握赛艇基本技术的必要条件,优秀赛艇运动员都具有良好的水感。

3. 基本技术

测试方法:受试者单人艇低桨频长划,教练员观察按以下等级要求进行评定。

五等:身体动作有推桨入水接蹬拉动作连贯,能充分发挥以腿为主,全身协调拉桨用力;"后转换"结合较好;推按桨动作顺序好,回桨滑座速度相对均匀,身体姿势稳定自然。桨叶运行:桨叶入水轻、快、连贯;推桨桨叶平稳,划幅较大,深度适中;桨叶出水有适当高度且干净。节奏:推、拉桨比例合理,桨频稳定。平衡起伏:艇速均匀、平稳,艇首、尾上下起伏小,两舷力量对称,自然直线划行。

四等:身体动作有推桨入水与蹬拉结合较好,较充分发挥全身协调用力;"后转换"完成较好;按推桨顺序合理,滑座较均匀不撞"前止点",身体姿势较稳定自然。桨叶运行:桨叶入水前不停顿,推拉路线较平稳,无明显起伏;划幅桨深基本合理;按桨出水有一定高度,带水不多。节奏:推、拉桨比例基本合理,桨频变化不大。平稳起伏:艇速较均匀,平衡好,艇起伏不大,两舷力差不大,能划直。

三等:身体动作有推桨入水蹬拉基本合理,能发挥全身力量拉桨;"后转换"基本能正确完成;按推桨顺序不够明显,滑座运行不大均匀,"前止点"有时停顿,身体姿势不够自然,也不稳定。桨叶运行:入水前桨叶偶有停顿,推拉路线不够稳定,偶有两次用力,划幅偏小,按桨出水基本干净,高度偏低。节奏:推、拉桨节奏不够稳定,桨频时有高低。平衡起伏:可看出艇的断续前进;平衡尚好,左右舷力不够对称。

二等:身体动作有蹬拉结合不够稳定,拉桨时全身力量大部等用上,但时间断用力现象,滑座运行不均匀,身体偶有紧张的多余动作。桨叶运行:入水前桨叶有时停顿,有时顺序不对,深浅不一,有时边转边按。节奏:推、拉桨节奏不稳定,偶有打水、拖水现象。平衡起伏:艇速不匀;桨虽有打水、拖水但平衡尚可,两舷力不均,易偏航。

一等:达不到二等要求者。

掌握规范化的基本技术是运动员成材的重要条件。

4. 划船效果

测试方法:规定桨频,完成 2000 米测试,成绩好划船效果好。

13.5 选材评价说明

(1) 本标准的使用范围:初级选材标准适用于尚未进行赛艇训练的 13~14 岁青少年,中级选材指标使用于已经进行了赛艇训练的 15~17 岁青少年。

(2) 各项指标的评分一般按当年最近拍摄的骨龄片所确定的生物年龄来评分。

(3) 基本指标中的各类别指标按选材测试软件的标准进行评价。

(4) 参考指标中的指标:血红蛋白、选择反应时、声反应根据目前初步建立的评价标准给予评价。所有参考指标评分不列入总分。

(5) 运动员素质和技战术类指标根据运动员入队时的训练水平由教练员评定。

(6) 如果没有教练员评分,总分暂时只包括形态、机能和心理得分。形态、机能和心理分别按占类别满分的比例计算得分。综合得分由形态、机能和心理的原始分占三类别满分之和的比例计算。

(7) 各单项指标得分之和,即为综合评价的总分。总分在 80 分及以上为优秀,总分在 70~79.9 分为良好,总分在 60~69.9 分为中等,总分在 60 分以下为不及格。

(8) 心功指数或平衡能力被评为二等以下不应入选。

(9) 指标类别权重和各指标权重分配表。

赛艇科学选材权重和指标权重分配,见表 13-6~表 13-8。

表13-6 赛艇初级选材类别权重和指标权重分配表(13~14岁 男/女组)

类别	指标		权重(%)	
			指标	类别
形态	身高	一类	28.8	45
	指距-身高	二类	22.2	
	肩宽		15.6	
	下肢长B/身高		20	
	克托莱指数		13.4	
机能	心功指数	一类	100	15
素质	3000米跑	一类	42.9	35
	3分钟立卧撑		31.4	
	下蹲伸臂距	二类	25.7	
技术	纵向踩木	一类	100	5

表13-7 赛艇初级选材类别权重和指标权重分配表(15~17岁 男/女公开级)

类别	指标		权重(%)	
			指标	类别
形态	身高	一类	40	20
	指距-身高	二类	20	
	肩宽		20	
	克托莱指数		20	
机能	心功指数	一类	40	20
	最大吸氧量	二类	40	
	肺活量		20	
素质	4000米单人艇	一类	23.3	30
	负重深蹲		16.7	
	杠铃俯卧拉	二类	16.7	
	2000米单人艇		16.7	
	500米单人艇	三类	13.3	
	下蹲伸臂距		13.3	
技术	基本技术	一类	40	20
	水感	二类	35	
	划船效果		25	
战术	控制速度感	一类	100	5
心理	意志品质	一类	100	5

表 13-8 赛艇初级选材类别权重和指标权重分配表(15~17 岁 男/女轻量级)

类别	指标		权重(%)	
			指标	类别
形态	身高	一类	40	20
	指距-身高	二类	20	
	肩宽		20	
	克托莱指数		20	
机能	心功指数	一类	40	20
	最大吸氧量	二类	40	
	肺活量		20	
素质	4000 米单人艇	一类	23.3	30
	负重深蹲		16.7	
	杠铃俯卧拉	二类	16.7	
	2000 米单人艇		16.7	
	500 米单人艇	三类	13.3	
	下蹲伸臂距		13.3	
技术	基本技术	一类	40	20
	水感	二类	35	
	划船效果		25	
战术	控制速度感	一类	100	5
心理	意志品质	一类	100	5

13.6 赛艇运动员的中级选材指标

赛艇运动员中级选材标准是指经过一段集训以后,即将进入试训阶段,或者由试训转为正式运动员的选材标准,是指导各省市二线、三线训练的教学大纲的重要组成部分。中级选材的年龄一般在 17~19 岁,其身体形态、机能趋于稳定,个体能力、专项技术与运动心理处于迅速成长时期。

中级选材指标基本是在上述指标中选出的,另外,加上比赛成绩、竞技能力等因素,见表 13-19。

表 13-9 我国赛艇运动员中级选材常用指标

项目	常用指标
身体形态	身高、体重、指尖距、肩宽、下肢长
机能水平	肺活量、最大摄氧量
基本素质	3km 跑步、负重下蹲、卧拉
专项能力	2km 测功仪、2km 水上单人艇

除表 13-9 中常用指标以外,还有一些参考指标,如评价上下肢比例的指标坐高、评

价健康水平的乙肝和心电图、评价肥胖程度的体制百分比等,见表13-10和表13-11。

表13-10 赛艇运动员中级选材部分指标的标准

项目	身高(cm)	指尖距(cm)	肺活量(ml)	3km 跑	负重下蹲与体重比	卧拉与体重比	2km测功仪	2km水上划
男子公开级	190	192	4800	11′20″	140%	110%	6′28″	7′15″
男子轻量级	186	188	4500	11′20″	140%	110%	6′43″	7′40″
女子公开级	178	180	4000	11′50″	150%	110%	7′10″	8′20″
女子轻量级	175	178	3800	11′20″	140%	110%	7′25″	8′30″

表13-11 赛艇运动员中级选材比赛成绩标准

等级	比赛成绩标准
较高	全国青年锦标赛多人艇第一或单人艇前三 全国锦标赛多人艇前三或单人艇前六
一般	全国青年锦标赛多人艇前三或单人艇前六 全国锦标赛多人艇前六或单人艇前八
较低	全国青年锦标赛多人艇前六或单人艇前八 全国锦标赛多人艇前八或单人艇前十

随着在2008年北京奥运会上取得金牌,我国赛艇项目竞争加剧,整体水平不断上升,在世界赛艇的地位越来越高,各省市对赛艇项目的制胜规律认识也不断提高,从而意味着国内对赛艇项目的选材水平越来越高,而大部分趋于相同,具体表现在如下两个方面:一是对中级选材的指标选择趋同,从大的方面讲涉及身体形态、机能水平、基本素质、专项能力,从小的方面讲主要有身高、指尖距、肺活量、最大摄氧量、3千米跑步、2千米测功仪和2千米水上单人艇等。二是对中级选材的部分标准基本一致,如身体形态中,各项目身高,男子公开级要求190厘米以上、女子公开级要求178厘米以上;如机能水平中的肺活量,男子公开级要求4800毫升以上、女子公开级要求4000毫升以上。

小结:赛艇运动员中级选材指标主要集中在身体形态、机能水平、基本素质、专项能力等四个方面,常用的指标有:身高、体重、指尖距、肩宽、下蹲伸臂距、肺活量、最大摄氧量、3千米跑步、负重下蹲、卧拉、2千米测功仪、2千米水上单人艇。建议:选材时应该确立以全国比赛成绩为主、身体及素质能力测试为辅,体现公平、公正、公开为主导的选材理念。

14 皮划艇运动项目科学选材

我国皮划艇优秀运动员的共同形态特征是：身材高大、体型粗壮、肩膀宽、手臂长、上肢发达、骨骼粗、胸腔大。皮艇项目对运动员的身体成分具有较高的要求，表现为体脂含量低；而划艇项目则对运动员的整体粗壮程度要求较高，表现为运动员具有较粗的大腿围。皮艇运动员的机能特征是心肺功能强、雄性激素水平高。素质特征是躯干力量强、专项耐力和无氧能力好，也应具备良好的控制重心平稳的能力。皮划艇运动员的心理特征是具备追求成功的强烈动机、良好的自信心和注意能力，具有顽强的意志，吃苦耐劳。

14.1 选材的指标

皮划艇选材指标见表14-1。

表14-1 皮划艇选材指标

指标类别	选材的基本指标	选材的参考指标
形态类	身高、体重、指距-身高、跪立摸高、肩宽、胸围	体脂百分比、大腿围（划艇）、上臂围松紧差、坐臂长（皮艇）
机能类	心功指数、肺活量/体重	血红蛋白、最大摄氧量、血睾酮（骨龄13岁以上测试）
心理类	意志品质（量表测试）	意志品质（教练员观察）、选择反应时、声反应
素质类	100米跑、3000米跑（男）、800米跑（女）、300米单人划、2000米单人划、俯卧撑、引体向上	
专项类	协调性、节奏感、基本技术、平衡能力（纵向踩木）、划桨效果指数（500米单人艇桨数×时间（秒）/1000）战术：战术能力	

14.2 选材指标的测试方法及意义

14.2.1 形态类

1. 身高

测量方法：受试者赤脚，以立正姿势站于身高坐高计底板上，足跟、骶骨部和两肩胛与立柱相接触，身体自然挺直，头部正直，两眼平视。测量者站在被测者的侧面，将受试者头部进行调整，支柱压板水平下移，轻放于头顶最高处，松紧要适度，观察并读取数据。误差不得超过0.5厘米。

研究表明，身高是皮划艇运动员最主要的长度指标。

2. 体重、肢体围度

体重测试方法：让受试者站在体重秤平台中部不动，面对指针，待指针稳定后读数。

大腿围测试方法：受试者自然站立，两脚分开同肩宽，测试人员将带尺上缘沿左臀皱纹水平环绕量其围度，误差不得超过0.5厘米。

紧、松上臂围测试方法：受试者自然站立，两脚分开同髋同宽，右臂斜平举（约45度），掌心向上握拳并用力屈肘，测试人员面对测试者，将带尺绕肱二头肌最粗处量紧上臂围。带尺位置不动，受试者上臂不动，将前臂缓慢伸直并松拳，测松上臂围。误差不得超过0.5厘米。

前臂围测试方法：受试者自然站立，两脚分开同髋同宽，测量肘下前臂部最粗部位的水平围度。误差不得超过0.5厘米。

皮划艇运动员最重要的专项身体形态是粗壮程度，体重、大腿围、松上臂围、近上臂围、前臂围是代表性指标。其中上臂紧张围与放松围之差还可以反映肌肉弹性的好坏和肌肉收缩力量的大小。

3. 指距-身高

指距测量方法：将测量尺（超过2米的钢尺或皮尺）固定在平台上，受试者两脚分开，两臂左右侧平举，上体伏在测量尺上，一手中指固定于测量尺零位，上肢尽量向另一侧伸直，两手臂呈一直线。测试人员面向受试者，测量两中指之间的距离。测量误差不得超过0.5厘米。

指距包含着人体手臂和肩的长宽度，可以较为全面反映运动员上肢的形态条件。上肢长有利于提高划桨效果，此项指标越大，对划船技术的发挥越有利。

4. 跪立摸高

测试方法：受试者双膝跪地，上肢向上尽可能触摸的最高距离。

跪立摸高是一项工作姿势，为近似于皮划艇工作状态姿势的测试。

5. 肩宽

肩宽测试方法：受试者两脚分开与髋同宽，自然站立，两肩放松，测试人员站其身后，先用食指沿肩胛骨向外摸到肩峰外侧缘中点,再用测径尺量两肩峰间距离。测量误差不得超过 0.5 厘米。

肩宽是反映躯干上端的横径指标,能明显体现体型,与上肢肩带的力量有很大关系,肩宽越大,肩带力量相对也较大。

6. 胸围

胸围测试方法:受试者自然站立,两脚分开与髋同宽,双肩放松,上肢自然下垂。测试人员面对受测者,将带尺上缘经背部肩胛骨下角下缘至胸前,男性和未发育女性带尺下缘至于乳头上缘,已发育女性置乳头上方第四胸肋骨关节处,测平静状态下的胸围。误差不得超过 1 厘米。

胸围可以间接反映胸廓大小和胸部肌肉发育的状况,也能反映身体的宽度和厚度。胸围大,胸腔容积大,肺活量大,有氧运动能力强。

7. 体脂百分比

体脂百分比测量方法:体脂成分分析仪直接测定。

体脂百分比能更好地反映身体成分,间接地体现出全身肌肉力量,运动员在同等体重情况下身体脂肪越少,肌肉量越多,力量相应较大。

14.2.2 机能类

1. 心功指数

受试者静坐时心率标记为 P_1,然后让受试者从立正姿势开始,按节拍器节奏,在 30 秒内完成 30 次匀速蹲起动作。要求下蹲到最大限度,站起时,两手平举,足不离地,最后一次蹲起结束后,立即测 10 秒脉搏,然后将测得的脉搏数乘以 6 得到运动后即刻的心率,标记为 P_2,在休息 1 分钟后再测 10 秒脉搏数,乘以 6 得到恢复期第一分钟后心率,标记为 P_3,测试 3 次结果套入心功能指数公式:

心功能指数 = $(P_1+P_2+P_3-200)/10$

心功指数是对心脏定量负荷的一种功能测试(见表 14-2),通过安静时心率显示的心脏储备和定量负荷后恢复程度而反映心血管机能,该指数要求越小越好。皮划艇项目要求运动员有较高的心脏功能水平。

表 14-2 心功能指数评价心脏功能表

心功能指数	≤0	0~5	6~10	11~15	≥16
心脏功能	最好	较好	一般	较差	最差

2. 肺活量/体重

肺活量测试方法:受试者站立位,作一两次扩胸运动或深呼吸后尽力深吸气,吸满后再向肺活量计的口嘴尽力呼气,直到不能再呼气为止。此时所呼出的气量即为肺活量,重复测量三次,去其最大值作为被测试者的肺活量值。

肺活量是衡量肺容量、反映呼吸肌力量和呼吸器官发育状况的指标。通过单位体重的肺活量能更客观地反映肺功能,该测试结果越大越好。皮划艇项目对运动员肺功能要求较高,该项目运动员该指标都较大。肺活量/体重是每千克体重的肺活量值,能更合理地反映肺功能的强弱。

3. 最大摄氧量

最大摄氧量测试方法有直接测定和间接测定两种。直接测定法:心肺功能仪测定。受试者测试前固定和戴好三通阀嘴罩,在跑台上慢跑,速度为4~5千米/小时运动5分钟热身,使心率上升至120~130次/分;受试者热身同时,观察连接仪器运行是否正常,当心率达到140左右后稍休息片刻,但心率恢复到120左右,再以7千米/小时的速度开始进行测试;每运动3分钟后递增一级负荷,负荷等级有8千米/小时、9千米/小时、10千米/小时、11千米/小时、12千米/小时、13千米/小时,直到达到最大摄氧量标准后停止测试。间接测定法:12分钟跑推算法。

最大摄氧量是反映人体有氧能力的主要指标之一,是指人体在极限运动中,呼吸和循环系统功能达到最高水平,单位时间内所摄取和利用的最大氧量。研究表明,最大摄氧量主要受遗传因素的影响,是皮划艇运动员机能选材必不可少的指标。

4. 血睾酮

测试方法:放射免疫法。

血睾酮是人体内雄性激素的主要代表,它的水平越高,则体内蛋白质合成越快,肌肉质量好,肌肉力量大,承受运动负荷的能力强,疲劳恢复时间短,成绩提高快。运动员血清睾酮基础值大小与力量素质有明显的相关关系,血清睾酮水平越高,越有利于力量性运动项目。

5. 血红蛋白

测试方法:血细胞计数器。

血红蛋白反映运动员的营养与机能状况,机体内血红蛋白含量直接影响有氧能力,是决定运动员耐力水平的因素之一。

14.2.3 心理类

1. 意志品质

测试方法:由选材测试人员根据运动员在训练、比赛中的表现情况综合观察以下四个方面的表现,按五个等级进行评定。(1)独立性:有独立的工作能力,少依赖,遇事有主见;(2)果敢性:在比赛和训练中,遇有偶发事件,迅速做出判断和决定;(3)坚持性:有不屈不挠、坚持不懈、克服困难的精神,有顽强的毅力;(4)自制性:善于控制自己,能控制自己的过度紧张、恐惧、暴怒、失望、懒惰等,有组织纪律性,服从大局和集体目标。评分分为五个等级:很不坚强,不坚强,一般,坚强,很坚强。

皮划艇运动员的心理特点是有顽强的意志,能吃苦耐劳。运动员的意志品质,对情绪的控制能力和判断、应变力在训练和比赛中更能充分地表现出来,教练员应给予细致的观察。观察运动员训练和比赛是否自觉、认真,不怕艰苦和挫折,胜不骄败不馁,敢打敢拼,能充分发挥自己的水平和风格。观察运动员是否善于控制自己的情绪,是否能较快地消除情绪障碍,受主、客观因素的影响越小,能保持积极而稳定的情绪。判断、应变力的观察:对场上局势的判断是否快速而准确,能根据对手技战术的变化,迅速地采取相应的措施,及时准确调整自己的应答行动。

2. 选择反应时

测试方法:用华东师范大学研制的"反应时测试仪"。受试者面对信号灯坐下(距离约为30厘米),用优势手持反应开关,拇指轻触反应键钮,眼睛注视信号灯。测试时,规定受试者只对红灯信号做出反应动作,对绿灯信号不做反应动作。信号出现的顺序为红、红、绿、绿、红、绿、红、红、绿、绿。当看到红色信号灯亮时,立即以最快速度揿下反应键钮,之后恢复准备状态。测试人员记录测试结果,清屏,准备下次测试。正式测试前,让受试者联系数次,直至掌握方法,正式测试10次,计算均值,以毫秒为单位,取整数记录。与此同时,记录反应错次。

测定人的视觉动作反应速度和准确性,可反映人体神经与肌肉系统的协调性和快速反应能力。

3. 声反应

测试方法:受试者背向主试站立摸墙或下蹲摸地,然后听到枪声转身快跑10~15米,计所用时间。有条件的可用起跑反应仪,只计手离地面或蹬离地的时间。

声反应可测定人对听觉刺激做出反应的速度,数值越小表示反应越快。

14.2.4 素质类

1. 100米跑

100米跑测试方法:长于100米的平坦跑道若干条,测试前做好思想动员,要求受试者全力以赴,测出真实水平。受试者至少2人一组,用站立式起跑。当听到口令后开始起跑,发令员在发出口令时摆动发令旗。计时员视旗动开表计时,受试者胸部到达终点线的垂直面停表。记录以秒为单位,精确到小数点后一位。

皮划艇项目要求运动员有较好的速度,这一指标用于反映运动员的速度素质。

2. 3000米跑

3000米跑测试方法:400米平坦跑道若干条,测试方法同上。

皮划艇项目要求运动员有较好的耐力,3000米跑这一指标用于反映运动员的一般耐力素质。

3. 300米单人划

测试方法:标准航道选择300米,单人艇全力计时划。

300米单人划是反映运动员专项速度能力的指标,用于中级选材。

4. 2000米单人划

测试方法:标准航道2000米,单人艇全力计时划。

2000米单人划是反映运动员专项耐力的指标,用于中级选材。

5. 俯卧撑

测试方法：受试者用双手和双脚尖撑地，双手与肩同宽，两臂伸直，身体保持平直呈俯卧姿势。然后双臂弯曲，身体下落，直至胸部接近地面，再将双臂伸直，还原成原始俯卧姿势，至此完成一次，记录正确完成的次数。

俯卧撑是反映肩臂肌肉力量的指标。

6. 引体向上

测试方法：立于杠下的受试者跳上杠双手正握，两臂伸直成悬垂姿势。待身体平稳后，两臂同时用力向上引体至下颌超过横杠上缘，然后伸臂还原成悬垂姿势，即为成功一次，记录完成的次数。

引体向上是反映肩臂肌肉力量及克服自身体重能力的指标。

14.2.5 协调/技术类指标

1. 调性

测试方法：可按以下三条标准进行评定。（1）躯干的转动自如；（2）肩部的柔韧性好；（3）保持所有关节自由放松，动作舒展幅度大。

协调性较好的运动员其基本技术的可塑性较好。可通过运动员的躯干转动，肩部的柔韧性和关节自由放松及动作舒展幅度的大小来评定。

2. 节奏感

测试方法：可按以下三条标准进行评定。（1）有节奏转换能力；（2）有正确的划桨节奏；（3）比赛时有节奏分配能力。

节奏感是运动员综合能力的反映，节奏感较好的运动员其基本技术的可塑性较好。可通过节奏转换能力、划桨节奏及比赛时节奏分配能力来评定。

3. 基本技术

测试方法：受试者单人艇低桨频长划，教练员观察进行评定。

运动员是否掌握规范的基本技术动作是成材的基本条件。在平时训练中教练员应仔细观察基本技术的掌握程度进行评定。可通过坐姿（跪姿）与握桨方法、划桨动作的幅度、转体充分蹬腿实效性、桨叶在水中的支撑作用，是否能做到桨入水深度适当，出水干净，艇速均匀，上下起伏小，左右摇摆小，平衡能力好，起航急转急停快慢自如情况评定。

4. 平衡能力（纵向踩木）

测试方法：受试者赤脚，两臂平举，单脚站在长30厘米、宽3厘米、高3厘米的木条上，另一脚点地，蒙眼。听到开始口令后，点地脚离地，测试人员开始计时，当受试者身体任何一部位触地时立即停表。以秒为单位记录成绩，精确到一位小数。左右脚各测两次，记录其最好一次的成绩。

对于尚未进行过正式训练的少年运动员，通过纵向踩木测试，不仅可以测出其平衡能力，还可间接看出其协调性，因而列为初选指标。

5. 划桨效果指数

测试方法:500米标准航道,单人艇全力划,计时和划桨数。

划桨效果指数(500米单人艇划桨数×运动时间/1000)是衡量基本技术的重要指标,是为了克服以前对"船感"或"水感"经验化评定的一种方法。通常认为,划桨数少而运动时间短,则划桨效率高。

6. 战术类

测试方法:可按以下五条标准进行评定。(1)能控制比赛节奏;(2)会放松和放松效果好;(3)桨频的控制能力强;(4)能执行教练员的既定的比赛战略;(5)能明白和相信在自己的身体和心理条件下选定的计划,谨慎地听取各种外界意见,糅合进既定的战略中去。

战术能力:具备良好的战术能力,是运动员夺标取胜的重要保障。在比赛中,能合理地控制速度和节奏、分配体力是优秀运动员的重要战术能力。

14.3 选材评价使用说明

(1)本标准的适用范围:初级选材标准适用于尚未进行皮划艇训练的13~14岁青少年,中级选材指标适用于已经进行了皮划艇训练的15~17岁青少年。

(2)各项指标的评分:按当年最近拍摄的骨龄片所确定的骨龄来评定。

(3)基本指标体系中的各类别指标按选材测试的标准进行评价。

(4)参考指标中的指标:血红蛋白、选择反应时、声反应根据目前初步建立的评价标准给予评价。体脂百分比、最大摄氧量、血清睾酮暂不给予评价。所有参考指标体系中的指标评分均不列入总分。

(5)运动员素质和技战术类指标根据运动员入队时的训练水平由教练员评定。

(6)如果没有教练员评分,总分暂时只包括形态、机能和心理得分。形态、机能和心理分别按占类别满分的比例计算得分。综合得分由形态、机能和心理的原始分占三类别满分之和的比例计算。

(7)各单项指标得分之和,即为综合评价的总分。总分在80分及以上为优秀,总分在70~79.9分为良好,总分在60~69.9分为中等,总分在60分以下为不及格。

(8)心功指数或平衡能力被评为二等以下不应入选。

14.4 指标类别权重和各指标权重分配表

皮划艇运动员科学选材指标类别权重和各指标权重分配，见表14-3~表14-6所示。

表14-3 皮划艇运动员初级选材指标类别权重和各指标权重分配表(13~14岁男/女)

类别	指标		男		女	
			指标权重	类别权重	指标权重	类别权重
形态	身高	一类	37.5	32	37.5	32
	指距-身高	二类	37.5		37.5	
	肩宽		25		25	
机能	心功指数	一类	50	24	50	24
	肺活量		50		50	
素质	纵跳	一类	25	32	25	32
	引体向上		25		25	
	100米跑		25		25	
	3000米跑(男)		25		25	
	800米跑(女)					
协调	协调性	二类	42.9	7	42.9	7
	纵向跳木	一类	57.1		57.1	
心理	意志品质	一类	100	5	100	5

表14-4 皮划艇运动员中级选材指标类别权重和各指标权重分配表(15~17岁男/女)

类别	指标		男		女	
			指标权重	类别权重	指标权重	类别权重
形态	身高	一类	20	20	20	20
	指距-身高		20		20	
	肩宽		20		20	
	体重		20		20	
	胸围		20		20	
机能	心功指数	一类	50	20	50	20
	肺活量		50		50	

续表

类别	指标		男		女	
			指标权重	类别权重	指标权重	类别权重
素质	俯卧撑	二类	18.7	32	18.7	32
	引体向上		18.7		18.7	
	300米单人艇	一类	31.3		31.3	
	2000米单人艇		31.3		31.3	
协调	协调性	一类	50	4	50	4
	节奏感		50		50	
技术	基本技术	一类	54.5	11	54.5	11
	划桨效果指数	二类	45.5		45.5	
战术	战术能力	一类	100	3	100	3
心理	意志品质	一类	100	7	100	7
知识	专业知识	一类	100	3	100	3

表14-5 皮划艇运动员初级选材指标类别权重和各指标权重分配表（13~14岁男）

类别	指标		男	
			指标权重	类别权重
形态	身高	一类	37.5	32
	指距-身高		37.5	
	肩宽	二类	25	
机能	心功指数	一类	50	24
	肺活量		50	
素质	纵跳	一类	25	32
	引体向上		25	
	100米跑		25	
	3000米跑（男）		25	
	800米跑（女）			
协调	协调性	一类	50	7
	纵向跳木		50	
心理	意志品质	一类	100	5

表 14-6 皮划艇运动员中级选材指标类别权重和各指标权重分配表(15~17 岁男)

类别	指标		男	
			指标权重	类别权重
形态	身高	一类	20	20
	跪立摸高		20	
	肩宽		20	
	体重		20	
	胸围		20	
机能	心功指数	一类	50	20
	肺活量/体重		50	
素质	俯卧撑	二类	18.7	32
	引体向上		18.7	
	300 米单人艇	一类	31.3	
	2000 米单人艇		31.3	
协调	协调性	一类	50	4
	节奏感		50	
技术	基本技术	一类	54.5	11
	划桨效果指数	二类	45.5	
战术	战术能力	一类	100	3
心理	意志品质	一类	100	7
知识	专业知识	一类	100	3

14.5 皮划艇项目选材标准

皮划艇运动员科学选材指标标准,见表14-7~表14-12。

表14-7 皮划艇选材标准(13~14岁,男子组)

类别	指标	骨龄	等级 一 标准	得分	二 标准	得分	三 标准	得分	四 标准	得分	五 标准	得分
形态	身高(cm)	13	<160	1.2	≥160	3.6	≥162	6	≥165	8.4	≥167	12
		14	<167	1.2	≥167	3.6	≥169	6	≥172	8.4	≥174	12
	指距-身高(cm)	13	<1.0	1.2	≥1.0	3.6	≥1.7	6	≥2.3	8.4	≥3.0	12
		14	<1.3	1.2	≥1.3	3.6	≥2.2	6	≥3.0	8.4	≥3.8	12
	肩宽(cm)	13	<34	0.8	≥34	2.4	≥34.5	4	≥35	5.6	≥36	8
		14	<35	0.8	≥35	2.4	≥36	4	≥37	5.6	≥38	8
机能	心功能指数	13	>10	1.2	≤10	3.6	≤8.5	6	≤7.0	8.4	≤5.0	12
		14	>9.0	1.2	≤9.0	3.6	≤7.5	6	≤6.5	8.4	≤5.0	12
	肺活量(ml)	13	<3000	1.2	≥3000	3.6	≥3210	6	≥3410	8.4	≥3650	12
		14	<3520	1.2	≥3520	3.6	≥3730	6	≥3940	8.4	≥4160	12
素质	俯卧撑(次)	13	<10	0.8	≥10	2.4	≥18	4	≥25	5.6	≥35	8
		14	<21	0.8	≥21	2.4	≥29	4	≥37	5.6	≥46	8
	引体向上(次)	13	<1	0.8	≥1	2.4	≥3	4	≥5	5.6	≥8	8
		14	<8	0.8	≥8	2.4	≥11	4	≥14	5.6	≥18	8
	100m跑(s)	13	>15.8	0.8	≤15.8	2.4	≤15.0	4	≤14.5	5.6	≤14.0	8
		14	>15.3	0.8	≤15.3	2.4	≤14.5	4	≤14.0	5.6	≤13.5	8
	2000m跑(min:s)	13	>8:40	0.8	≤8:40	2.4	≤8:10	4	≤7:50	5.6	≤7:30	8
		14	>8:20	0.8	≤8:20	2.4	≤8:00	4	≤7:35	5.6	≤7:20	8

表14-8 皮划艇选材标准(13~14岁,女子组)

类别	指标	骨龄	等级 一 标准	得分	二 标准	得分	三 标准	得分	四 标准	得分	五 标准	得分
形态	身高(cm)	13	<161	1.2	≥161	3.6	≥162.5	6	≥164	8.4	≥166	12
		14	<164	1.2	≥164	3.6	≥166	6	≥168.5	8.4	≥170	12
	指距-身高(cm)	13	<0.5	1.2	≥0.5	3.6	≥1.4	6	≥2.2	8.4	≥3.4	12
		14	<0.8	1.2	≥0.8	3.6	≥1.5	6	≥2.5	8.4	≥3.6	12
	肩宽(cm)	13	<34	0.8	≥34	2.4	≥35	4	≥35.5	5.6	≥36	8
		14	<35	0.8	≥35	2.4	≥35.5	4	≥36.5	5.6	≥37.5	8
机能	心功能指数	13	>10	1.2	≤10	3.6	≤8.5	6	≤7.5	8.4	≤5.0	12
		14	>10	1.2	≤10	3.6	≤8.8	6	≤7.5	8.4	≤6.0	12
	肺活量(ml)	13	<2600	1.2	≥2600	3.6	≥2900	6	≥3200	8.4	≥3500	12
		14	<2800	1.2	≥2800	3.6	≥3130	6	≥3470	8.4	≥3800	12

续表

类别	指标	骨龄	等级									
			一		二		三		四		五	
			标准	得分	标准	得分	标准	得分	标准	得分	标准	得分
素质	俯卧撑（次）	13	<3	0.8	≥3	2.4	≥5	4	≥8	5.6	≥10	8
		14	<8	0.8	≥8	2.4	≥12	4	≥16	5.6	≥20	8
	引体向上（次）	13	<1	0.8	≥1	2.4	≥2	4	≥4	5.6	≥5	8
		14	<2	0.8	≥2	2.4	≥4	4	≥7	5.6	≥10	8
	100m 跑(s)	13	>17.9	0.8	≤17.9	2.4	≤17.1	4	≤16.4	5.6	≤15.9	8
		14	>17.4	0.8	≤17.4	2.4	≤16.7	4	≤16.0	5.6	≤15.4	8
	800m (min:s)	13	>4:10	0.8	≤4:10	2.4	≤3:55	4	≤3:40	5.6	≤3:25	8
		14	>4:00	0.8	≤4:00	2.4	≤3:45	4	≤3:00	5.6	≤3:20	8
协调	协调性	13~14	-	0.3	-	0.9	-	1.5	-	2.1	-	3
	纵向踩木(m)	13~14	<5.0	0.4	≥5.0	1.2	≥6.5	2	≥8.0	2.8	≥10.0	4
心理	意志品质	13~14	-	0.5	-	1.5	-	2.5	-	3.5	-	5

表 14-9　皮划艇选材标准(15~16 岁,男子组)

类别	指标	骨龄	等级									
			一		二		三		四		五	
			标准	得分	标准	得分	标准	得分	标准	得分	标准	得分
形态	身高(cm)	15	<173	0.4	≥173	1.2	≥175	2	≥178	2.8	≥180	4
		16	<176	0.4	≥176	1.2	≥179	2	≥182	2.8	≥184	4
	指距-身高(cm)	15	<1.7	0.4	≥1.7	1.2	≥2.6	2	≥3.5	2.8	≥4.4	4
		16	<1.9	0.4	≥1.9	1.2	≥2.9	2	≥4.0	2.8	≥5.0	4
	肩宽(cm)	15	<37	0.4	≥37	1.2	≥37.5	2	≥38	2.8	≥39	4
		16	<38	0.4	≥38	1.2	≥39	2	≥40	2.8	≥41	4
	体重(kg)	15	<64	0.4	≥64	1.2	≥66.5	2	≥68.5	2.8	≥70	4
		16	<68	0.4	≥68	1.2	≥71.3	2	≥73	2.8	≥75	4
	胸围(cm)	15	<89	0.4	≥89	1.2	≥90.5	2	≥92	2.8	≥93	4
		16	<92	0.4	≥92	1.2	≥93.3	2	≥95	2.8	≥96	4
机能	心功能指数	15	>8.5	1	≤8.5	3	≤7.0	5	≤6.0	7	≤4.5	10
		16	>8.0	1	≤8.0	3	≤6.5	5	≤5.5	7	≤4.0	10
	肺活量/体重	15	<60.5	1	≥60.5	3	≥63.5	5	≥66.0	7	≥68.0	10
		16	<61.5	1	≥61.5	3	≥64.0	5	≥66.5	7	≥69.0	10
素质	俯卧撑（次）	15	<37	0.6	≥37	1.8	≥45	3	≥53	4.2	≥62	6
		16	＜47	0.6	≥47	1.8	≥56	3	≥64	4.2	≥74	6
	引体向上（次）	15	<17	0.6	≥17	1.8	≥20	3	≥23	4.2	≥27	6
		16	<25	0.6	≥25	1.8	≥28	3	≥31	4.2	≥35	6
	2000m 单人艇(min:s)	15	>10:30	1	≤10:30	3	≤10:10	5	≤10:00	7	≤9:50	10
		16	>9:50	1	≤9:50	3	≤9:30	5	≤9:20	7	≤9:10	10
协调	协调性	15~16	-	1.2	-	0.6	-	1	-	1.4	-	2
	节奏感	15~16	-	0.2	-	0.6	-	1	-	1.4	-	2
	基本技术	15~16	-	0.2	-	0.6	-	3	-	4.2	-	6
心理	意志品质	15~16	-	0.7	-	1.4	-	3.5	-	4.9	-	7

表 14-10　皮划艇选材标准（15~16 岁，女子组）

类别	指标	骨龄	等级									
			一		二		三		四		五	
			标准	得分	标准	得分	标准	得分	标准	得分	标准	得分
形态	身高(cm)	15	<166	0.4	≥166	1.2	≥168	2	≥171	2.8	≥172	4
		16	<167	0.4	≥167	1.2	≥169	2	≥171.5	2.8	≥173	4
	指距-身高(cm)	15	<1.0	0.4	≥1.0	1.2	≥2.0	2	≥3.0	2.8	≥4.0	4
		16	<1.3	0.4	≥1.3	1.2	≥2.5	2	≥3.5	2.8	≥4.5	4
	肩宽(cm)	15	<35.5	0.4	≥35.5	1.2	≥36.5	2	≥37.5	2.8	≥38.5	4
		16	<36	0.4	≥36	1.2	≥37	2	≥38	2.8	≥39	4
	体重(kg)	15	<58	0.4	≥58	1.2	≥60	2	≥62.5	2.8	≥64	4
		16	<60	0.4	≥60	1.2	≥62	2	≥64	2.8	≥66	4
	胸围(cm)	15	<84	0.4	≥84	1.2	≥86	2	≥88	2.8	≥90	4
		16	<86	0.4	≥86	1.2	≥88	2	≥90	2.8	≥92	4
机能	心功能指数	15	>9.5	1	≤9.5	3	≤8.0	5	≤7.0	7	≤5.5	10
		16	>9.0	1	≤9.0	3	≤7.5	5	≤6.5	7	≤5.0	10
	肺活量/体重	15	<56	1	≥56	3	≥58	5	≥61.5	7	≥65	10
		16	<55	1	≥55	3	≥57.5	5	≥61.5	7	≥64	10
素质	俯卧撑(次)	15	<15	0.6	≥15	1.8	≥20	3	≥25	4.2	≥30	6
		16	<25	0.6	≥25	1.8	≥32	3	≥38	4.2	≥45	6
	引体向上(次)	15	<6	0.6	≥6	1.8	≥9	3	≥12	4.2	≥15	6
		16	<11	0.6	≥11	1.8	≥15	3	≥20	4.2	≥25	6
	2000m 单人艇(min:s)	15	>10:40	1	≤10:40	3	≤10:10	5	≤9:50	7	≤9:30	10
		16	>10:20	1	≤9:20	3	≤9:50	5	≤9:30	7	≤9:10	10
协调	协调性	15~16	-	0.2	-	0.6	-	1	-	1.4	-	2
	节奏感	15~16	-	0.2	-	0.6	-	1	-	1.4	-	2
	基本技术	15~16	-	0.2	-	1.8	-	3	-	4.2	-	6
战术能力	战术能力	15~16	-	0.3	-	0.9	-	1.5	-	2.1	-	3
心理	意志品质	15~16	-	0.7	-	2.1	-	3.5	-	4.9	-	7

表 14-11　皮划艇选材标准（13~14 岁，男子组）

类别	指标	骨龄	等级									
			一		二		三		四		五	
			标准	得分	标准	得分	标准	得分	标准	得分	标准	得分
形态	身高(cm)	13	<158	1.2	≥158	3.6	≥162	6	≥166	8.4	≥170	12
		14	<165	1.2	≥165	3.6	≥169	6	≥172	8.4	≥176	12
	跪立摸高(cm)	13	<158	1.2	≥158	3.6	≥162.5	6	≥167	8.4	≥171	12
		14	<166	1.2	≥166	3.6	≥170	6	≥174	8.4	≥178	12
	肩宽(cm)	13	<34	0.8	≥34	2.4	≥35	4	≥35.5	5.6	≥36	8
		14	<35	0.8	≥35	2.4	≥35.5	4	≥36.5	5.6	≥37.5	8
机能	心功能指数	13	>10	1.2	≤10	3.6	≤8.5	6	≤7.0	8.4	≤5.0	12
		14	>9.0	1.2	≤9.0	3.6	≤7.5	6	≤6.5	8.4	≤5.0	12
	肺活量(ml)	13	<3000	1.2	≥3000	3.6	≥3210	6	≥3410	8.4	≥3650	12
		14	<3500	1.2	≥3520	3.6	≥3730	6	≥3940	8.4	≥4160	12

续表

类别	指标	骨龄	等级									
			一		二		三		四		五	
			标准	得分	标准	得分	标准	得分	标准	得分	标准	得分
素质	俯卧撑(次)	13	<10	0.8	≥10	2.4	≥18	4	≥25	5.6	≥35	8
		14	<21	0.8	≥21	2.4	≥29	4	≥37	5.6	≥46	8
	引体向上(次)	13	<1	0.8	≥1	2.4	≥3	4	≥5	5.6	≥8	8
		14	<8	0.8	≥8	2.4	≥11	4	≥14	5.6	≥18	8
	100m跑(s)	13	>17.9	0.8	≤17.9	2.4	≤11	4	≤14	5.6	≤15.9	8
		14	>17.4	0.8	≤17.4	2.4	≤16.7	4	≤16.0	5.6	≤15.4	8
	2000m跑(min:s)	13	>8:40	0.8	≤8:40	2.4	≤8:10	4	≤7:50	5.6	≤7:30	8
		14	>8:20	0.8	≤8:20	2.4	≤8:00	4	≤7:35	5.6	≤7:20	8
协调	协调性	13~14	—	0.3	—	0.9	—	1.5	—	2.1	—	3
	纵向踩木(m)	13~14	<5.0	0.4	≥5.0	1.2	≥6.5	2	≥8.0	2.8	≥10.0	4
心理	意志品质	13~14	—	0.5	—	1.5	—	2.5	—	3.5	—	5

表14-12 皮划艇选材标准(15~16岁,男子组)

类别	指标	骨龄	等级									
			一		二		三		四		五	
			标准	得分	标准	得分	标准	得分	标准	得分	标准	得分
形态	身高(cm)	15	<170	0.4	≥170	1.2	≥173	2	≥176	2.8	≥179	4
		16	<172	0.4	≥172	1.2	≥175	2	≥178	2.8	≥181	4
	指距-身高(cm)	15	<171	0.4	≥171	1.2	≥175	2	≥179	2.8	≥182	4
		16	<173	0.4	≥173	1.2	≥177	2	≥181	2.8	≥185	4
	肩宽(cm)	15	<36	0.4	≥36	1.2	≥37	2	≥38	2.8	≥39	4
		16	<37	0.4	≥37	1.2	≥38	2	≥39	2.8	≥40	4
	体重(kg)	15	<62	0.4	≥62	1.2	≥64	2	≥66	2.8	≥68	4
		16	<66	0.4	≥66	1.2	≥68.5	2	≥71	2.8	≥73	4
	胸围(cm)	15	<88	0.4	≥98	1.2	≥89.5	2	≥90.5	2.8	≥92	4
		16	<91	0.4	≥91	1.2	≥92.5	2	≥93.5	2.8	≥95	4
机能	心功能指数	15	>8.5	1	≤8.5	3	≤7.0	5	≤6.0	7	≤4.5	10
		16	>8.0	1	≤8.0	3	≤6.5	5	≤6.5	7	≤4.0	10
	肺活量/体重	15	<60.5	1	≥60.5	3	≥63.5	5	≥66	7	≥68	10
		16	<61.5	1	≥61.5	3	≥64	5	≥66.5	7	≥69	10
素质	俯卧撑(次)	15	<37	0.6	≥37	1.8	≥45	3	≥53	4.2	≥62	6
		16	<47	0.6	≥47	1.8	≥56	3	≥64	4.2	≥74	6
	引体向上(次)	15	<17	0.6	≥17	1.8	≥20	3	≥23	4.2	≥27	6
		16	<25	0.6	≥25	1.8	≥28	3	≥31	4.2	≥35	6
	2000m单人艇(min:s)	15	>12:00	1	≤12:00	3	≤11:30	5	≤11:10	7	≤10:50	10
		16	>11:30	1	≤11:30	3	≤11:00	5	≤10:40	7	≤10:20	10
协调	协调性	15~16	—	0.2	—	0.6	—	1	—	1.4	—	2
	节奏感	15~16	—	0.2	—	0.6	—	1	—	1.4	—	2
	基本技术	15~16	—	0.6	—	1.8	—	3	—	4.2	—	6
战术	战术能力	15~16	—	0.3	—	0.9	—	1.5	—	2.1	—	3
心理	意志品质	15~16	—	0.7	—	2.1	—	3.5	—	4.9	—	7

15 自行车运动项目科学选材

自行车运动是一项下肢圆周踏蹬的周期性运动。它既有公路,又有赛场,还有小轮车;既有几天十几天的如环法赛、环青海湖、环海南岛等长途骑行,又有200米场地竞速赛的短途冲刺;既要求运动员具有较高绝对速度、超长耐力、一定的力量和灵敏的素质,又要求运动员具有机智、果断、勇敢和顽强的意志品质。在公路自行车骑行中,由于躯干、上肢和颈部基本上进行静力性工作,场地短距离和小轮车以及山地自行车项目,躯体上部根据情况调整身体姿态以利于发力和平衡,而下肢绝大部分时间进行动力性工作,所以,要求运动员必须具有良好的平衡能力和精确的空间感觉,特别是必须具有强大的腿部力量、强有力的心肺功能、良好的有氧和无氧代谢能力。

不同类型的自行车项目对运动员身体素质、形体特征的要求也不同。场地自行车体形特征是下肢结实、体型稍高大,身体素质要求爆发力强、速度灵敏性高、协调能力强;公路自行车体型要求小肌肉群发达、保持背弓能力强,身体素质要求心肺功能强、较强的耐力和协调性强;山地自行车的体型特征身体灵巧,四肢不能过于粗壮,身体素质要求灵敏性高,协调能力强。各个项目虽在运动特征上有共性,但是也各有特点,因此选材方面也略有不同。

山地车越野赛和公路自行车赛一般骑行距离较长,是以有氧代谢为主、无氧代谢为辅的耐力性项目。而场地自行车赛的短距离赛,主要是以无氧代谢为主速度性项目。山地车越野赛、公路自行车赛运动水平越高,有氧代谢能力越强,有氧代谢能力与呼吸循环系统的功能紧密相关,而呼吸循环系统发达的程度,与身体形态的大小、肌肉发达的程度关系不大。场地自行车赛(短距离项目)运动员要求无氧代谢能力强,有很好的速度耐力基础,肌肉发达、身材相对较高,山地车越野赛和公路车公路赛运动员要求呼吸循环系统比较强大,而胸宽、体轻、身高相对于场地自行车(短距离项目)运动员要求稍低。长距离运动员则要求具备速度耐力、力量耐力、相对速度、一般耐力为主、对上肢的上支撑和躯干俯身持续性静力工作要求较高,身体抵抗疲劳与体能分配能力要求强。柔韧素质虽然没有技巧性项目要求搞,但需要有足够的软组织被拉伸的空间和活动范围,充分发挥肌肉被拉伸的最佳初长度以及拉伸韧带、肌腱和筋膜等软组织的伸展性和弹性,提供良好的力量势能储备与合理的关节运动幅度。

下肢肌肉提供自行车运动的动力,腹部和背部肌肉主要是固定骨盆,上肢肌肉主要是支撑身体部分体重和控制运动方向。下肢肌肉在骑车过程中,位于下肢的髋关节、膝关节和距小腿(踝)关节主要做屈伸运动。这些运动所涉及的肌肉主要有臀大肌、髂腰肌、股四头肌、股后肌群(股二头肌、半腱肌和半膜肌)、小腿三头肌(腓肠肌和比目鱼肌)胫骨前肌群等。腹部、背部和上肢肌肉在骑行过程中,下肢在骨盆处不停地进行推与拉的动作。腹部和背部肌肉是制动装置,起到支持稳定骨盆的作用。此时,腹部和背部肌肉主要是做等长收缩。腹部和背部肌肉维持骨盆稳定的能力越强,下肢肌肉做功所产生的机械效率就越高。上肢肌肉主要通过等长收缩来维持骑行时的身体姿势。身体倾向前的姿势可减少空气阻力,还可转移更多的体重到车手把上,以减弱因长距离骑行引起的坐疼。另外,在骑车启动、爬坡或挤碰时,强壮的上肢肌肉力量有利于控制自行车行进路线。

15.1 选材的基本要求

(1) 身体形态:自行车运动员明显的形态特点是体态匀称,体脂含量少,去脂体体重大,臂粗,胸宽,腿粗有力,下肢略长,大腿稍短于小腿,身体横轴较窄。

(2) 运动素质:短距离自行车运动员要求具备较高的起动速度、下肢快速运动的频率、维持最高速度及加速度的能力、特大的速度力量及快速运动中的平衡能力等专项素质,长距离自行车运动员则要求具备较高强度下维持较快速度的能力、较强的力量耐力、上肢支撑耐力及抵抗疲劳的能力。

(3) 生理机能:对短距离自行车运动员来说,运动器官的发达对其成绩的影响是决定性的;对长距离运动员来说,运动器官、心血管功能、能量储备都对其成绩起着至关重要的作用。短距离自行车运动员要求以无氧代谢形式供能为主,神经过程灵活、强度大,肌肉活动始终以最大负荷形式进行。长距离自行车运动员要求以无氧-有氧混合代谢形式或以有氧代谢形式供能为主,神经过程程度平衡,内脏、心血管系统能以较高强度在较长时间内活动,能量物质消耗很大。两者均以上肢支撑,使下肢做圆周运动,因此,腹式呼吸是该运动的主要呼吸方式。

(4) 心理品质:神经类型为活泼型、安静型,要求受选者具备较高的意志力,灵敏的节奏感、速度感及一定的缓冲性等基本素质,同时要求具有作风顽强、争强好胜、坚忍不拔等品质。

15.2 选材的指标

自行车科学选材的指标,见表15-1。

表15-1 自行车科学选材的指标

指标类别	基本指标
形态类	身高、克托莱指数、体脂百分比、大腿围、踝围、跟腱长×100
机能类	最大心率、肺活量、最大摄氧量、最大摄氧量/体重、无氧功率、血红蛋白、血清睾酮
心理类	反应时、意志品质
素质类	立定跳远、纵跳、20级蛙跳、30秒仰卧抱头起、原地高抬腿、背力、腿力、专项速度耐力、专项耐力
专项技术	100米原地启动、400米原地启动、专项成绩测试
教练员评定	骑行技术、骑行姿势、踏蹬动作、基本技术

15.3 选材指标的测试方法及意义

15.3.1 形态类

自行车运动员要求体脂含量少,去脂体重大,下肢结实有力,跟腱较长,身材匀称,个子较高。对于长距离公路自行车的运动员相对体重较轻,上肢肌群的肌纤维较细小,维度相对较小,身材匀称;短距离运动员与长距离运动员相比,体脂较高,体重较重,下肢更加粗壮有力,围度相对较大,爆发力和冲刺能量较强,个子更高。大腿围度和去脂肪、体重与无氧功高度相关,在选材的过程项目特点选择相适应的项目。

1. 身高

测量方法:受试者赤脚,以立正姿势站于身高坐高计底板上,足跟、骶骨部和两肩胛与立柱相接触,身体自然挺直,头部正直,两眼平视。测量者站在被测者的侧面,将受试者头部进行调整,支柱压板水平下移,轻放于头顶最高处,松紧要适度,观察并读取数据。误差不得超过0.5厘米。

身高是反映骨骼发育状况及生长发育水平的一个重要形态指标。自行车运动员要求身高中等或中上等。

2. 克托莱指数(体重/身高×1000)

体重测试方法:让受试者站在体重秤平台中部不动,面对指针,待指针稳定后读数。

克托莱指数主要是反映人体发育匀称度。

3. 体脂百分比

体脂百分比测量方法:体脂成分分析仪直接测定。

体脂百分比是反映身体成分的重要指标,间接地体现出全身肌肉力量。

4. 大腿围

大腿围测试方法：受试者自然站立，两脚分开同肩宽，测试人员将带尺上缘沿左臀皱纹水平环绕量其围度，误差不得超过 0.5 厘米。

该指标反映运动员下肢粗壮程度。

5. 踝围/跟腱长×100

踝围的测试方式：受试者自然站立，两脚分开同肩宽，测试人员用带尺在左小腿踝关节上方，以水平位置量其最细处的围度，误差不得超过 0.5 厘米。

跟腱长的测试方法：受试者面向墙，两脚并拢，扶墙提踵使小腿三头肌充分收缩，测试人员于腓肠肌内侧腹下缘画一测量标志，然后领受试者还原成站立姿势，量其内侧肌腹下缘标志线到地面的垂直距离，误差不得超过 0.5 厘米。

该指数反映了自行车运动员踝围与跟腱长的比例关系。踝围较小而跟腱较长，有利于踝关节的蹬伸，踝关节的蹬伸力量和速度会直接影响到踏蹬频率，但踝关节太细，容易受伤和疲劳。

15.3.2 机能类

心肺功能较强是该项目显著特点。短距离自行车运动员的供能形式以无氧代谢为主，神经过程灵活而强，肌肉活动始终是以大负荷形式进行；长距离运动员则以有氧代谢为主，无氧-有氧混合代谢为辅，神经过程强而均衡，心血管系统与呼吸等系统能保证以较高强度较长时间活动，能量物质消耗很大。长距离项最大摄氧量/体重的指标非常重要，天生血色素的指标也是比较重要的一个指标，对选材具有非常重要的意义。对于短距离自行车项目无氧功、最大摄氧量及睾酮选材具有重要的意义。其他指标作为辅助参考指标。

1. 最大心率

最大心率指从事极限负荷时的心率。

2. 肺活量

肺活量测试方法：受试者站立位，作一两次扩胸运动或深呼吸后尽力深吸气，吸满后再向肺活量计的口嘴尽力呼气，直到不能再呼气为止。此时所呼出的气量即为肺活量，重复测量三次，去其最大值作为被测试者的肺活量值。

3. 最大摄氧量

最大摄氧量（VO_2max）是心肺功能和全身各器官系统充分动员的条件下，在单位时间内机体吸收和利用的氧量，它的意义在于反映人体最大有氧代谢力。是反映机体在极限负荷运动时心肺功能水平的一个重要指标，也是评定运动员有氧代谢能力的重要依据。它分为绝对最大摄氧量和相对最大摄氧量，相对最大摄氧量是绝对最大摄氧量除以受试者体重。绝对最大摄氧量单位表示为 ml/min，相对最大摄氧量单位表示为 [ml/(kg·min)]。

最大摄氧量测试方法有直接测定和间接测定两种。VO_2max 的直接测试方法是在运动场或在实验室利用自行车功率计、运动跑台等进行极限运动,利用气体分析仪直接测定摄氧量。测量结果准确可靠,可获得多项参数,能综合评定心肺功能。

(1) 测试仪器:功率自行车,气体分析仪及其附属装置。

(2) 测试方法:

①自我调整自行车把手和车座位置,选择最佳骑行姿势,自我选择速度热身5分钟。

②开始正式测试,测试方案要根据受试者的性别、年龄、运动专项和运动能力来确定。具体参考测试负荷方案,见表15-2。

表15-2 功率自行车负荷测试方案

起始负荷	递增幅度	踏蹬频率
100 W	50 W/3min	70 r/min
100 W	25 W/min	70 r/min
100 W	15 W/30s	70 r/min
100 W	5 W/10s	70 r/min

间接测定法:12分钟跑推算法。

该指标能衡量人体摄氧量水平的高低。一个具有突出摄氧能力的运动员,能在耐力项目中所需要的有氧耐力方面取得较强的优势,能为耐力素质提供良好的物质基础。公路自行车运动员对体重要求较高,体型过大对比赛影响比较大;场地自行车运动员对体重要求较低。

4. 无氧功

场地自行车运动员的成绩与无氧功30秒测试密切相关,场地短距离运动员无氧功率值随无氧训练程度的提高有所增长。1千米计时赛运动员赛后血乳酸浓度与成绩呈中度负相关,也表明无氧糖酵解能力对场地比赛成绩有重要意义,提高场地运动员的耐乳酸性无氧代谢能力是提高场地自行车成绩关键因素之一

Wingate无氧测试:这是综合测试无氧耐力的一种经典方法,由以色列Wingate体育学院运动医学研究室提出的一种30秒全力骑车试验,以确定人体的最大无氧功和能力。

(1) 测试仪器:功率自行车。

(2) 测试方法:

当"开始"口令发出后1受试者即尽快踩车,以克服车轮的惯性。测验者并开始计算踩车圈数,持续计时达30秒,在30秒内受试者尽全力踩车。

(3) 计算方法与评价。

最高无氧功率30秒内最大圈数所算出的瓦数,即为最高无氧功率。

(4) 血色素(血红蛋白)。

测试方法:血细胞计数器。

血红蛋白是运载氧和二氧化碳的载体,对耐力项目运动员的机能状态的好坏有一定的影响,优秀自行车运动员的血红蛋白较高。

5. 血清睾酮

测试方法:生化仪。

睾酮能刺激组织摄取氨基酸,促进核酸和蛋白质的合成,促进肌纤维和骨骼的生长,加强磷酸肌酸的合成,促进红细胞生成素分泌,增加肌糖原储备,提高神经和肌肉细胞间的兴奋性,维持雄性攻击意识等。主要功能是促进体内合成代谢,提高力量、速度、耐力的训练消耗有好处。

15.3.3 心理类

自行车运动员需要在系统训练中培养多重意志品质。主要意志品质是顽强性;一般意志品质是自制性和坚定性;次要的意志品质是主动性、独立性、果断性和勇敢精神。但必须指出,根据比赛场上的不同情况,运动员所需要的意志品质也会有所改变,有时次要的意志品质可以变成主要的品质。

意志品质测试方法:由选材测试人员根据运动员在训练、比赛中的表现情况综合观察以下四个方面的表现,按五个等级进行评定。(1)独立性:有独立的工作能力,少依赖,遇事有主见;(2)果敢性:在比赛和训练中,遇有偶发事件,迅速做出判断和决定;(3)坚持性:有不屈不挠、坚持不懈、克服困难的精神,有顽强的毅力;(4)自制性:善于控制自己,能控制自己的过度紧张、恐惧、暴怒、失望、懒惰等,有组织纪律性,服从大局和集体目标。评分分为五个等级:很不坚强,不坚强,一般,坚强,很坚强。

自行车运动员的心理特点是有顽强的意志,能吃苦耐劳。运动员的意志品质,对情绪的控制能力和判断、应变力在训练和比赛中更能充分地表现出来,教练员应给予细致的观察。

15.3.4 素质类

自行车运动是人与机械装置相结合的一种体育项目,属于周期性运动项目。下肢肌肉提供自行车运动的动力,腹部和背部肌肉主要是固定骨盆,上肢肌肉主要是支撑身体部分体重和控制运动方向。下肢肌肉在骑车过程中,位于下肢的髋关节、膝关节和距小腿(踝)关节主要做屈伸运动。这些运动所涉及的肌肉主要有臀大肌、髂腰肌、股四头肌、股后肌群(股二头肌、半腱肌和半膜肌)、小腿三头肌(腓肠肌和比目鱼肌萝卸胫骨前肌群等。腹部、背部和上肢肌肉在骑行过程中,下肢在骨盆处不停地进行推与拉的动作。腹部和背部肌肉是制动装置,起到支持稳定骨盆的作用。

1. 立定跳远

测试方法:受试者两脚自然分开,站立在起跳线后,屈膝摆臂尽量向前跳,双足着地,丈量起跳线至最后着地点后沿之间的距离。受试者穿钉鞋,每人跳三次,记录最好一次的成绩,以厘米为单位。

立定跳远可反映运动员的下肢爆发力和身体协同用力能力。

2. 20级蛙跳

测试方法:在长度至少为50米的平坦地面上画起点线和终点线各一条,两线相距45米(男)或37米(女),在两线之间每隔2.25米(女1.85米)画虚线一条,共画19条,以便让运动员掌握跳的节奏。受试者原地起跳,按规定距离连续蛙跳20次计时,每人做2次,以最好的一次为准。

该指标主要测试运动员下肢肌群、腰背肌群的力量耐力、速度耐力。

3. 屈臂悬垂

测试方法:受试者站在凳上,反握单杠,两手与肩同宽,两臂全屈,横杠位于下颌之下,然后两脚离开凳子,做静止用力的悬垂姿势。当受试者双脚离凳时,测试人员开始计时,当头顶低于横杠上缘时停表,记录以秒为单位。

该指标测试运动员肩臂肌肉克服自身体重时的静力耐力。

4. 30 秒仰卧抱头起

测试方法:受试者仰卧,双脚放于垫上,两腿屈膝并拢,大小腿呈直角,两手指交叉放于头后,起坐时,以双肘触及两膝为完成一次。受试者仰卧抱头起时,双肘必须触及双膝,躺下时手背和肘部必须触及垫子或平台后,臀部不准离垫,记录最终完成抱头起的次数。

该指标测试受试者腰腹力量。

5. 原地高抬腿

测试方法:受试者原地尽量将一侧腿向高处抬起;为保持平衡,另一侧手臂也相应抬高;抬腿同时,要用力收腹;腿要抬高,使大腿与腹部夹角尽可能接近90度;左右腿交换进行,记录10秒钟高抬腿的次数。

原地高抬腿走能加大腿部肌肉群以及腰、腹部肌肉的运动,特别能加强腹斜肌的强度和弹性。

6. 纵跳

测试仪器:电子纵跳计。

测试方法:测试人员打开电源开关,按"按键"后,显示屏上出现闪烁信号,蜂鸣器发出声响,表明纵跳计进入工作状态。受试者踏上纵跳板,双足自然分开,呈直立姿势,准备测试。当看到显示屏上显示出"0.0"时,开始测试。受试者屈膝半蹲,双臂尽力后摆,然后向前上方快速摆臂,双腿同时发力,尽力垂直向上跳起。当受试者落回纵跳板后,显示屏显示出测试数值。测试2次,记录最大值。以厘米为单位,精确到小数点后1位。

注意事项:

(1) 起跳时,受试者双腿不能移动或有垫步动作;

(2) 起跳后至落地前,受试者不能出现屈髋、屈膝等动作;

(3) 如果受试者没有落回到纵跳板上,测试失败,需重新测试;

(4) 每次测试前,须待仪器自动清空回零或按"按键"清空回零。

7. 背力

背力主要反映躯干伸肌的力量,也涉及下肢伸肌、手指屈肌以及上肢伸肌等的力量,故在一定程度上反映以腰背为主的全身力量。

测试仪器:背力计。

测量方法:受试者站在背力计地盘上,握把高度可调节到受试者自然站立、两臂下垂时中指尖的高度。然后身体前倾30度双手握把,手心向里,两腿伸直,用力伸腰,当背力计指针停摆时,指针指向的读数,即为背肌力值。测量三次,取最大值。

8. 腿力

腿力测试反映关节伸肌和足屈肌力

测试仪器:背力计。

测试方法:背向手握杆站在背力计地盘上,上体正直,膝关节屈成135度左右,两手握拉杆,握距与肩同宽,然后用力伸直两腿,指针停摆时,此数即为腿力值。测量三次,取最大值。

15.3.5 教练员骑行技术评定

自行车骑行技术要求运动员掌握正确的骑行姿势,轻松踏蹬,操车自如,才可避免不必要的肌肉紧张,降低能量消耗,保证力量和技术得到充分发挥。着重评价骑行姿势、踏蹬圆滑、踝关节灵活性、动作频率、启动技术和站立式骑行技术等方面。

其评定方法是一个设计好的图形计时技术图。起终点在一条线上,运动员先由起点听发令骑行,全程计时,先直线骑行,转折绕8字骑行,然后蛇行绕12个障碍,最后冲刺。全程既计时,又评定技术。直线骑行观察操车、踏蹬技术,转折看转弯技术,8字骑看变道技术,蛇行看过障碍技术,最后看冲刺技术。观察各技术时,从头、臂、腰、膝、足踝、骑行轨迹等方面结合全程及分段计时综合评定。

15.4 选材评价使用说明

(1) 本标准的适用范围:选材标准适用于14~17岁的男女运动员。
(2) 各项指标的评分:按当年最近拍摄的骨龄片所确定的骨龄来评定。
(3) 基本指标体系中的各类别指标按选材测试的标准进行评价。
(4) 如果没有教练员评分,总分暂时只包括形态、机能和心理得分。形态、机能和心理分别按占类别满分的比例计算得分。综合得分由形态、机能和心理的原始分占三类别满分之和的比例计算。
(5) 各单项指标得分之和,即为综合评价的总分。总分在80分及以上为优秀,总分在70~79.9分为良好,总分在60~69.9分为中等,总分在60分以下为不及格。

15.5 指标类别权重和各指标权重分配表

自行车运动员选材指标类别权重和各指标权重分配,见表15-3。

表15-3 自行车运动员选材指标类别权重和各指标权重分配表(14~17岁男/女)

类别	指标	男		女	
		指标权重	类别权重	指标权重	类别权重
形态	身高	20	20	20	20
	克托莱指数	20		20	
	体脂百分比	20		20	
	大腿围	20		20	
	踝围/跟腱长×100	20		20	
机能	肺活量	20	20	20	20
	心功指数	30		30	
	最大摄氧量/体重	35		35	
	血红蛋白	15		15	
心理	反应时	50	10	50	10
	意志品质	50		50	
素质	立定跳远	12	40	12	40
	20级蛙跳	12		12	
	屈臂悬垂	15		15	
	仰卧抱头起	15		15	
	原地高抬腿	15		15	
	100米跑	10		10	
	400米跑	10		10	
	800米(女) 1500米(男)	11		11	
教练员评定	爆发力	25	10	25	10
	基本技术	50		50	
	协调能力	25		25	

16 武术散打运动项目科学选材

散打属于训练、比赛双方身体直接接触的,以技能为主的对抗性项目。在比赛中,运动员以机会性拳、腿、摔等方法相互进攻与防守,是身体机能、博弈技巧、个人意志品质、临场机智判断和反应的全方位较量。根据散打对抗性项目特征来讲,应要求运动员身体条形较好,上下肢细长,肩宽、臀小、腰势灵活,肌肉发达,四肢胸阔围度匀称,身体充实度较高;心功指数高,肺活量大,血红蛋白和血睾酮水平较高,且耐练;绝对力量大,爆发力好,力量和速度耐力较好,柔韧性和灵敏性好,意志品质好;反应速度快,对抗过程中对相对位置的时空判断准确。

16.1 选材基本要求

（1）选材年龄:9~17岁。
（2）身体形态:身材条形匀称,肩宽、髋窄、臀小、上下肢细长,肌肉块头好、结实有力,身体壮实。
（3）运动素质:绝对力量大,爆发力好,力量和速度耐力、柔韧性、灵敏性好,上下肢动作速度快,全身灵活、反应敏捷,意志品质好,对抗过程中对相对位置的时空判断准确。
（4）生理机能:抗有氧耐力好、无氧代谢水平较高,机体抗酸能力强。心功指数高、肺活量大,血红蛋白和血睾酮水平较高,且能经受住大运动量和大强度周期的考验。
（5）心理品质:本体感觉灵敏,性格活泼,勇猛、好斗、易兴奋、坚毅顽强、爱展示自己,意志品质好。
（6）技能表现:拳、腿、摔的技战术全面,应变能力强,出手快,下肢平稳有力,平衡能力及动静结合技术好。

16.2 选材的指标

散打项目选材的指标见表 16-1。

表 16-1 散打项目选材的指标

指标类别	基本指标	参考指标
形态类	身高、指距-身高、下肢长 B/身高×100、上肢长、髂宽/肩宽×100、上臂围松紧差、大腿围、小腿围、胸围、坐高	

续表

指标类别	基本指标	参考指标
机能类	心功指数、肺活量/体重、血红蛋白、睾酮	
心理类	光反应、速度知觉、上肢敲击频率、脚踏频率	
素质类	30米跑、400米和3000米最大心率和1分钟乳酸、立定跳远、握力、卧推、10秒出拳次数、2分钟出拳次数、30秒斜板单举腿和30秒交替举腿次数、深蹲最大力量、坐位体前屈	
专项类	教练员评定	

16.3 选材指标的测试方法及意义

16.3.1 形态类

1. 身高

测量方法：受试者赤脚，以立正姿势站于身高坐高计底板上，足跟、骶骨部和两肩胛与立柱相接触，身体自然挺直，头部正直，两眼平视。测量者站在被测者的侧面，将受试者头部进行调整，支柱压板水平下移，轻放于头顶最高处，松紧要适度，观察并读取数据。误差不得超过0.5厘米。

身高是反映身体骨骼发育状况和生长发育良好的一个重要形态指标。散打应选择身高较高、体型匀称的运动员，对抗中身高臂长、腿长者占优势。

2. 指距—身高

指距测量方法：将测量尺（超过2米的钢尺或皮尺）固定在平台上，受试者两脚分开，两臂左右侧平举，上体伏在测量尺上，一手中指固定于测量尺零位，上肢尽量向另一侧伸直，两手臂呈一直线。测试人员面向受试者，测量两中指指尖之间的距离，测量误差不得超过0.5厘米。

指距—身高是反映人体上肢长短与肩部宽窄的重要指标，能反映上肢的相对长度，一般该数值越大越好，上肢较长、攻击范围较大。

3. 下肢长B/身高×100

下肢长B测量方法：是大转子上缘最高点至地面的垂直距离。

该指标反映下肢与身高的比例关系。在对抗中，下肢较长可将对抗距离拉开到有利于自己的进攻距离，可移动的进退范围也较大。

4. 髋宽/肩宽×100

肩宽测试方法：受试者两脚分开与髋同宽，自然站立，两肩放松，测试人员站其身后，先用食指沿肩胛骨向外摸到肩峰外侧缘中点，再用测径尺量两肩峰间距离。测量误差不得超过0.5厘米。

髋宽测试方法：受试者和测试者位置同肩宽测试。测试人员用两食指摸及髂嵴外缘，用测径尺量两髂嵴外缘间的最宽距离。误差不得超过0.5厘米。

运动员髂宽较小,更有利于对抗中规避对手进攻或绕行其侧面、身后进攻,绕身体纵轴的转动动作更灵活;如肩宽过大,会影响转体动作的灵活性,不利于各种绕行转体动作的完成。所以,髂肩宽指数越小越好,但应以髂宽小为基础。

5. 上肢长

测试方法:受试者两脚分开同肩宽,自然站立,上肢自然下垂,手并拢伸直,手掌、前臂、上臂呈一直线(手指不能跷起),测试人员站在受测者左侧后面,用测量尺固定端对准肩峰外侧端,测量自肩峰外侧下缘至中指端的垂直距离。误差不得超过 0.5 厘米。

上肢适度较长,对抗中控制进攻距离会较主动,运动员攻击范围也相应较大。

6. 上臂围松紧差(上臂放松围—上臂紧张围)

上臂围松紧差测试方法:受试者自然站立,两脚分开与髂同宽,右臂斜平举(约 45 度),掌心向上握拳并用力屈肘,测试人员面对测试者,将带尺绕肱二头肌最粗处量紧上臂围。带尺位置不动,受试者上臂不动,将前臂缓慢伸直并松拳,测放松上臂围,取上臂肌肉紧张围度与肌肉放松围度的差值,误差不得超过 0.5 厘米。

该指标反映运动员的上臂肌肉发达程度,以及肌肉弹性和收缩能力。上臂围松紧差越大,表明运动员的肌肉越发达,收缩能力越强。

7. 胸围

胸围测试方法:受试者自然站立,两脚分开与髂同宽,双肩放松,上肢自然下垂。测试人员面对受测者,将带尺上缘经背部肩胛骨下角下缘至胸前,男性和未发育女性带尺下缘至于乳头上缘,已发育女性置乳头上方第四胸肋骨关节处,测平静状态下的胸围,误差不得超过 1 厘米。

胸围是反映胸阔大小、胸部肌肉和脂肪的发育情况。选材以胸部围度较大为好。

8. 大腿围、小腿围

大腿围测试方法:受试者自然站立,两脚分开同肩宽,测试人员将带尺上缘沿左臀皱纹处水平环绕量其围度,误差不得超过 0.5 厘米。

小腿围测试方法:受试者自然站立,两脚分开同肩宽,测试人员将带尺以水平位沿小腿腓肠肌最粗处量围度,误差不得超过 0.5 厘米。

大腿围、小腿围是下肢肌肉发达程度和肌力评价的重要指标。腿围相对较大,有利于摔法和腿法的运用。

9. 坐高

测试方法:受试者正坐在身高坐高计坐板上,骶骨部和两肩胛紧靠立柱,躯干挺直,头部正直,两眼平视,两腿并拢,大腿与地面平行,双足踏在地面或垫板上,最好与小腿呈直角。上肢自然下垂,不得支撑坐板,直尺垂直立于其身后,测量凳面到头顶的垂直距离,测试人员以两眼与水平板呈水平位的情况下读数。误差不得超过 0.5 厘米。

坐高反映躯干长度。散打运动员躯干与身高的比例要适宜。

16.3.2 机能类

1. 心功指数

测试方法:受试者静坐时心率标记为 P_1,然后让受试者从立正姿势开始,按节拍器节奏,在 30 秒内完成 30 次匀速蹲起动作。要求下蹲到最大限度,站起时,两手平举,足不离地,最后一次蹲起结束后,立即测 10 秒脉搏,然后将测得的脉搏数乘以 6 得到运动后即刻的心率,标记为 P_2,在休息 1 分钟后再测 10 秒脉搏数,乘以 6 得到恢复期第一分钟后心率,标记为 P_3,测试 3 次结果套入心功能指数公式:

心功能指数 $= (P_1+P_2+P_3-200)/10$

心功能指数评价功能,见表 16-2。

表 16-2 心功能指数评价心脏功能表

心功能指数	≤0	0~5	6~10	11~15	≥16
心脏功能	最好	较好	一般	较差	最差

通过安静心率和定量负荷运动后运动员心率变化来反映运动员心肺功能水平的指标,该指数越小,表明运动员的心肺功能越强。

2. 肺活量/体重

肺活量测试方法:受试者站立位,作一两次扩胸运动或深呼吸后尽力深吸气,吸满后再向肺活量计的口嘴尽力呼气,直到不能再呼气为止。此时所呼出的气量即为肺活量,重复测量三次,去其最大值作为被测试者的肺活量值。

肺活量/体重可反映人体的肺容量及呼吸肌、呼吸器官发育状况的指标,用于衡量肺功能水平。散打运动员需要良好的呼吸机能,这就要求其肺活量/体重数值较高。

3. 血红蛋白

测试方法:血细胞计数器。

血红蛋白受个人自身遗传因素的影响较大,正常情况下终生较为稳定,受营养状况、疾病与运动的影响产生波动。血红蛋白含量直接影响运动员有氧代谢能力,其变化还能反映机体对训练的适应情况。一般在选材中,通过两个赛季的跟踪观察,以血红蛋白波动较小,且恢复到正常水平的时间越短越好,反映运动员的自身生理素质较好,比较耐练。散打运动员的血红蛋白应以较高为好。

4. 睾酮

测试方法:化学发光法。

血睾酮水平含量直接影响运动员的身体机能能力,其变化还能反映机体对训练的适应情况。一般在选材中,通过两个赛季的跟踪观察,以睾酮波动较小,且恢复到正常水平的时间越短越好,反映运动员的自身生理素质较好,比较耐练。散打运动员的睾酮应以较高为好。

5. 400 米、3000 米最大心率和 1 分钟乳酸

测试方法:400 米、3000 米测试前做好思想动员,要求受试者全力以赴,测出真实水平。受试者至少 2 人一组,用站立式起跑。当听到口令后开始起跑,发令员在发出口令时摆动发令旗。计时员视旗动开表计时,受试者胸部到达终点线的垂直面停表。记录以秒为单位,精确到小数点后一位。运动员全力跑 400 米、3000 米的过程中,以团队心率表遥测跑步过程中的心率变化,记录心率的最高值作为 400 米、3000 米跑的最大心率。400 米、3000 米结束后以掌上乳酸仪测指血 1 分钟乳酸。在全力跑的情况下,成绩越好最大心率越低越好,成绩越好 1 分钟乳酸越低越好。

16.3.3 心理类

1. 光反应

测试方法:受试者坐在心理机能综合测试仪前,手拿装有信号的键盘,注视键盘上的信号灯,主试发出预备信号口令后按键、计算机发出信号,要求被测试者看到信号后立即做出反应(按键)信号连续出现 10 次(可减可增)。记录 10 次反应的平均值(单位:毫秒)。

光反应是简单反应时之一,可测定人对视觉刺激做出反应的速度,数值越小表示运动员的反应越快。

2. 速度知觉

测试方法:受试者用最高跑速以下(中速或慢速)跑 30~50 米,然后重复,计算两者时间(速度)误差,共做 3 组,求出误差平均数,误差越小越好。

速度知觉反映了运动员对速度感觉的能力差异。运动员需要精确的速度知觉能力,以对对手的动作做出敏捷正确的判断。

3. 脚踏频率

测试方法:将脚踏频率测试仪定时时间设定为 10~20 秒,主试按"启动"键,令被试开始连续脚踏,听到声响后停止,记录快速脚踏次数。

脚踏频率是测定运动员在一定时间内的连续快速脚踏次数,可反映运动员腿协调性、长时间做功时肌肉耐受力和疲劳度的变化。完成次数多者,则其在场上的脚步移动较快,同时腿也不易疲劳。

4. 上肢敲击频率

测试方法:受试者先练习左右及前后敲击敲击板三四次,然后,主试下令"预备","开始",同时记录时间和次数。到 30 秒命令"停止"。记录下敲击敲击板的次数。

通过测定在一定时间内上肢连续敲击的次数,可反映运动员手腕和上肢的灵活性与耐受力,以及疲劳度的变化。完成次数多者,则其完成上肢动作较快,同时上肢也不易疲劳。

16.3.4 素质类

1. 30 米跑

测试方法:受试者穿钉鞋,每组不少于 2 人,采用站立式起跑。计时员见受试者起动即开表计时,待受试者的躯干任何部分到达终点线内沿的垂直平面时停表。记录以秒为单位,精确到一位小数。

30米跑可反映运动员的速度和爆发力,评价运动员的快速位移能力。

2. 立定跳远

测试方法:受试者两脚自然分开,站立在起跳线后,屈膝摆臂尽量向前跳,双足着地,丈量起跳线至最后着地点后沿之间的距离。受试者穿钉鞋,每人跳3次,记录最好一次的成绩,以厘米为单位。

立定跳远可反映运动员的下肢爆发力和身体协同用力能力,间接体现运动员完成场上各种步法的力量基础。

3. 握力

测试方法:受试者自然站立,两臂下垂,分别用左右手握握力计,每只手连续握3次,取最大值。

握力可反映前臂及手部肌肉群的力量。握力较大说明运动员的上肢力量较大。

4. 卧推

测试方法:调整好杠铃重量后,受试者仰卧在卧推举凳上,两脚着地,助手抬杠于受试者胸前的手中,双手正握杠铃杆,两手相距约同肩宽,向上推杠铃至双臂伸直,保持2秒;然后由助手移开杠铃,再调整重量推,从低于个人最好成绩20~25千克开始,每次增加5千克。每一重量最多可试举2次,直至推不起为止。记录以千克为单位,取整数。

卧推可反映运动员的上肢和胸部肌肉力量,间接体现运动员完成场上各种上肢动作的力量基础。

5. 10秒出拳次数

测试方法:运动员做自我训练,只以拳全力击打沙包,记录10秒内运动员两手出拳的次数。

10秒出拳次数可反映运动员上肢肌肉动作速度和出拳能力。连续出差次数越多越好。

6. 2分钟出拳次数

测试方法:运动员做自我训练,只以拳全力击打沙包,记录2分钟内运动员出拳的次数。

2分钟出拳次数可反映运动员持续出拳的力量和速度耐力。连续出拳次数越多越好。

7. 30秒斜板单举腿和30秒交替举腿次数

测试方法:运动员以站立位,慢慢后仰将背斜靠在60度的斜面固定板上,分别以左或右腿全力举起,均以达到最大高度为准,分别记录30秒内左或右两腿举起次数,充分休息后或择时再测30秒内两腿交替举起次数。以单腿或交替举起次数越多越好。

30秒斜板单举腿和30秒交替举腿次数,可分别反映运动员下肢力量和速度耐力。连续举腿次数越多越好。

8. 坐位体前屈

测试方法:准备好坐位体前屈计。被测者坐在垫子上,两脚抵住测试计,膝关节伸展,向前慢慢屈体,用双手中指指尖向前推动器材的滑片,直到最大范围,过程中不能突然发力,双膝也不能弯曲,有明显技术质量问题的重新进行测试,计量单位为厘米,每人试推两次,测试两次,取最大计数,计数精确到整数。

坐位体前屈反映运动员全身关节和韧带柔韧性的指标,计数越大说明身体柔韧性越好。

9. 深蹲最大力量

测试方法:准备好杠铃杆,杠铃片,深蹲架。被测者两脚稍宽于肩站立,脚尖可外旋15°~30°,下蹲至大腿前侧达到或低于水平线再发力蹲起,有明显技术质量问题的深蹲不计数,计量单位为千克,精确到整数,按以下步骤操作:

以运动员预估1RM的60%重量进行5~10次热身;

休息1分钟;

增加重量5%~10%,运动员完成3~5次重复;

休息2分钟;

增加重量5%~10%,运动员完成2~3次重复;

休息2~4分钟;

增加重量5%~10%,运动员完成1次;

如仍可以继续,则休息2~4分钟后增加5%~10%,完成1次;

如不能完成,则休息2~4分钟后减少5%~10%,完成1次。

以只能完成1次的重量为最大力量。深蹲最大力量越大说明该运动员的腰腹和下肢力量越大。

16.3.5 专项类

教练员评定,可弥补上述数据测试所不能反映出来的不足。

16.4 选材评价说明

(1)本标准适用于9~17岁的武术散打运动员选材。

(2)各项指标的评分,一律用测试时拍摄的骨龄片确定生物年龄,根据生物年龄进行评价。

(3)若缺少由运动队负责测试的指标,则形态、机能、心理分别按占类别满分的比例计算得分。综合得分由形态、机能和心理的原始分占三类别满分之和的比例计算。

16.5 评分

(1) 采用五级评分制,各指标所对应的等级的分值,见表16-3。

表16-3 武术散打运动员选材各指标对应的等级分值

级别	一	二	三	四	五
分值	50	60	70	80	90

(2) 评分计算。指标得分等于各指标得分分别乘各指标权重,类别得分等于各指标得分之和乘类别权重。

(3) 总分与评定等级关系。总分在80分及以上为优秀,总分在70~79.9分为良好,总分在60~69.9分为中等,总分在60分以下为不及格。

16.6 指标类别权重和各指标权重分配表

散打运动员科学选材指标类别权重和各指标权重分配,见表16-4。

表16-4 散打运动员科学选材指标类别权重和各指标权重分配表

单位:%

类别	指标	9~11岁			12~14岁			15~17岁		
			指标权重	类别权重		指标权重	类别权重		指标权重	类别权重
形态	指距-身高	一类	15	40	一类	15	35	一类	15	30
	下肢长B/身高×100		15			15			15	
			15			15			15	
	上臂松紧围差		10			10			10	
	大腿围	二类	10		二类	10		二类	10	
	小腿围		10			10			10	
	胸围		8			8			8	
	身高		7			7			7	
	髂宽/肩宽×100	三类	5		三类	5		三类	5	
	坐高		5			5			5	
	上肢长									
机能	心功指数	一类	50	10	一类	50	15	一类	50	15
	肺活量/体重		20			20			20	
	血红蛋白	二类	15		二类	15		二类	15	
	睾酮		15			15			15	
心理	脚踏频率	一类	30	15	一类	30	15	一类	30	15
	上肢敲击频率		30			30			30	
	光反应	二类	20		二类	20		二类	20	
	速度知觉		20			20			20	

续表

类别	指标	9~11 岁			12~14 岁			15~17 岁		
			指标权重	类别权重		指标权重	类别权重		指标权重	类别权重
素质	10 秒出拳次数	一类	10	25	一类	15	25	一类	15	30
	2 分钟出拳次数		10			15			15	
	30 米跑		10			15			15	
	400 米跑最大心率和 1 分钟乳酸		10			15			15	
	3000 米跑最大心率和 1 分钟乳酸		10			10			10	
	立定跳远	二类	10		二类	10		二类	10	
	握力		10			10			10	
	卧推		10			10			10	
	深蹲最大力量		10			10			10	
	坐位体前屈		10			10			10	
专项类	教练员评定		100	10		100	10		100	10

17 射击射箭项目科学选材

射击射箭项目属于技术型精确性项目群，项目对技术要求标准高，比赛心理负荷大。射击比赛需使用带火药的子弹，射箭项目使用可重复利用的羽箭，射击射箭比赛分为男女项目，其胜负是以运动员射中箭靶目标的环数计算的，命中靶的箭越靠近中心，所得环数越高。

射箭运动员距箭靶70米处撒放，准备发射时，用执弓手握住弓，并伸直执弓臂，拉弦手向后拉弓弦，直到满弓点，注视瞄准器然后撒放。射箭选材时需注意运动员的力量素质、耐力素质及心理品质的选拔。

射击按项目分为步枪射击、手枪射击和飞碟射击，按使用枪种分为气枪项目、小口径步枪项目、小口径手枪项目和猎枪项目，按比赛距离分为10米项目、25米项目、50米项目和飞碟场地射击项目。按照各专项起主导作用的竞技能力的不同表现可以将男女步枪、男女气手枪、男子慢射归为稳定类项目，此类项目选材着重考察运动员的稳定性和准确性；将飞碟射击、男子手枪速射、女子运动手枪归属为反应类项目，需要运动员在单位时间压力内完成子弹发射，此类项目对运动员反应能力和时间知觉要求较高。步枪类项目均需穿着射击专用服装，尤其男子步枪50米小口径项目，比赛时程长，对运动员体能和精力消耗大；而男女10米气手枪、气步枪项目对精确性、稳定性要求高，比赛对运动员心理负荷承受能力要求更高。

总之，射击射箭各项目的共同特点是对运动员心理品质及稳定性有较高要求，但就选材来讲，各项目之间的差异性决定了步枪射击、手枪射击、飞碟射击、射箭选材的侧重点不同。

17.1 步枪射击运动项目科学选材

射击运动是一项综合心理、生理、技术诸因素的竞技体育项目，属于技能类表现准确性运动项目，其中，技术动作是提高射击水平的主要因素之一，需要运动员有较好的动作稳定性、平衡协调能力及良好的完成精细动作的能力，要求技术动作的高度一致，运动员需要对项目的静力性、高精度、单调动作重复有较高的耐受性。

17.1.1 选材的基本要求

(1) 身体形态：步枪射击运动员体态匀称，下肢不能过短，腿长便于抵胯，增加枪支控制的稳定性。要求手指较长,增加食指扣扳机的灵活性。

(2)运动素质:要求射击运动员具备平衡、协调素质,,具备动作感觉的敏感性,尤其小肌肉群的动觉感知能力。另外,步枪项目对运动员腰部力量、肩臂力量和耐力要求较高。

(3)生理机能:步枪所有项目击发瞬间均需运动员屏息,因此,对肺活量有一定的要求。另外,运动员心脏功能也是一项非常重要的指标,因为该项目心理承受能力要求较高。

(4)心理品质:心理品质的差异直接决定着运动员的比赛表现。因此,选材要着重从遗传度较大的心理指标入手,比如神经类型、人格特征、反应时、智力、认知风格等。要求沉稳、细心、智力及反应时达到普通人即可,性格不可过于外向,具有场独立的认知风格。

17.1.2 选材的指标

步、手枪射击项目科学选材的指标,见表17-1。

表17-1　步、手枪射击项目科学选材的指标

指标类别	基本指标	参考指标
形态类	身高、臂展、手长	
机能类	心功指数、肺活量、血红蛋白	
心理类	人格、智力、认知风格、气质神经类型反应时、稳定性、时间知觉	
素质类	仰卧抱头起、800米或1500米跑、视力	
教练员评定	动作稳定性、动作技术、本体感觉评定、协调能力	

17.1.3 选材指标的测试方法及意义

1. 形态类

(1)身高

测量方法:受试者赤脚,以立正姿势站于身高坐高计底板上,足跟、骶骨部和两肩胛与立柱相接触,身体自然挺直,头部正直,两眼平视。测量者站在被测者的侧面,将受试者头部进行调整,支柱压板水平下移,轻放于头顶最高处,松紧要适度,观察并读取数据。误差不得超过0.5厘米。

(2)臂展

臂展测试方法:将测量尺固定在平台上,两脚分开,两臂左右侧平举,上体伏在测量尺上,一手的中指固定在标尺的零位,上肢尽量向另一侧伸展,两手臂呈一直线。测量两手中指尖之间的距离。

对于步枪运动员来说,臂展长就意味着能够有更大的空间控枪,使得枪支稳定性和肌肉群用力更为协调。

(3)手长

手长测量方法:被测者前臂抬平,手伸直,要求掌心与前臂呈一直线,远侧桡腕关节

纹上的测量点大致相当于腕关节褶皱的中点,即远端腕横纹中点至中指尖的直线距离。此项指标反映运动员的持枪握把基本条件,考察与枪械结合时的解剖学条件。

(4) 肩宽

测量方法:受试者两腿分开与肩同宽,自然站立,两肩放松,手臂自然下垂。测试人员站在受试者背面,先用两食指沿肩胛冈向外摸到肩峰外侧缘中点即肩峰点,再用测径器测量两肩峰点间的距离读数,测量误差不得超过0.5厘米。

肩宽是反映人体体型特点和横向发育水平的重要指标。

2. 机能类

(1) 心功指数

测试方法:受试者静坐时心率标记为P_1,然后让受试者从立正姿势开始,按节拍器节奏,在30秒内完成30次匀速蹲起动作。要求下蹲到最大限度,站起时,两手平举,足不离地,最后一次蹲起结束后,立即测10秒脉搏,然后将测得的脉搏数乘以6得到运动后即刻的心率,标记为P_2,在休息1分钟后再测10秒脉搏数,乘以6得到恢复期第一分钟后心率,标记为P_3,测试3次结果套入心功能指数公式:

心功能指数=$(P_1+P_2+P_3-200)/10$

心功能指数评价心脏功能,见表17-2。

17-2 心功能指数评价心脏功能表

心功能指数	≤0	0~5	6~10	11~15	≥16
心脏功能	最好	较好	一般	较差	最差

通过安静心率和定量负荷运动后运动员心率变化来反映运动员心肺功能水平的指标,该指数越小,表明运动员的心肺功能越强。

(2) 肺活量

肺活量测试方法:受试者站立位,作一两次扩胸运动或深呼吸后尽力深吸气,吸满后再向肺活量计的口嘴尽力呼气,直到不能再呼气为止。此时所呼出的气量即为肺活量,重复测量三次,去其最大值作为被测试者的肺活量值。

运动员需要有良好的呼吸机能和较大的肺通气量。

(3) 血色素血红蛋白

测试方法:血细胞计数器。

血红蛋白反映运动员的营养与机能状况,血红蛋白含量直接影响运动员有氧代谢能力,其变化还能反映机体对训练的适应情况。

3. 心理类

(1) 人格

测试方法:使用艾森克人格测试量表(成人版)对受试者进行测量,向受试者宣读量表指导语,受试者根据量表条目做出反应。测试完成后,根据量表计分规则进行评测:内外向(E):分数高表示人格外向,分数低表示人格内向;神经质(N):分数高者情绪波动较大;精神质(P):分高者对外部环境适应较差。

此项指标反映的是构成运动员的思想、情感及行为的特有模式,此独特模式包含了其区别于他人的稳定而统一的心理品质,人格是在遗传、成熟和环境、教育等先后天因素的交互作用下形成的,运动员的生活、训练、比赛中处处均有所表现。

(2) 气质类型

测试方法:使用内田-克雷佩心理测验表进行测试,依据统一测试指导语,要求受试者在30分钟内做一位数的连续加法计算。对每行标准型测验采用十进位的连续加法,受测者按指导语从横向排列的第一行、第一个数字起,将两两相邻的数字相加,相加之和超过10,则将所得答案的个位数写在两个数字的中间;相加之和若没有超过10,则将所得答案直接写在两个数字的中间。每行做1分钟,1分钟到时,受测者根据指令换行,从下一行最左端重新开始计算,依此方法连续进行15分钟的加法作业,然后休息5分钟,再做后半部分,方法与前半部分相同,也是每行做1分钟,做15分钟。

测验完成后,将受测者各行完成的加法运算终点用直线依次连接起来,于是就形成了两条曲线,内田称之为作业曲线。然后划分作业量等级、检查答案的正误及漏字并计算平均作业量,其次是根据作业量、误答、曲线形状等三个方面来评定测验结果,划分作业曲线类型。

气质类型表现在运动员心理活动的强度、速度、灵活性与指向性等方面的一种稳定的心理特征。人的气质差异是先天形成的,受神经系统活动过程的特性所制约。气质是人的天性,无好坏之分,不同气质类型的运动员适用不同运动项目。

(3) 智力

测试方法:使用瑞文标准推理测验(Raven's Standard Progressive Matrices, SPM)(标准版),受试者根据测量项目进行反应,一般人完成瑞文标准推理测验大约需要半小时,最好在45分钟之内完成;主试根据瑞文标准推理测验评判标准判断受试者智力情况。

以被试回答正确题数评定智力水平,用百分比等级表示。

一级:测验标准分等于或超过同年龄常模组的95%,为高水平智力。

二级:测验标准分在75%与95%之间,智力水平良好。

三级:测验标准分在25%与75%之间,智力水平中等。

四级:测验标准分在5%与25%之间,智力水平中下。

五级:测验标准分低于5%,为智力缺陷。

智力可被看作是运动员的各种认知能力的综合,特别强调解决新问题的能力,抽象思维、学习能力,对环境的适应能力,是满足射击运动员适应运动项目训练和比赛的基础能力。

(4) 认知风格

认知风格测量方法:使用镶嵌图形测验进行场独立场依存测验,令受试者在较复杂的图形中用铅笔勾画出镶嵌或隐蔽在其中的简单图形。在测验中,能排除背景因素的干扰从复杂图形中迅速地、容易地知觉到指定的简单图形者为场独立型;而完成该项任务较为困难者为场依存型。

测试的分数是第二部分与第三部分相加得来,第一部分仅是让被测者熟悉题型,因此注意不要将第一部分的得分计入。

成年总体的常模分数为:9.76　　　常模标准差为:4.57
成年男性的常模分数为:9.86　　　常模标准差为:4.45
成年女性的常模分数为:9.69　　　常模标准差为:4.89

计算公式为:t=(统计分数-常模分数)／常模标准差

因为 t 一般为小数,有时为负数,为方便其间进行如下转换:

T=t×10+50

如果 T 大于 50 则表明倾向于场独立型,小于 50 则倾向于场依存型。

场依存性—场独立性是反映受试者认知方式方面个体差异的指标。场依存者倾向于以外界的参照作为信息加工的依据,而场独立者倾向于更多利用自我内部的参照。

(5) 反应时

测试方法:调试好声光反应时仪器,受试者接收声光反应,但呈现的次序是随机的被试根据光刺激的呈现,手指离开反应键盘上的圆孔,仪器将自动记录刺激呈现到被试手指离开反应键盘圆孔之间的时间,及光的反应时间。测试结束后,记录受试者反应时间,计算平均光反应时间。

此指标神经系统的应变能力,属于给予被试单一声(光)刺激,要求被试做出的单一反应。

(6) 动作稳定性

测试方法:使用九孔仪测试。请被试在放九孔仪的桌子前坐下,要求被试用优势手握住铁笔,手臂悬空把笔尖垂直插入仪器上的洞内,直至碰到底板,指示灯亮,再慢慢把铁笔抽出来。插入和抽出时,铁笔都不碰洞边就算通过。实验从插最大的洞开始,依次插较小的洞,直至铁笔碰到某个洞的洞边。如果被试在 3.5 毫米的洞里碰了边,那么他的手颤动的范围就是前一个洞的直径 4 毫米。最后通过的那个洞的直径的倒数就是动作稳定程度的指标。

此指标用于测试手臂肌肉的协调程度、手臂的稳定把握能力,间接测量由于情绪波动引起的震颤程度。

(7) 时间知觉

测试方法:首先要求运动员看着秒表,对 5 秒、15 秒、25 秒有初步感觉,然后主试要求运动员盲视,分别对 5 秒、15 秒、25 秒进行 3 次按键,计算每次秒表实际读数与 5 秒、15 秒、25 秒之间的差值绝对值,最后统计出三种绝对值差值进行判断比较。

此指标是运动员对客观现象延续性和顺序性的反映。

4. 素质类

(1) 仰卧抱头起

测试方法:受试者仰卧,双脚放于垫上,两腿屈膝并拢,大小腿呈直角,两手指交叉放于头后,起坐时,以双肘触及两膝为完成一次。受试者仰卧抱头起时,双肘必须触及双膝,躺下时手背和肘部必须触及垫子或平台后,臀部不准离垫,记录最终完成抱头起的次数。

该指标测试受试者腰腹力量。

(2) 800米跑或1500米跑

测试方法:400米平坦跑道若干条,测试前做好思想动员,要求受试者全力以赴,测出真实水平。受试者至少2人一组,用站立式起跑。当听到口令后开始起跑,发令员在发出口令时摆动发令旗。计时员视旗动开表计时,受试者胸部到达终点线的垂直面停表。记录以秒为单位,精确到小数点后一位。

该指标反映运动员的心肺功能和速度耐力。

(3) 视力

视力测量方法:按医院标准视力检查法、立体视觉侧视图、主视眼测试。

该指标反映运动员视力高低。

5. 教练员评定

由教练员评定运动员的稳定性、动作技术、本体感觉评定、协调能力,最后综合评分。

(1) 稳定性

测量方法:采用悬臂点圆和摞弹壳的方法。16开纸一张,上面印有0.5厘米内直径小圆圈200个,图样式同大纲所列。受试者悬肘用彩笔依次在圆圈中点上点,点到圆圈线上或圈外的不计数,计其一分钟点到圆中的数目。

摞弹壳:乒乓球拍一只(有一面必须光板),未经发射过的小口径子弹壳若干。受试者采取站立姿势,单手握球拍,光板面水平向上,把要摆的弹壳放在球拍面上做好准备。然后开始,允许进行3次,时间不限,取其中最多一次记分,要求持球拍手臂不得接触身体。

(2) 动作精确性

穿针:4厘米长的中号缝衣针若干,缝纫机用棉丝光线若干。受试者采用坐姿,在一分钟内把针穿在一根线上,穿上的针越多越好。穿针时受试者双臂可以在桌上,但双手不得互靠。在准备时,主试者应用剪刀把发毛的线头剪光。

(3) 肩臂动觉感受性

测试方法:采用对墙举臂:把尺子挂在墙上适当高度。受试者侧立尺前,身体右侧对准直尺,据尺一臂远(受试者平举臂时,中指尖很靠近标尺,但不触及标尺)。蒙住受试者双眼,令受试者平举右臂(射箭项目是左臂),记下受试者中指指尖所对标尺的位置作为标准位置,然后要求受试者重复上述动作3次,记录每次与标准位置的差值(都取正值),计算3次误差的平均值,越小越好。

(4) 平衡能力

测试方法:燕立平衡的方法。要求受试者平行站立,蒙住双眼,两臂从两侧抬起与肩持平,右腿呈120度屈膝抬起,开始计时,到右腿触地为止,坚持越久时间越好。

17.1.4 选材评价使用说明

（1）本标准的适用范围：选材标准适用于14~17岁的男女运动员。
（2）各项指标的评分：按当年最近拍摄的骨龄片所确定的骨龄来评定。
（3）基本指标体系中的各类别指标按选材测试的标准进行评价。
（4）各单项指标得分之和，即为综合评价的总分。总分在80分及以上为优秀，总分在70~79.9分为良好，总分在60~69.9分为中等，总分在60分以下为不及格。

步枪射击运动员选材指标类别权重和各指标权重分配，见表17-3。

表17-3　步枪射击运动员选材指标类别权重和各指标权重分配表（14~17岁男/女）

类别	指标	男		女	
		指标权重	类别权重	指标权重	类别权重
形态	身高	25	10	25	10
	臂展	25		25	
	手长	25		25	
	肩宽	25		25	
机能	肺活量	40	10	40	10
	心功指数	30		30	
	血红蛋白	30		30	
心理	人格	15	40	15	40
	智力	15		15	
	认知风格	15		15	
	气质神经类型	20		20	
	稳定性	15		15	
	反应时	10		10	
	时间知觉	10		10	
素质	仰卧抱头起	30	20	30	20
	800米（女）1500米（男）	30		30	
	视力	40		40	
教练员评定	悬臂点圆	10	20	10	20
	摞弹壳	25		25	
	穿针	25		25	
	对墙举臂	15		15	
	燕立平衡	25		25	

17.2 飞碟射击运动项目科学选材

飞碟射击目标是高速飞行的飞碟，要在极短的时间内（0.4~0.65秒）完成看靶、起枪、运枪、瞄准、击发等复杂动作；而且靶子飞行多变，条件变化大。飞碟射击使用的子弹为散弹，枪械为双管霰弹猎枪，弹丸为多发，比赛中一个弹丸命中碟靶即为命中，否则判为脱靶,因此此项目属于概率性准确性项目,其准确性程度不像步手枪要求那么高,该项目的选材要求运动员有极快的反应速度;感知觉要灵敏,空间、时间、运动知觉要非常精确;要求动作高度协调一致,技巧性高,动作连贯自如,甚至要达到完美的自动化程度。

17.2.1 选材的基本要求

(1) 身体形态:一般飞碟射击运动员的身高,男的在1.65米以上,女的在1.6米以上就可以(个别例外)。身材高大一点的好处在于能承受比较大的后坐力,枪支跳动小。体型最好比较匀称,上身短,四肢长,臂展长超过身高,便于操纵枪支,尤其是打双向,上身短,提枪过程短,便于更快地构好瞄准基线。

(2) 运动素质:身体健康、无大疾病、视力正常,尤其是空间知觉灵敏,反应快、动作协调、接受能力强。力量方面,上肢力量素质决定着运动员的动作技术的掌握。

(3) 生理机能:飞碟射击所有项目击发瞬间均需运动员屏息,因此,对肺活量有一定的要求。另外,运动员心脏功能也是一项非常重要的指标,因为该项目心理承受能力要求较高。

(4) 心理品质:心理品质的差异直接决定着运动员的比赛表现。因此,选材是要着重从遗传度较大的心理指标入手,比如神经类型、人格特征、反应时、智力、认知风格等。反应能力好,眼手反应(光反应)、耳手反应(声反应)良好,反映出优秀飞碟运动员思维灵活性好,应变能力强,注意力集中,动作协调,有很好的自我控制能力。

17.2.2 选材的指标

飞碟射击科学选材的指标,见表17-4。

表17-4 飞碟射击科学选材的指标

指标类别	基本指标	参考指标
形态类	身高、臂展、肩宽、手长	
机能类	心功指数、肺活量、血红蛋白	
心理类	人格、智力、认知风格、气质神经类型声光简单反应时、食指反应时、时间知觉	
素质类	仰卧抱头起、800米或1500米跑、视力、握力	
教练员评定	动作稳定性、动作技术、本体感觉评定、协调能力	

17.2.3 选材指标的测试方法及意义

1. 形态类

(1) 身高

测量方法:受试者赤脚,以立正姿势站于身高坐高计底板上,足跟、骶骨部和两肩胛与立柱相接触,身体自然挺直,头部正直,两眼平视。测量者站在被测者的侧面,将受试者头部进行调整,支柱压板水平下移,轻放于头顶最高处,松紧要适度,观察并读取数据。误差不得超过0.5厘米。

(2) 臂展

臂展测试方法:将测量尺固定在平台上,两脚分开,两臂左右侧平举,上体伏在测量尺上,一手的中指固定在标尺的零位,上肢尽量向另一侧伸展,两手臂呈一直线。测量两手中指尖之间的距离。

对于步枪运动员来说,臂展长就意味着能够有更大的空间控枪,使得枪支稳定性和肌肉群用力更为协调。

(3) 手长

手长测量方法:被测者前臂抬平,手伸直,要求掌心与前臂呈一直线,远侧桡腕关节纹上的测量点大致相当于腕关节褶皱的中点,即远端腕横纹中点至中指尖的直线距离。

此指标反映运动员持枪手部解剖学基础。

(4) 肩宽

测量方法:受试者两腿分开与肩同宽,自然站立,两肩放松,手臂自然下垂。测试人员站在受试者背面,先用两食指沿肩胛冈向外摸到肩峰外侧缘中点即肩峰点,再用测径器测量两肩峰点间的距离读数,测量误差不得超过0.5厘米。

肩宽是反映人体体型特点和横向发育水平的重要指标。

2. 机能类

(1) 心功指数

测试方法:受试者静坐时心率标记为 P_1,然后让受试者从立正姿势开始,按节拍器节奏,在30秒内完成30次匀速蹲起动作。要求下蹲到最大限度,站起时,两手平举,足不离地,最后一次蹲起结束后,立即测10秒脉搏,然后将测得的脉搏数乘以6得到运动后即刻的心率,标记为 P_2,在休息1分钟后再测10秒脉搏数,乘以6得到恢复期第一分钟后心率,标记为 P_3,测试3次结果套入心功能指数公式:

心功能指数 = $(P_1+P_2+P_3-200)/10$

心功能指数评价心脏功能,见表17-5。

表17-5 心功能指数评价心脏功能表

心功能指数	≤0	0~5	6~10	11~15	≥16
心脏功能	最好	较好	一般	较差	最差

通过安静心率和定量负荷运动后运动员心率变化来反映运动员心肺功能水平的指标,该指数越小,表明运动员的心肺功能越强。

(2) 肺活量

肺活量测试方法:受试者站立位,作一两次扩胸运动或深呼吸后尽力深吸气,吸满后再向肺活量计的口嘴尽力呼气,直到不能再呼气为止。此时所呼出的气量即为肺活量,重复测量3次,去其最大值作为被测试者的肺活量值。

运动员需要有良好的呼吸机能和较大的肺通气量。

(3) 血色素血红蛋白

测试方法:血细胞计数器。

血红蛋白反映运动员的营养与机能状况,血红蛋白含量直接影响运动员有氧代谢能力,其变化还能反映机体对训练的适应情况。

3. 心理类

(1) 人格

测试方法:使用艾森克人格测试量表(成人版)对受试者进行测量,向受试者宣读量表指导语,受试者根据量表条目做出反应。测试完成后,根据量表计分规则进行评测:内外向(E):分数高表示人格外向,分数低表示人格内向;神经质(N):分数高者情绪波动较大;精神质(P):分高者对外部环境适应较差。

此项指标反映的是构成运动员的思想、情感及行为的特有模式,此独特模式包含了其区别于他人的稳定而统一的心理品质,人格是在遗传、成熟和环境、教育等先天、后天因素的交互作用下形成的,运动员的生活、训练、比赛中处处均有所表现。

(2) 气质类型

测试方法:使用内田—可列别林气质类型测试表进行测试,依据统一测试指导语,要求受试者在30分钟内做一位数的连续加法计算。对每行标准型测验采用十进位的连续加法,受测者按指导语从横向排列的第一行、第一个数字起,将两两相邻的数字相加,相加之和超过10,则将所得答案的个位数写在两个数字的中间;相加之和若没有超过10,则将所得答案直接写在两个数字的中间。每行做1分钟,1分钟到时,受测者根据指令换行,从下一行最左端重新开始计算,依此方法连续进行15分钟的加法作业,然后休息5分钟,再做后半部分,方法与前半部分相同,也是每行做1分钟,做15分钟。

测验完成后,将受测者各行完成的加法运算终点用直线依次连接起来,于是就形成了两条曲线,内田称之为作业曲线。然后划分作业量等级、检查答案的正误及漏字并计算平均作业量,其次是根据作业量、误答、曲线形状等三个方面来评定测验结果,划分作业曲线类型。

气质类型表现在运动员心理活动的强度、速度、灵活性与指向性等方面的一种稳定的心理特征。人的气质差异是先天形成的,受神经系统活动过程的特性所制约。气质是人的天性,无好坏之分,不同气质类型的运动员适用不同运动项目。

(3) 智力

测试方法:使用瑞文标准推理测验(Raven's Standard Progressive Matrices, SPM)(标准版),受试者根据测量项目进行反应,一般人完成瑞文标准推理测验大约需要半小时,最好在45分钟之内完成;主试根据瑞文标准推理测验评判标准判断受试者智力情况。

以被试回答正确题数评定智力水平,用百分比等级表示。

一级:测验标准分等于或超过同年龄常模组的95%,为高水平智力。

二级:测验标准分在75%与95%之间,智力水平良好。

三级:测验标准分在25%与75%之间,智力水平中等。

四级:测验标准分在5%与25%之间,智力水平中下。

五级:测验标准分低于5%,为智力缺陷。

智力可被看作是运动员的各种认知能力的综合,特别强调解决新问题的能力,抽象思维、学习能力,对环境的适应能力,是满足射击运动员适应运动项目训练和比赛的基础能力。

(4) 认知风格

知风格测量方法:使用镶嵌图形测验进行场独立场依存测验,令受试者在较复杂的图形中用铅笔勾画出镶嵌或隐蔽在其中的简单图形。在测验中,能排除背景因素的干扰从复杂图形中迅速地、容易地知觉到指定的简单图形者为场独立型;而完成该项任务较为困难者为场依存型。

测试的分数是第二部分与第三部分相加得来,第一部分仅是让被测者熟悉题型,因此注意不要将第一部分的得分计入。

成年总体的常模分数为:9.76　　　常模标准差为:4.57

成年男性的常模分数为:9.86　　　常模标准差为:4.45

成年女性的常模分数为:9.69　　　常模标准差为:4.89

计算公式为:$t = $(统计分数-常模分数)/常模标准差

因为 t 一般为小数,有时为负数,为方便期间进行如下转换:

$T = t \times 10 + 50$

如果 T 大于 50 则表明倾向于场独立型,小于 50 则倾向于场依存型。

场依存性—场独立性是反映受试者认知方式方面个体差异的指标。场依存者倾向于以外界的参照作为信息加工的依据,而场独立者倾向于更多利用自我内部的参照。

(5) 声光反应时

测试方法:调试好声光反应时仪器,仪器将自动呈现声、光(四种颜色的灯同时点亮)刺激。设置的测试次数是 20 次,则声和光刺激各呈现 10 次,但呈现的次序是随机的被试根据声(光)刺激的呈现,手指离开反应键盘上的圆孔,仪器将自动记录刺激呈现到被试手指离开反应键盘圆孔之间的时间,及声(光)的反应时间,分别打印声(光)的平均反应时间。

此指标神经系统的应变能力,属于给予被试单一声(光)刺激,要求被试做出的单一反应,主要考察运动员对碟靶出现的反应感知能力。

(6) 食指反应时

测试方法:要求运动员用右利手拿住秒表,主试指令开始,运动员用食指以最快速度按开始计时和停止计时,一次完成后回零,重新开始,共 3 次,取 3 次平均值。

此指标主要考察运动员食指对扳机的反应灵敏性。

(7) 时间知觉

测试方法:首先要求运动员看着秒表,对 5 秒、15 秒、25 秒有初步感觉,然后主试要求运动员盲视,分别对 5 秒、15 秒、25 秒进行 3 次按键,计算每次秒表实际读数与 5 秒、15 秒、25 秒之间的差值绝对值,最后统计出三种绝对值差值进行判断比较。

此指标运动员对客观现象延续性和顺序性的反映。

4. 素质类

(1) 仰卧抱头起

测试方法:受试者仰卧,双脚放于垫上,两腿屈膝并拢,大小腿成直角,两手指交叉放于头后,起坐时,以双肘触及两膝为完成一次。受试者仰卧抱头起时,双肘必须触及双膝,躺下时手背和肘部必须触及垫子或平台后,臀部不准离垫,记录最终完成抱头起的次数。

该指标测试受试者腰腹力量。

(2) 800 米跑或 1500 米跑

测试方法:400 米平坦跑道若干条,测试前做好思想动员,要求受试者全力以赴,测出真实水平。受试者至少 2 人一组,用站立式起跑。当听到口令后开始起跑,发令员在发出口令时摆动发令旗。计时员视旗动开表计时,受试者胸部到达终点线的垂直面停表。记录以秒为单位,精确到小数点后一位。

该指标反映运动员的心肺功能和速度耐力。

(3) 视力

视力测量方法:按医院标准视力检查法、立体视觉侧视图、主视眼测试。

此指标反映人眼睛的最大特征是辨认细节的能力。

(4) 握力

测量方法:使用握力计。方法与要求:受试者手持握力计,两臂自然下垂,以方便姿势站立,然后以最大力量紧握握力计一次,然后以最大力量的 80% 再紧握握力计一次,并读数记录。左右手可交替各测 2~3 次,记录并计算出实际握力值与 80% 最大力之间的差值绝对值。

此指标反映运动员力量差别感受性。

5. 教练员评定

由教练员评定运动员的稳定性、动作技术、本体感觉评定、协调能力,最后综合评分。

(1) 肩臂稳定性

测量方法:采用悬臂点圆和摆弹壳的方法。16 开纸一张,上面印有 0.5 厘米内直径小圆圈 200 个,图样式同大纲所列。受试者悬肘用彩笔依次在圆圈中点上点,点到圆圈线上或圈外的不计数,计其一分钟点到圆中的数目。

摆弹壳:乒乓球拍一只(有一面必须光板),未经发射过的小口径子弹壳若干。受试者采取站立姿势,单手握球拍,光板面水平向上,把要摆的弹壳放在球拍面上做好准备。然后开始,允许进行 3 次,时间不限,取其中最多一次记分,要求持球拍手臂不得接触身体。

(2) 动作精确性

穿针:4 厘米长的中号缝衣针若干,缝纫机用棉丝光线若干。受试者采用坐姿,在一分钟内把针穿在一根线上,穿上的针越多越好。穿针时受试者双臂可以在桌上,但双手不得互靠。在准备时,主试者应用剪刀把发毛的线头剪光。

(3) 肩臂动觉感受性

测试方法:采用对墙举臂:把尺子挂在墙上适当高度。受试者侧立尺前,身体右侧对准直尺,据尺一臂远(受试者平举臂时,中指尖很靠近标尺,但不触及标尺)。蒙住受试者双眼,令受试者平举右臂(射箭项目是左臂),记下受试者中指指尖所对标尺的位置作为标准位置,然后要求受试者重复上述动作3次,记录每次与标准位置的差值(都取正值),计算3次误差的平均值,越小越好。

(4) 平衡能力

测试方法:燕立平衡的方法。要求受试者平行站立,蒙住双眼,两臂从两侧抬起与肩持平,右腿呈120度屈膝抬起,开始计时,到右腿触地为止,坚持越久时间越好。

(5) 持枪协调感觉

测试方法:教练员简单讲解飞碟射击的基本动作并做示范动作,运动员模仿教练员的示范动作,教练员根据运动员的模仿情况进行评定打分。

17.2.4 选材评价使用说明

1. 本标准的适用范围:选材标准适用于14~17岁的男女运动员。
2. 各项指标的评分:按当年最近拍摄的骨龄片所确定的骨龄来评定。
3. 基本指标体系中的各类别指标按选材测试的标准进行评价。
4. 各单项指标得分之和,即为综合评价的总分。总分在80分及以上为优秀;总分在70~79.9分为良好;总分在60~69.9分为中等;总分在60分以下为不及格。

17.2.5 指标类别权重和各指标权重分配表

飞碟射击运动员选材指标类别权重和各指标权重分配,见表17-6。

表17-6 飞碟射击运动员选材指标类别权重和各指标权重分配表(14~17岁男/女)

类别	指标	男		女	
		指标权重	类别权重	指标权重	类别权重
形态	身高	25	10	25	10
	臂展	25		25	
	手长	25		25	
	肩宽	25		25	
机能	肺活量	40	10	40	10
	心功指数	30		30	
	血红蛋白	30		30	

续表

类别	指标	男		女	
		指标权重	类别权重	指标权重	类别权重
心理	人格	15	40	15	40
	智力	15		15	
	认知风格	10		10	
	气质神经类型	15		15	
	反应时	15		15	
	食指连续反应时	15		15	
	时间知觉	15		15	
素质	仰卧抱头起	30	20	30	20
	800米(女) 1500米(男)	30		30	
	视力	40		40	
教练员评定	悬臂点圆	10	20	10	20
	摞弹壳	10		10	
	穿针	10		10	
	对墙举臂	20		20	
	燕立平衡	25		25	
	持枪协调感觉	25		25	

17.3 射箭运动项目科学选材

射箭是指人通过对弓施力,利用弓的反作用力把箭弹出所完成的过程,精度射箭是奥运会规定项目。射箭运动是一项以人体上肢活动为主的全身性运动,运动员在比赛和训练中,技术动作的完成主要是依赖于手、臂、肩带、躯干等肌群反复用力,多次重复收缩循环。该项目要求运动员自控能力强,在运动过程中,要站得稳、瞄得准,精力高度集中,在一定时间内双臂匀速用力来完成射箭动作。

射箭运动员选材对象是指尚未接受射箭训练或者是刚刚接触训练的14～17岁的少年,他们所具有的遗传性状及训练潜力,使其将来有较大可能性成为优秀射箭运动员。

17.3.1 选材的基本要求

(1) 身体形态:射箭运动员明显的形态特点是体态匀称,肩宽对于射箭运动员来说是一项非常关键的指标,这不但因为肩宽可以作为开弓后动作固定的必需支撑点,还因为它具有更好的超越器械能力,亦所作用在弓上的有效力矩更长。上臂短于前臂是射箭运动员合理形态的一个重要指标对于射箭运动员来说,臂展长大就意味着能够有更大的受力力矩,所射出的箭就具有更大的初速度,臂展长大运动员所用的箭就会长。

(2) 运动素质:射箭运动员对腰部力量及上肢力量要求较高,对肩带柔韧性及动作感觉的敏感性,另外平衡、协调素质较好的运动员技术进步幅度大。

(3) 生理机能：射箭运动员撒放瞬间均需运动员屏息，因此，对肺活量有一定的要求。另外，运动员心脏功能也是一项非常重要的指标，因为该项目心理承受能力要求较高。射箭运动员还必须具有良好的体能作为训练和比赛的基础。

(4) 心理品质：射箭运动员的心理特征为具有良好的情绪稳定性，注意力集中，运动感知觉准确一致性，自我控制力、偏场独立型和身体平衡能力好。

17.3.2 选材的指标

射箭科学选材的指标，见表17-7。

表17-7 射箭科学选材的指标

指标类别	基本指标	参考指标
形态类	身高、臂展、肩宽、上臂长、前臂长	
机能类	心功指数、肺活量、血红蛋白	
心理类	人格、智力、认知风格、气质神经类型、反应时、时间知觉	
素质类	20级蛙跳、屈臂悬垂、肩带柔韧性、视力、背力、仰卧抱头起、800米或1500米跑	
教练员评定	动作稳定性、动作技术、本体感觉评定、协调能力	

17.3.3 选材指标的测试方法及意义

1. 形态类

(1) 身高

测量方法：受试者赤脚，以立正姿势站于身高坐高计底板上，足跟、骶骨部和两肩胛与立柱相接触，身体自然挺直，头部正直，两眼平视。测量者站在被测者的侧面，将受试者头部进行调整，支柱压板水平下移，轻放于头顶最高处，松紧要适度，观察并读取数据。误差不得超过0.5厘米。

(2) 臂展

臂展测试方法：将测量尺固定在平台上，两脚分开，两臂左右侧平举，上体伏在测量尺上，一手的中指固定在标尺的零位，上肢尽量向另一侧伸展，两手臂呈一直线。测量两手中指尖之间的距离。

对于射箭运动员来说，臂展长大就意味着能够有更大的受力力矩，所射出的箭就具有更大的初速度，臂展长大运动员所用的箭就会长。根据流体力学原理：长形物体比短形物体在空间飞行过程中，由于与气流发生摩擦，物体本身重力和飞行速度的比值原因，形成抛物线，其运行轨迹清晰、稳定，尾摆力度减小，从而形成规则性飞行。由此可见，射箭运动员的臂展长是选材的重要指标。

(3) 肩宽

测量方法：受试者两腿分开与肩同宽，自然站立，两肩放松，手臂自然下垂。测试人员站在受试者背面，先用两食指沿肩胛冈向外摸到肩峰外侧缘中点即肩峰点，再用测径器测量两肩峰点间的距离读数，测量误差不得超过0.5厘米。

肩宽是反映人体体型特点和横向发育水平的重要指标。肩宽可以作为开弓后动作固定的必须支撑点,还因为它具有更好的超越器械能力,亦所作用在弓上的有效力矩更长。男子肩宽多分布在41~43厘米段,占73%;女子肩宽37~40厘米,占总的75%。

(4) 上臂长

上臂长:受试者自然站立,两脚分开同肩宽,测试人员将带尺上缘沿左臀皱纹水平环绕量其围度,误差不得超过0.5厘米。

该指标直接影响技术动作的直线用力固势,如果上臂长于前臂,容易破坏动作的直线固势,特别容易导致拉靠定位过程中推力和拉力的对称固定力度减弱,造成对右肩胛骨不能合理的力学定位。

(5) 前臂长

前臂长的测试方式:受试者自然站立,两脚分开同肩宽,测试人员用带尺在左小腿踝关节上方,以水平位置量其最细处的围度,误差不得超过0.5厘米。

小臂的长度是固定和保持拉靠到位后的动作直线力感,加强在拉瞄过程中合理的直线持续用力,保证了推弓手—拉靠点—后手肘关节整个过程中的三点一线原理。

2. 机能类

(1) 心功指数

测试方法:受试者静坐时心率标记为P_1,然后让受试者从立正姿势开始,按节拍器节奏,在30秒内完成30次匀速蹲起动作。要求下蹲到最大限度,站起时,两手平举,足不离地,最后一次蹲起结束后,立即测10秒脉搏,然后将测得的脉搏数乘以6得到运动后即刻的心率,标记为P_2,在休息1分钟后再测10秒脉搏数,乘以6得到恢复期第一分钟后心率,标记为P_3,测试3次结果套入心功能指数公式:

心功能指数=$(P_1+P_2+P_3-200)/10$

心功能指数评价心脏功能,见表17-8。

表17-8 心功能指数评价心脏功能表

心功能指数	≤0	0~5	6~10	11~15	≥16
心脏功能	最好	较好	一般	较差	最差

通过安静心率和定量负荷运动后运动员心率变化来反映运动员心肺功能水平的指标,该指数越小,表明运动员的心肺功能越强。

(2) 肺活量

肺活量测试方法:受试者站立位,作一两次扩胸运动或深呼吸后尽力深吸气,吸满后再向肺活量计的口嘴尽力呼气,直到不能再呼气为止。此时所呼出的气量即为肺活量,重复测量3次,去其最大值作为被测试者的肺活量值。

运动员需要有良好的呼吸机能和较大的肺通气量。

(3) 血色素血红蛋白

测试方法:血细胞计数器。

血红蛋白反映运动员的营养与机能状况,血红蛋白含量直接影响运动员有氧代谢能力,其变化还能反映机体对训练的适应情况。

3. 心理类

(1) 人格

测试方法:使用艾森克人格测试量表(成人版)对受试者进行测量,向受试者宣读量表指导语,受试者根据量表条目做出反应。测试完成后,根据量表计分规则进行评测:内外向(E):分数高表示人格外向,分数低表示人格内向;神经质(N):分数高者情绪波动较大;精神质(P):分高者对外部环境适应较差。

此项指标反映的是构成运动员的思想、情感及行为的特有模式,此独特模式包含了其区别于他人的稳定而统一的心理品质,人格是在遗传、成熟和环境、教育等先后天因素的交互作用下形成的,运动员的生活、训练、比赛中处处均有所表现。

(2) 气质类型

测试方法:使用内田—可列别林气质类型测试表进行测试,依据统一测试指导语,要求受试者在 30 分钟内做一位数的连续加法计算。对每行标准型测验采用十进位的连续加法,受测者按指导语从横向排列的第一行、第一个数字起,将两两相邻的数字相加,相加之和超过 10,则将所得答案的个位数写在两个数字的中间;相加之和若没有超过 10,则将所得答案直接写在两个数字的中间。每行做 1 分钟,1 分钟到时,受测者根据指令换行,从下一行最左端重新开始计算,依此方法连续进行 15 分钟的加法作业,然后休息 5 分钟,再做后半部分,方法与前半部分相同,也是每行做 1 分钟,做 15 分钟。

测验完成后,将受测者各行完成的加法运算终点用直线依次连接起来,于是就形成了两条曲线,内田称之为作业曲线。然后划分作业量等级、检查答案的正误及漏字并计算平均作业量,其次是根据作业量、误答、曲线形状等三个方面来评定测验结果,划分作业曲线类型。

气质类型表现在运动员心理活动的强度、速度、灵活性与指向性等方面的一种稳定的心理特征。人的气质差异是先天形成的,受神经系统活动过程的特性所制约。气质是人的天性,无好坏之分,不同气质类型的运动员适用不同运动项目。

(3) 智力

测试方法:使用瑞文标准推理测验(Raven's Standard Progressive Matrices,SPM)(标准版),受试者根据测量项目进行反应,一般人完成瑞文标准推理测验大约需要半小时,最好在 45 分钟之内完成;主试根据瑞文标准推理测验评判标准判断受试者智力情况。

以被试回答正确题数评定智力水平,用百分比等级表示。

一级:测验标准分等于或超过同年龄常模组的 95%,为高水平智力。

二级:测验标准分在 75% 与 95% 之间,智力水平良好。

三级:测验标准分在 25% 与 75% 之间,智力水平中等。

四级:测验标准分在 5% 与 25% 之间,智力水平中下。

五级:测验标准分低于 5%,为智力缺陷。

智力可被看作是运动员的各种认知能力的综合,特别强调解决新问题的能力,抽象思维、学习能力,对环境的适应能力,是满足射击运动员适应运动项目训练和比赛的基础能力。

(4) 认知风格

认知风格测量方法:使用镶嵌图形测验进行场独立场依存测验,令受试者在较复杂的图形中用铅笔勾画出镶嵌或隐蔽在其中的简单图形。在测验中,能排除背景因素的干扰从复杂图形中迅速地、容易地知觉到指定的简单图形者为场独立型;而完成该项任务较为困难者为场依存型。

测试的分数是第二部分与第三部分相加得来,第一部分仅是让被测者熟悉题型,因此注意不要将第一部分的得分计入。

成年总体的常模分数为:9.76　　　常模标准差为:4.57
成年男性的常模分数为:9.86　　　常模标准差为:4.45
成年女性的常模分数为:9.69　　　常模标准差为:4.89

计算公式为:$t = (统计分数 - 常模分数) / 常模标准差$

因为 t 一般为小数,有时为负数,为方便期间进行如下转换:

$T = t \times 10 + 50$

如果 T 大于 50 则表明倾向于场独立型,小于 50 则倾向于场依存型。

场依存性—场独立性是反映受试者认知方式方面个体差异的指标。场依存者倾向于以外界的参照作为信息加工的依据,而场独立者倾向于更多利用自我内部的参照。

(5) 反应时

测试方法:调试好声光反应时仪器,受试者接收声光反应,但呈现的次序是随机的被试根据光刺激的呈现,手指离开反应键盘上的圆孔,仪器将自动记录刺激呈现到被试手指离开反应键盘圆孔之间的时间,及光的反应时间。测试结束后,记录受试者反应时间,计算平均光反应时间。

此指标神经系统的应变能力,属于给予被试单一声(光)刺激,要求被试做出的单一反应。

(6) 时间知觉

测试方法:首先要求运动员看着秒表,对 5 秒、15 秒、25 秒有初步感觉,然后主试要求运动员盲视,分别对 5 秒、15 秒、25 秒进行 3 次按键,计算每次秒表实际读数与 5 秒、15 秒、25 秒之间的差值绝对值,最后统计出 3 种绝对值差值进行判断比较。

此指标是运动员对客观现象延续性和顺序性的反映。

4. 素质类

(1) 20 级蛙跳

测试方法:在长度至少为 50 米的平坦地面上画起点和终点线各一条,两线相距 45 米(男)或 37 米(女),在两线之间每隔 2.25 米(女 1.85 米)画虚线一条,共画 19 条,以便让运动员掌握跳的节奏。受试者原地起跳,按规定距离连续蛙跳 20 次计时,每人做 2 次,以最好的一次为准。

该指标主要测试运动员下肢肌群、腰背肌群的力量耐力、速度耐力。

(2) 屈臂悬垂

测试方法：受试者站在凳上，反握单杠，两手与肩同宽，两臂全屈，横杠位于下颌之下，然后两脚离开凳子，作静止用力的悬垂姿势。当受试者双脚离凳时，测试人员开始计时，当头顶低于横杠上缘时停表，记录以秒为单位。

该指标测试运动员肩臂肌肉克服自身体重时的静力耐力。

(3) 仰卧抱头起

测试方法：受试者仰卧，双脚放于垫上，两腿屈膝并拢，大小腿呈直角，两手指交叉放于头后，起坐时，以双肘触及两膝为完成一次。受试者仰卧抱头起时，双肘必须触及双膝，躺下时手背和肘部必须触及垫子或平台后，臀部不准离垫，记录最终完成抱头起的次数。

该指标测试受试者腰腹力量。

(4) 800米跑或1500米跑

测试方法：400米平坦跑道若干条，测试前做好思想动员，要求受试者全力以赴，测出真实水平。受试者至少2人一组，用站立式起跑。当听到口令后开始起跑，发令员在发出口令时摆动发令旗。计时员视旗动开表计时，受试者胸部到达终点线的垂直面停表。记录以秒为单位，精确到小数点后一位。

该指标反映运动员的心肺功能和速度耐力。

(5) 背力

仪器：背力计。

方法与要求：背力须用背力测力器测定测定时，令被测者以髋关节为轴心，前俯躯干、脊柱和下肢应伸直；两足踏在测力器的踏板上，相距约15厘米；两手紧握测力器的横柄，横柄高度应与膝关节齐平。在调整测力计链条长度后，再令被测者向上伸直躯干至最大限度，提起横柄。此时指标所示的千克数即为背力的数值。应连续测定3次，并记录最大的数值。测定时应注意测力器链条长度要根据被测者的膝高而定，被测者伸直躯干时应徐徐用力，不可使用瞬时的冲力。

此指标可作为全身肌力的代表性指标。

(6) 视力

视力测量方法：按医院标准视力检查法、立体视觉侧视图、主视眼测试。

此指标反映人眼睛的最大特征是辨认细节的能力。

(7) 肩带柔韧性

测量方法：采用FMS(Functional Movement Screen)功能性运动测试。要求①运动员站立位，一只手由下向上以手背贴后背部，沿脊柱尽力上摸握住木尺；②另一手由上向下单手以手掌贴后背部，握木尺从上向下尽力滑动；③记录两拳间尺子距离（由测试者协助握好尺子，垂直地面）；④上下交换双手位子，重复以上测试，取低分为测试得分。

3分：(保持正确的队列姿态（双肩、髋、膝及足）；保持双肩水平；肩胛骨紧贴躯干（没有摆动）；肩关节和躯干保持在同一垂直平面上)。上下两手间距离小于一只手距离（腕横纹到中指尖距离,可先测量得出数字)。

2分:上下两手间距离大于于一只手距离,而小于1.5只手距离。

1分:上下两手间距离大于1.5只手距离。

此指标反映肩带的灵活性与稳定性。

5. 教练员评定

由教练员评定运动员的稳定性、动作技术、本体感觉评定、协调能力,最后综合评分。

(1) 肩臂稳定性

测量方法:采用悬臂点圆和摆弹壳的方法。16开纸一张,上面印有0.5厘米内直径小圆圈200个,图样式同大纲所列。受试者悬肘用彩笔依次在圆圈中点上点,点到圆圈线上或圈外的不计数,计其一分钟点到圆中的数目。

摆弹壳:乒乓球拍一只(有一面必须光板),未经发射过的小口径子弹壳若干。受试者采取站立姿势,单手握球拍,光板面水平向上,把要摆的弹壳放在球拍面上做好准备。然后开始,允许进行三次,时间不限,取其中最多一次记分,要求持球拍手臂不得接触身体。

(2) 动作精确性

穿针:4厘米长的中号缝衣针若干,缝纫机用棉丝光线若干。受试者采用坐姿,在一分钟内把针穿在一根线上,穿上的针越多越好。穿针时受试者双臂可以在桌上,但双手不得互靠。在准备时,主试者应用剪刀把发毛的线头剪光。

(3) 肩臂动觉感受性

测试方法:采用对墙举臂:把尺子挂在墙上适当高度。受试者侧立尺前,身体右侧对准直尺,据尺一臂远(受试者平举臂时,中指尖很靠近标尺,但不触及标尺)。蒙住受试者双眼,令受试者平举右臂(射箭项目是左臂),记下受试者中指指尖所对标尺的位置作为标准位置,然后要求受试者重复上述动作3次,记录每次与标准位置的差值(都取正值),计算3次误差的平均值,越小越好。

(4) 平衡能力

测试方法:燕立平衡的方法。要求受试者平行站立,蒙住双眼,两臂从两侧抬起与肩持平,右腿呈120度屈膝抬起,开始计时,到右腿触地为止,坚持越久时间越好。

17.3.4 选材评价使用说明

(1) 本标准的适用范围:选材标准适用于14~17岁的男女运动员。

(2) 各项指标的评分:按当年最近拍摄的骨龄片所确定的骨龄来评定。

(3) 基本指标体系中的各类别指标按选材测试的标准进行评价。

(4) 如果没有教练员评分,总分暂时只包括形态、机能和心理得分。形态、机能和心理分别按占类别满分的比例计算得分。综合得分由形态、机能和心理的原始分占三类别满分之和的比例计算。

(5) 各单项指标得分之和,即为综合评价的总分。总分在80分及以上为优秀,总分在70~79.9分为良好,总分在60~69.9分为中等,总分在60分以下为不及格。

17.3.5 指标类别权重和各指标权重分配表

射箭运动员选材指标类别权重和各指标权重分配，见表17-9。

表17-9 射箭运动员选材指标类别权重和各指标权重分配表(14~17岁男/女)

类别	指标	男		女	
		指标权重	类别权重	指标权重	类别权重
形态	身高	20	10	20	10
	上臂长	20		20	
	手长	20		20	
	肩宽	20		20	
	前臂长	20		20	
机能	肺活量	40	10	40	10
	心功指数	30		30	
	血红蛋白	30		30	
心理	人格	15	40	15	40
	智力	15		15	
	认知风格	10		10	
	气质神经类型	15		15	
	稳定性	15		15	
	反应时	15		15	
	时间知觉	15		15	
素质	仰卧抱头起	10	25	10	20
	800米(女) 1500米(男)	15		15	
	视力	10		10	
	背力	15		15	
	20级蛙跳	10		10	
	屈臂悬垂	15		15	
	肩带柔韧性	15		15	
教练员评定	悬臂点圆	10	15	10	20
	摞弹壳	25		25	
	穿针	25		25	
	对墙举臂	15		15	
	燕立平衡	25		25	

17.4 手枪射击运动项目科学选材

手枪射击项目属于技能类表现准确性的项目，虽然动作技术结构并不复杂，但技能掌握的好坏与动作的稳定性密切相关。射手肌肉工作的稳定性，是决定其技能能否达到高水平的先决条件，稳定性好，10环的命中率会高。因此，教练员在选材过程中，要注意选拔一些先天稳定性好的青少年来从事射击专项技术训练。

17.4.1 选材的基本要求

（1）选材年龄：12~15岁。

（2）身体形态：视力正常，身高适中，肩平，颈长尺度适当，髋宽较高，身体重心偏低。

（3）运动素质：静力性力量要好，动作平稳且灵活，动态平衡能力高。

（4）生理机能：呼吸深度大、频率低，常采用腹式呼吸。

（5）心理品质：神经类型为安静型，情绪波动不明显，善于自控，抗干扰能力强，注意力高度集中，触觉、位觉较灵敏，沉着、冷静、细致。

（6）技能表现：姿态稳定，动作连贯、平稳，动作的理解能力、记忆能力强，上肢本体感觉好。

17.4.2 选材指标

手枪射击运动项目选材的指标，见表17-10。

表17-10 手枪射击运动项目选材指标

指标类别	选材的基本指标	选材的参考指标
形态类	身高、克莱特指数、指距、手长、食指长、上肢长/身高×100	
机能类	心功指数、视力、憋气时间	
素质类	俯卧撑、1分钟跳绳、	
专项类	根据所选专项测试	
心理类	对墙举臂、叠弹壳、穿针、综合反应时	
教练员评定		

17.4.3 选材指标的测量方法及意义

1. 形态类

（1）身高

测量方法：受试者赤脚，以立正姿势站于身高坐高计底板上，足跟、骶骨部和两肩胛与立柱相接触，身体自然挺直，头部正直，两眼平视。测量者站在被测者的侧面，将受试者头部进行调整，支柱压板水平下移，轻放于头顶最高处，松紧要适度，观察并读取数据。误差不得超过0.5厘米。

身高是反映骨骼发育状况的一个重要形态指标，射击运动员要求身高适中。

（2）克托莱指数（体重/身高×1000）

体重测试方法：让受试者站在体重秤平台中部不动，面对指针，待指针稳定后读数。

克托莱指数主要是反映人体发育匀称度，射击运动员要求身材匀称。

（3）指距

指距测量方法：将测量尺（超过2米的钢尺或皮尺）固定在平台上，受试者两脚分开，两臂左右侧平举，上体伏在测量尺上，一手中指固定于测量尺零位，上肢尽量向另一侧伸直，两手臂呈一直线。测试人员面向受试者，测量两中指之间的距离。测量误差不得超过0.5厘米。

指距可反映上肢的相对长度。

(4) 手长

测试方法：受试者直立，左手前伸，五指并拢，掌心向上，测试人员测量桡尺骨远端横纹至中指尖的距离。

(5) 食指长

测试方法：测试受试者从食指指尖点至掌指关节的近位弯曲肤纹的直线距离。

该指标可间接反映运动员食指击扳机的力量，也有利于人、枪结合的稳定和持久。

(6) 上肢长/身高×100

测试方法：受试者两脚分开同肩宽，自然站立，上肢自然下垂，手并拢伸直，手掌、前臂、上臂呈一直线（手指不能跷起），测试人员站在受测者左侧后面，用测量尺固定端对准肩峰外侧端，测量自肩峰外侧下缘至中指端的垂直距离。误差不得超过0.5厘米。

该指数是反映上肢与躯干比例的指标。

2. 机能类

(1) 心功指数

受试者静坐时心率标记为P_1，然后让受试者从立正姿势开始，按节拍器节奏，在30秒内完成30次匀速蹲起动作。要求下蹲到最大限度，站起时，两手平举，足不离地，最后一次蹲起结束后，立即测10秒脉搏，然后将测得的脉搏数乘以6得到运动后即刻的心率，标记为P_2，在休息1分钟后再测10秒脉搏数，乘以6得到恢复期第一分钟后心率，标记为P_3，测试3次结果套入心功能指数公式：

心功能指数＝$(P_1+P_2+P_3-200)/10$

心功能指数评价心肺功能，见表17-11。

17-11 心功能指数评价心脏功能表

心功能指数	≤0	0~5	6~10	11~15	≥16
心脏功能	最好	较好	一般	较差	最差

安静时脉搏次数越少，说明心脏收缩力量大，心储备力强；运动后即刻脉搏次数越少，说明完成定量负荷时，心脏机能出现节省化现象，恢复期脉搏次数越少，说明心脏机能恢复越快。因此，对运动员进行心脏定量负荷机能实验的测试，能有效反映其心脏功能水平的优劣。

(2) 视力

测试方法：用国际标准视力表测试。主试者检查前应向受测者说明正确观察视力表的方法。然后令受测者两眼分别检查，先查右眼，后查左眼。查一眼时，须以遮眼板将另一眼完全遮住。但注意勿压迫眼球。检查时，让受测者先看清最大一行标记，如能辨认，则自上而下，由大至小，逐级将较小标记指给受测者看，直至查出能清楚辨认的最小一行标记。如估计受测者视力尚佳，则不必由最大一行标记查起，可酌情由较小字行开始。

（3）憋气时间

测试方法：让受试者静坐后，用鼻夹夹住鼻子，待受试者深呼吸后闭气开始计时，张嘴换气即停表。

该指标反映运动员静息射击时的憋气能力。

3. 素质类

（1）仰卧撑

测试方法：受试者身体后仰，双手于背后撑在凳上，掌距与肩同宽，上体与两腿始终保持伸直姿势，做背后的臂屈伸动作，记录一次做的最大次数。

该指标反映运动员肱三头肌、三角肌、胸大肌的力量状况。

（2）1分钟跳绳

测试方法：受试者双手握绳做好准备，测试人员发出"预备—跳"的口令后同时开表，当受试者听到"跳"的口令时，立即起跳，双手摇绳一周，双脚跳起一次为单摇成功一次（双手摇绳两次，双脚起跳一次为双摇成功一次），计一分钟跳成功的次数。测试中如遇跳绳绊脚，可接着跳。每人测试两次，记录最佳成绩。

该指标反映运动员的协调性、动作速度，也反映一定的耐力。

4. 专项类（手枪）

教练员根据备选对象所选专项测试专项成绩。

（1）食指平衡控制能力测试

测试准备：一根直径为1厘米、长度10厘米、质地均匀、表面光滑的圆柱形木棒。

测试方法：受试者站立位，两脚与肩同宽，右臂前平举、与躯干约呈90度夹角，右手食指伸长、其余四指蜷握。受试者用左手将木棒置于右手食指，放置平衡后，左手离开，左臂自然下垂于身体左侧，保持木棒在食指上平衡不动。允许受试者提前熟悉测试内容，允许3次试测。受试者提出正式测试时，记录平衡时间。间歇1分钟，重复测试3次，分别记录平衡保持时间。

评价方法：3次测量时间取平均值，平衡持续时间越长，食指平衡控制能力越好。

（2）右臂肌肉节奏控制能力测试

测试准备：一个眼罩，一只秒表。

测试方法：受试者侧立墙前（站立的位置以右手侧平举时，右手与墙间距5厘米为宜），两脚与肩同宽，左臂自然下垂于身体左侧，右臂由自然下垂体侧位开始侧平举，侧平举至与躯干约呈90度夹角时止，试举3次，用眼罩蒙住受试者双眼；让受试者自己把握举臂至目标位置，记录下从开始举臂到右臂达到目标位置的时间，重复记录3次完成动作的时间。说明：本测试的关键是：不能让受试者知道测试的目的是用秒表记录动作完成时间，让受试者在自然的状态下完成动作才有效。

评价方法：在受试者未被告知测试目的的情况下测试，可以避免受试者在心里默数时间，从而达到获取自然状态下完成动作时间的目的。在有效测试的前提下获得的3次时间的平均值，可一定程度上反映受试者的肌肉控制节奏。

（3）右臂肩肘腕关节肌肉本体感觉测试

测试准备：一根米尺，一把 50 厘米长的硬直尺，一把量角器，一个眼罩。

测试步骤：①将米尺挂在墙上（高度可调），起始位置：受试者手臂自然下垂、右手握拳时的最低高度；②受试者侧立墙前（站立的位置以右手侧平举时，右手与墙间距 5 厘米为宜），两脚与肩同宽，左臂自然下垂于身体左侧，右臂由自然下垂体侧位开始侧平举，侧平举至与躯干约呈 90 度夹角时止，试举 3 次，用眼罩蒙住受试者双眼；③正式测试：用硬直尺沿着右臂侧平举的延长线交至墙上的米尺，记录高度，用量角器量出夹角并记录；④重复测量 3 次，取平均值。

评价方法：在用眼罩蒙上双眼，摒除双眼视觉代偿的影响，靠肌肉的本体感觉记忆力完成该项测试。3 次测量夹角的平均值越小，说明受试者的右臂肩肘腕关节肌肉本体感觉能力越好。

5. 心理类

（1）对墙举臂

测试方法：把尺子挂在墙上适当高度，受试者侧立尺前，身体右侧对准直尺，距尺一臂远（受试者平举臂时，中指尖很靠近标尺，但不触及标尺）。蒙住受试者双眼，令受测者平举右臂，记下受试者中指指尖所对标尺的位置作为标准位置，然后要求受试者重复上述动作 3 次，记录每次与标准位置的差值（都取正值），计算 3 次误差的平均值，越小越好。

（2）叠弹壳

测试方法：受试者取站立姿势，单手持乒乓球拍（必须有一面为光面），光面向上，另一手拿弹壳一次网上叠，先试叠一次，正式叠三次，时间不限，计最好一次的成绩。

该指标测试运动员手臂部静息动作稳定性。

（3）穿针

测试方法：4 厘米的中号缝衣针若干，面丝光线若干，受试者采用坐姿，在 1 分钟内把针穿在一根线上，穿上的针越多越好。穿针时受试者双臂可以放在桌上，但双手不得互靠。在准备时，主试者应用剪刀把发毛的线头剪掉。

（4）综合反应时

测试方法：心理机能综合测试仪测试。受试者端坐，双手握住操作仪器上的手动键，双脚轻放在脚踏键上，双眼注视屏幕上的图形。一屏有 6 幅图形，每个图的四个角上各有一个方块，虚线箭头表示受试者应完成的一次按键（按键后图形消失）。左上角对应左手键，右上角对应右手键，左下角对应左脚键，右下角对应右脚键。当受试者准备好，按任何键即开始计时。每一次按键做对了，所对应的小方块随即消失，如果做错了，电脑就会发出响声提示受试者立即改正，但必须做对了才能继续图形往下做。受试者根据每个图形上的红色方块做起，顺着线条标记方向，顺图向下操作。每一屏上 6 幅图形的操作顺序是：

当第①图和第②图之间出现一个小方块时，即为开始信号，受试者应立即从第①图

①→②→③
            ↓
⑥←⑤←④

做到第⑥图,要求在做对的前提下,完成速度越快越好。测试时,先试做第一组,然后,正式测试后7组。最终记录7组中最快的一组,为最优组成绩,7组的平均时间为平均时成绩,以秒为单位,取小数点后两位。7组中,记录出现错误反应的总次数,为综合反应总错次。受试者理解后开始测试。仪器应放置在比较安静的测试室内,尽量减少环境对受试者的干扰。

该指标测定运动员手、脚协调反应速度和准确性。

6. 教练员评定

由教练员根据运动员集训中的表现,结合运动员对技术的理解掌握运动能力、对心理情绪的自我调控能力、对射击项目的意识、训练比赛作风、意志品质、对射击运动的热爱与专心等对运动员进行评价。

17.4.4 选材评价说明

(1) 本标准适用于12~15岁的男女射击运动员选材。

(2) 各项指标的评分,一律用测试时拍摄的骨龄片确定生物年龄,根据生物年龄进行评价。

(3) 若缺少由运动队负责测试的指标,则形态、机能、心理分别按占类别满分的比例计算得分。综合得分由形态、机能和心理的原始分占三类别满分之和的比例计算。

18 游泳运动项目科学选材

18.1 游泳项目特征

游泳是一项在水中借助自身的力量,采用肢体动作同水作用产生的推进力,使身体向前游进的水中活动技能。竞技游泳包括蝶泳、仰泳、蛙泳、自由泳四种姿势。按照项群理论,游泳属于体能类主导项目,包括体能主导类的速度性和体能主导类耐力性两部分。与同属于闭式运动技能项目的田径跑步类项目相比,游泳运动员取得良好成绩,除了具备强大的体能外,还需兼具良好的水感和与身体形态相适应的技术。水感是比较专业化的体表触觉、肌肉运动觉及温觉等多种感觉叠加的复合直觉,属于精细适应能力。

游泳根据距离大致分为短、中、长三种项目。不同距离项目的供能特征如下:短距离项目(50米、100米)主要是磷酸原系统和糖酵解系统供能;中距离项目(200米、400米)主要是糖酵解系统和有氧代谢系统混合供能;长距离项目(800米、1500米)主要是有氧代谢系统和糖酵解系统供能,见表18-1。三种供能系统都是以运动项目的强度大小、项目特点和持续时间长短所决定的。它们的供能时间、释放总量和释能速度又各不相同,见表18-2。

表 18-1 不同距离游泳项目的供能特点

比赛时间	比赛距离	无氧代谢		有氧代谢	
		磷酸原%	糖酵解%	糖有氧代谢%	脂肪代谢%
10~15秒	25米	80	20	极少	极少
20~30秒	50米	50	48	2	极少
40~60秒	100米	25	65	10	极少
2~3分	200米	10	50	40	极少
4~6分	400米	5	45	50	极少
7~10分	800米	5	30	60	5
14~22分	1500米	2	20	70	8

表 18-2 不同供能系统供能特点

物质	供能时间	释放总量[mol/(g·分)]	释放速率(mol/分)
ATP-CP	8″~15″	20	1.6-3.0
糖原酵解	20″~1′30″	300	1.0
糖原氧化	1″~5″	3600	0.5
脂肪氧化	3″~	12000	0.24

18.2 游泳选材阶段划分

18.2.1 运动定向阶段

在初选阶段前,有一个运动定向阶段(7岁以前)。在这个阶段应该让尽可能多的儿童学会游泳,学会游泳的儿童越多,发现有才能的游泳运动员的可能性越大。

18.2.2 初选阶段

7~10岁,主要选择符合游泳运动员条件的,有培养前途的儿童送进业余体校进行培养。要在掌握两种泳姿的儿童挑选,初级选材由业余体校的教练负责。这时的主要目的是选择并把那些符合游泳运动员条件的、有培养前途的儿童送入业余体校进行培养,要在掌握了一两种游泳姿势的儿童中进行挑选,要从各个渠道进行选拔,不但从家长送来的孩子中选拔,而且还要通过各小学体育教师的推荐进行选拔。

初次选材阶段的主要目的是选择那些符合游泳运动员条件的,年龄一般在7~10岁。游泳运动员初级选材要看重以下几点:(1)身高、手面积指数;(2)机能、心功能指数、憋气时间;(3)素质、纵跳、体后屈、身体柔软度;(4)专项、四式、腿和手的基本动作、四式配合计时、四式出发计时;(5)教练评定:水性全面检查,从7~15岁分等级做出评分标准。

18.2.3 专门选材阶段

经过2~4年的基础训练后,可对10~14岁的少儿进行专门选材。在专门选材阶段,要选拔那些在身体特征,机能状况,身体素质水平,专项运动能力方面具备优秀运动员条件的人送入运动学校、优秀运动队进行专门的培养。主要的方法是在运动会上发现优秀的和较优秀的少儿,再进行各种选材指标的综合评定。

18.3 游泳选材的指标

游泳项目选材指标见表18-3。

表18-3 游泳项目选材指标

指标类别	选材的基本指标
身体形态	身高、克托莱指数、臂展指数、体形指数、手面积指数、瘦体重、胸围
生理机能	心功指数、憋气时间、心率、血红蛋白、肺活量/体重指数
身体素质	纵跳、坐位体前屈、踝关节屈伸度(踝屈度、踝伸度)
生物年龄	骨龄
遗传类	皮纹、基因
专项素质	四式50米手、腿基本动作计时,四式50米配合计时,400米、800米、1500米自由泳计时,100米、200米个人混合泳计时,四式10米出发计时

续表

指标类别	选材的基本指标
心理素质	气质类型、简单反应时
智力	智力商数
教练员评定	水性全面检查,浮力平衡力等

18.3.1 身体形态

游泳项目是靠水对身体的浮力来支撑身体的,上肢是产生人体前进动力的主要部位。游泳运动员要求肩关节发达,而且要有灵活性和柔韧性。从流体力学的角度看,身高、肢长、臀薄、骨盆窄、手脚宽大的体型有利于提高运动员的成绩。所以,在身体形态方面应选拔身长、体重略中等偏上、躯干较长、上肢粗长、肩宽、胸围大、髋窄、臀薄、下肢短细身材的选手进行游泳项目的训练。理想的优秀游泳运动员应具备下述特征:身材高,手臂长,肩宽髋窄,躯干形态呈倒三角形。纪纲认为高水平游泳运动员形态主成分分析的优选指标为下肢长＞上肢长＞身高＞小腿长＞肩宽＞跟腱长＞体重＞指距＞胸静气围。

18.3.2 生理机能

心功指数作为评价生理机能的一个重要指标,反映了运动员心血管系统机能水平,直接影响游泳运动员承担训练和比赛负荷的能力及身体的恢复能力。肺活量/体重指数和憋气时间都能反映运动员肺功能的强弱,而后者还能反映运动员对缺氧的耐受能力和意志品质。在游泳过程中,机体经常处于缺氧状态,此时,血乳酸上升,大大限制运动能力的发挥。而憋气时间越长,表明机体内环境对缺氧的耐受力越高,往往有利于运动员发挥最佳运动水平,创造好成绩。血乳酸水平和最大有氧、无氧能力以及血清睾酮、血红蛋白等生理、生化指标也往往被用于对运动员的选材和评价之中,但鉴于实验器材等条件的限制,在儿童少年运动员中尚未普遍采用。

18.3.3 身体素质

身体素质是指人体在活动中所表现出来的力量、速度、耐力、灵敏、柔韧等机能。一个人身体素质的好坏与遗传高度相关,但也与后天的营养和体育锻炼密切相关。游泳时的出发、转身蹬壁及腿部动作等都需要腿部肌肉有良好的爆发力。游泳是一个全身协调用力的运动项目,对力量素质有很高的要求,而腰背肌的力量可以粗略地反映运动员的力量素质。体后屈是反映运动员脊柱的柔韧性和腰背肌群的力量。各种泳姿的游进过程,都要求腰背肌群保持一定的紧张度,所以腰背肌群力量大小在所有泳姿中都很重要,尤其是蝶泳。立位体前屈反映运动员躯干、腰、髋和腿部后群肌肉、韧带、肌腱的柔韧性,该指标的好坏直接影响游泳运动员腰腿部动作的效果。踝关节屈伸度反映运动员踝关节的灵活性与柔韧性,它的好坏直接影响游泳时打腿蹬腿的效果。

18.3.4 生物年龄

骨龄是骨骼年龄的简称,是人体生物学年龄的重要内容,是用骨骼评价生长发育速度的尺度和成熟衰老水平的标志,它用年(岁)来表示骨成熟水平的值。游泳项目中,有相当部分 11~13 岁运动员因发育提早,身体各部位发育良好,超过同期发育正常或偏晚的运动员,所以提高成绩的时间也相对比较早。但是,经过一个时期随着年龄的增长和遗传因素的影响,成绩提高的速度就会变慢,甚至停滞不前,以致不能达到最好成绩。这是正常的生理现象,不要因此而随意淘汰,此时要格外注意训练计划的安排,在训练中要适当减少运动量和降低运动强度,合理安排休息,帮助运动员度过这个过渡期。

18.3.5 遗传类

李燕春等研究发现 ACTN3 基因 r577X 位点与优秀中长距离游泳运动能力有较大关联,优秀运动员携带 RR 基因型显著高于对照组,因此,RR 基因型可作为中长距离游泳项目优秀运动员选材分子标记。Chiu 等研究发现,25 米短距离优秀游泳运动员中 ACTN3 基因的 XX 等位基因型频率较高,可作为游泳等力量性活动中人才选拔的多基因候选基因之一。沈勋章研究发现,我国优秀爆发力素质运动员的 ACTN3 基因型分布和等位基因频率与耐力项目运动员和普通人间存在显著性差异。此外,沈勋章对健将组(国际健将和国家健将)和对照组(一级和二级)游泳运动员进行全基因检测,发现 2 组 AK4 基因的 3 个 SNP 的基因型分布存在显著性差异(相关文献报道 AK4 基因可能与低氧状态下的运动能力相关)。进一步研究发现,身高、肺活量、握力、立定跳远、原地纵跳、相对力量指数、坐位体前屈、男子血清睾酮和女子血清肌酸激酶共 9 项指标与特定基因位点存在关联。这些指标反映游泳运动员多个方面的表型特征。

总之,运动相关基因与游泳运动员的表型指标存在关联,提示可以将遗传度高的表型指标列入优秀儿童青少年游泳运动员的选拔指标。

18.3.6 专项素质的选材

专项素质的选材主要包括四种泳姿的 25 米和 50 米打腿、划手,50 米、100 米主项,100 米、200 米混合泳,400 米自由泳,800 米自由泳,1500 米自由泳以及 10 米出发计时等指标。通过四种泳姿各种距离的测试,综合反映运动员的专项能力。

18.3.7 心理素质的选材

优秀的游泳运动员必须具备如下的心理素质:对艰苦训练有强烈的兴趣;能集中精力,为自己的目标不断努力;与教练员、科研人员、医生密切配合;积极参加比赛,有一拼到底的意志;比赛最后阶段,能冷静、准确地判断自己所处的位置,并能迅速地采取对策,以获得比赛的胜利;训练中不可避免出现的各种困难,运动员能很好地应付;训练中要建立起自信心,从而更自觉、更严格地训练。

18.3.8 智力选材

智力是指人运用大脑解决问题的能力,它是大脑的一种功能。现代竞技体育要求运动员有很高的智力水平,这样才能适应现代体育竞赛的要求。现在普遍使用的智力测量的标准是智力商(Intelligence Quotient,IQ)。运动员的智力选材,就是尽可能地把智力水平高的儿童少年挑选出来参加运动训练,淘汰智力低下的儿童少年。

18.3.9 教练员评价

在游泳选材工作中,还有某些方面的研究评价无法采用定量的方法进行,如运动员的专项意识、水感、水性及技术水平等。而教练员通过长期的训练实践,积累了大量的选材经验和专项教学经验。因此选材时,将教练员的经验选材与测试选材有机地结合起来,可以更加全面地反映运动员的各方面情况,确保综合评价结果的科学性。教练员的评价主要有四个方面的内容:四种泳姿的出发和转身技术、四种泳姿的基本技术、运动员的技术风格、运动员的水性水感等。

18.4 游泳选材指标的测试方法和意义

18.4.1 形态类

1. 身高

测量方法:受试者赤脚,以立正姿势站于身高计底板上,足跟、骶骨部和两肩胛紧靠在身高计的立柱上,身体自然挺直,头部正直,两眼平视。测量者站在被测者的侧面,将受试者头部调整至耳屏上缘与眼眶下缘的最低点齐平,将身高计支柱压板水平下移,轻放于头顶最高处,松紧要适度,观察并读取数据。误差不得超过0.5厘米。

身高是反映人体生长发育水平的重要指标,受遗传因素影响较大,通过测定骨龄可以预测身高,可用于指导游泳选材。女子在12~13岁出现身高快速增长期,到19~23岁时停止增长,男子在15~16岁时出现身高快速增长期,到20~25岁时停止增长。从近年来世界游泳冠军身体素质指标来看,游泳运动员高大化趋势越来越明显。2021年,我国参加东京奥运会游泳项目的男子运动员平均身高为190.2厘米女子平均身高为176.7厘米由此看出,身高在游泳选材中占有很重要的位置。

2. 克托莱指数(体重/身高×1000)

身高测试方法,同上。

体重测试方法:让受试者站在体重秤平台中部不动,面对指针,待指针稳定后读数。

克托莱指数是"身高—体重指数"或"肥胖指数",表示每1厘米身高的体重,作为相对体重或等长体重反映人体的围度、宽度和厚度以及人体组织的密度。身高是纵向的发育指标,体重则是横向的发育指标,在一定程度上能够反映身体的充实度。选材时,不能单纯用体重来反映一个人的发育情况,用克托莱指数来反映青少年在少年发育过程中体重与身高的合理比例关系。克托莱指数反映了青少年在发育过程中体重与身高的比例关系,因而可以判断在一定身高条件下合理的体重范围。该指数不宜过大,过大会导致行动笨重。运动员选材一般年龄较小,正处于生长发育的快速增长阶段,所以此时的克托莱指数就比较重要。

3. 臂展指数

指距测量方法:将测量尺(超过 2 米的钢尺或皮尺)固定在平台上,受试者两脚分开,两臂左右侧平举,上体伏在测量尺上,一手中指固定于测量尺零位,上肢尽量向另一侧伸直,两手臂呈一直线。测试人员面向受试者,测量两中指之间的距离。测量误差不得超过 0.5 厘米。

臂展指数是通过人体指距长与身高之差来反映人体上肢长短和肩部宽窄的重要指标。臂长是世界上优秀游泳运动员的共有特征。按照流体力学的原理,手臂长,向后划水的截面积相对较大,获得有效推进力就增大。从生物力学的角度看,自由泳划水时,手臂是在绕肩关节做近似的圆周运动。根据公式,线速度=半径×角速度,若手臂划水时的角速度相等,那么手臂长者获得线速度必然比手臂短着大,这有利于游泳运动员划水速度的提高。另外,手臂长还有利于增长划水路线,提高划水效果。臂展指数值越大,游泳运动员越有优势,对游泳技术的发挥就越有利。

4. 体形指数[(肩宽-髂宽)/髂宽×身高]

肩宽测量方法:受试者两脚分开与髋同宽,自然站立,两肩放松,测试人员站其身后,先用食指沿肩胛骨向外摸到肩峰外侧缘中点,再用测径尺量两肩峰间距离。测量误差不得超过 0.5 厘米。

髂宽测量方法:受试者两脚分开与肩同宽,自然站立,测试人员站其体前,用两食指摸其髂脊外缘最宽处,测量左右两髂脊点间的直线距离。记录时,测试误差不得超过 0.2 厘米。

肩宽是左右肩峰点间的直线距离,反映躯干横径的发育指标。肩宽大则肩带的杠杆臂长,肩带肌也长,有利于肩带肌的发展和肌力的发挥,肩宽是游泳运动员的形态特点之一。该指数反映运动员的体型。肩宽是指两肩峰之间距离,而髂宽髂骨的外侧缘之间的距离。如果指数小,说明其体形趋向桶形,就会在游进过程中产生旋涡,增加阻力;指数值大,说明体形趋向于三角形,流线型较好,阻力小。故选材时肩宽髂窄是游泳运动员最理想的体型。

5. 手面积指数(手长×手宽)

手长测量方法:受试者左手前伸,掌心向上,五只并拢伸直,手掌与前臂呈直线。测量桡、尺骨远端腕横纹中点到中指指尖点的直线距离。测试误差不能超过 0.2 厘米。

手宽测量方法:受试者优势手前伸,掌心向上,拇指分开,其余 4 指并陇伸直。用卡尺量桡侧掌骨点(即第二章骨头)至尺侧掌骨点(即第 5 掌骨头)间的直线距离。测试误差不得超过 0.2 厘米。

手面积指数=手长×手宽,这一指标为高优指标,数值越大越好,手大的运动员在泳进过程中更好地抓水。该指数值越大,划水面就越大,推进力越大,滑动距离越远。

6. 瘦体重

瘦体重又叫去脂体重。在青少年时期,瘦体重和体脂百分比不仅能反映青少年生长发育状况,也能反映出青少年营养水平。去脂体重占体重百分比越低,说明体重中含肌肉量越少,今后肌肉系统潜在的发展能力越低。当体脂偏低,说明营养不良,发育将会因此而延迟,女少年的月经初潮时间也会明显延后。我国优秀游泳运动员体脂百分比男子为12.06,女子为18.53,研究发现,与世界优秀游泳运动员相比,我国游泳运动员体脂百分比偏高,体脂偏厚,女子尤甚。在游泳运动员选材时应避免选取那些脂肪比例比较大的肥胖儿童。有人认为,体内脂肪含量较高可以减少机体在水中散热,从而节约能量消耗,但实际上剧烈的游泳运动使机体大量产热,并不需要通过减少散热来维持体温,而且通过增加脂肪含量来增加在水中的浮力,则会使机体肌肉含量减少,从而使力量水平受限,得不偿失,可通过增加肺容积实现增大浮力的目的。

一般来讲,在优秀运动员中,去脂体重与运动成绩呈正相关,训练水平越高,去脂体重与体重/身高指数越大。由于去脂体重遗传度很高(男性87%,女性78%),所以在选材应特别重视。

18.4.2 机能类

1. 心功指数

受试者静坐时心率标记为 P_1,然后让受试者从立正姿势开始,按节拍器节奏,在30秒内完成30次匀速蹲起动作。要求下蹲到最大限度,站起时,两手平举,足不离地,最后一次蹲起结束后,立即测10秒脉搏,然后将测得的脉搏数乘以6得到运动后即刻的心率,标记为 P_2,在休息1分钟后再测10秒脉搏数,乘以6得到恢复期第1分钟后心率,标记为 P_3,测试3次结果套入心功能指数公式:

心功能指数=$(P_1+P_2+P_3-200)/10$

心功能指数评价心脏功能,见表18-4。

表18-4 评价心脏功能表

心功能指数	≤0	0~5	6~10	11~15	≥16
心脏功能	最好	较好	一般	较差	最差

安静时脉搏次数越少,说明心脏收缩力量大,心储备力强;运动后即刻脉搏次数越少,说明完成定量负荷时,心脏机能出现节省化现象,恢复期脉搏次数越少,说明心脏机能恢复越快。因此,对运动员进行心脏定量负荷机能实验的测试,能有效反映其心脏功能水平的优劣。

2. 憋气时间

使用仪器:鼻夹、秒表

测试方法:受试者坐在椅子上,测试人员面对受试者,用鼻夹将受试者的鼻子夹住

(没有比价的,可用拇指和食指捏住受试者的鼻子),使鼻子不能漏气,再令受试者张嘴吸一口气。当受试者双唇并拢时,测试人员即刻开表,张嘴呼气时停表,记录以秒为单位。

该指标反映运动员肺功能的强弱,同时反映运动员对缺氧的耐受能力和意志品质。研究证明,在持续憋气中,体内血氧饱和度下降,二氧化碳大量积累,人体内环境发生剧烈的变化,大量神经冲动传入神经中枢,是呼吸中枢高度兴奋,引起膈肌不自主地强烈收缩。此时,主要依赖大脑皮层(意识)的控制才能继续憋气。该值越大,表明其内环境缺氧状态下所引起的剧烈变化的耐受力高,这对运动员来说是非常重要的。

3. 心率

测量方法:计算脉搏(正常情况下脉搏和心率是一致的)。

心率是心脏周围收缩活动的频率,它以次/分来表示。我国儿童青少年随年龄的增长心率逐渐下降。心率还分为安静心率、最大心率、运动后心率的恢复速度等,安静心率是早晨起床前的心率,最大心率是极限负荷下的最高心率,遗传度较高。在一定时间内,一个人的最大心率相对稳定。而最大心率的高低,与心脏潜在做功能力的大小有关,选材中应多加注意。运动后心率的恢复速度,是指运动后即刻心率在单位时间内的恢复速度。它可以反映一个人心脏机能水平,不仅受先天遗传的控制,也受后天训练的影响。恢复速度越快,心脏功能越强。

4. 血红蛋白

测量仪器:全(半)自动血细胞计数器。

测量方法;空腹抽取静脉血。

血红蛋白即血色素,是红细胞中一种含铁的蛋白质,是氧转运环节的核心物质,其主要生理功能是运输氧和二氧化碳,并对酸性物质起缓冲作用,参与体内的酸碱平衡调节。

运动员血红蛋白的高低直接影响到人体运动能力的好坏。血红蛋白含量的高低受遗传因素的影响很大,遗传度高达 $81\% \sim 99\%$。尤其是它的合成潜力以及他能达到的最大含量,均受遗传因素的制约。在运动实践中,那些通过多种方法仍不能提高血红蛋白含量的运动员,在选材筛选过程中不得不考虑,因为他们可能并不具备有承受大运动量所需的潜力。

5. 肺活量

测试方法:受试者站立位,作一两次扩胸运动或深呼吸后尽力深吸气,吸满后再向肺活量计的口嘴尽力呼气,直到不能再呼气为止。此时所呼出的气量即为肺活量,重复测量 3 次,取其最大值作为被测试者的肺活量值。

肺活量是人体尽全力深吸气后,再尽全力呼出的气体总量。在游泳运动过程中,肺活量是考验一个人能否在水下游得更久的衡量标准之一,对于游泳运动员来说,呼气一般都在水下进行,水的密度比空气的密度大得多,在水下呼气需具备强大的呼吸系统功能,即需要较高的肺活量。肺活量能在一定程度上反映出人体呼吸系统的机能水平,尤其是长距离自由泳的运动员,这个在选材上需要考虑到。肺活量/体重指数差异更为明显,反映出人体代谢的最基础的条件。

6. 最大摄氧量

直接测量仪器:心肺功能仪;间接测定法:12分钟跑推算法。

测试方法:受试者测试前固定和戴好三通阀嘴罩,在跑台上慢跑,速度为4~5千米/小时运动5分钟热身,使心率上升至120-130次/分;受试者热身同时,观察连接仪器运行是否正常,当心率达到140左右后稍休息片刻,但心率恢复到120左右,再以7千米/小时的速度开始进行测试;每运动3分钟后递增一级负荷,负荷等级有8千米/小时、9千米/小时、10千米/小时、11千米/小时、12千米/小时、13千米/小时,直到达到最大摄氧量标准后停止测试。

单位时间内氧被运输到肌肉而被肌肉利用的能力称为有氧能力,最大摄氧量是反映人体有氧代谢能力的主要指标之一,主要受遗传因素的影响,指人体在极限运动中,呼吸和循环系统功能达到最高水平,单位时间内所摄取和利用的最大氧量,综合反映了运动员肺通气和肺换气能力、血液运输氧的能力。游泳中、长距离项目的运动主要通过有氧代谢系统供能。运动实践中,关于最大摄氧量和运动成绩的关系一直存在争议,但大量的研究表明,两者之间存在着密切的关系。

18.4.3 素质类

1. 纵跳

测量仪器:电子纵跳计。

测试方法:测试人员打开电源开关,按"按键"后,显示屏上出现闪烁信号,蜂鸣器发出声响,表明纵跳计进入工作状态。受试者踏上总跳板,双足自然分开,呈直立姿势,准备测试。当看到显示屏上显示出"0.0"时,开始测试。受试者屈膝半蹲,双臂尽力后摆,然后向前上方快速摆臂,双腿同时发力,尽力垂直跳起。当受试者落回总跳板后,显示屏显示出测试值。测试2次,记录最大值。

纵跳是反映运动员腿部爆发力的一个重要指标,爆发力的大小不仅取决于力量的大小,更是力量和速度的结合。游泳时,腿部动作以及出发、转身蹬壁等都需要腿部的爆发力。根据国外研究资料,通过纵跳高度的测定,可以间接确定运动员快肌纤维与慢肌纤维的比例,进而确定每个运动员所适宜从事的比赛距离,以使他们达到个人的最好成绩。

2. 坐位体前屈

测量仪器:电子坐位体前屈计。

测试方法:测试人员打开电源开关,将游标推到导轨近端,当显示屏上显示出"-20.0厘米"或以下数值时,表明坐位体前屈计进入工作状态。受试者面向仪器,坐在垫子上,双腿向前伸直;脚跟并拢,蹬在测试仪的挡板上,脚尖自然分开。测试人员调整导轨高度使受试者脚尖平齐游标下缘。测试时,受试者双手并拢,掌心向下平伸,膝关节伸直,上体前屈,用双手中指指尖推动游标平滑前进,直到不能推动为止,此时显示屏上显示的数值即为测试值。

该指标反映运动员腰背和腿部后群肌肉、韧带的柔韧性,直接影响游泳运动员腰腿部动作的效果。

3. 踝关节屈伸度(踝曲度、踝伸度)

该指标反映运动员踝关节的灵活性与柔韧性。它的好坏直接影响游泳打腿的效果。

18.4.4 生物年龄

目前,我省骨龄检测采用 Greulicn Pyle 骨龄发育标准片,简称 CP,从对我省各年龄组游泳运动中应用的情况来看还是基本适合的。用它来评定发育高潮持续时间的长短,也同样出现三种表现。从一般人发育期高潮到发育趋于稳定,要经历四年左右的时间。但是,人与人之间有差异,这种差异有遗传特点,也有后天的营养等的因素。发育时间持续长短表现在:在三个生活年龄中跨过四个年龄的是发育期高潮持续性的正常表现。如男子 13~14 岁这一年身高增长 7 厘米,14~15 岁这一年身高增长 70%以上,约 5~6 厘米;15~16 岁这一年身高增长 50%,约 3.5 厘米;第四年则明显减慢,只增长 20%左右,约 2 厘米。

18.4.5 遗传类

1. 皮纹

皮纹一般是指人体手指、手掌和足底皮肤表层出现的特殊纹线图形。这些纹线在胚胎发育的第十三周开始出现,到第十九周发育完成。指褶和掌褶也大约在胚胎发育的第七周到第十四周形成。皮纹是暴露在体表的遗传因子,具有较强的稳定性、特异性和遗传性。另外,皮纹选材方法简单,容易掌握,但由于游泳专项的特殊性,所以选材时还应对运动员进行形态、机能、身体素质以及水性、水感等方面的测试,力求做到全面、高质量选拔游泳运动员。

2. 基因

运动员选材是根据遗传特征的指标进行有目的的选择,遗传特征是由遗传基因决定的,只要发现某些运动能力的遗传基因特征就不难发现符合某个运动项目的遗传特征。在分子生物学领域进行科学选材的可靠、高效的方法之一就是近年来出现的基因芯片技术,它将使优秀运动员的选材发生根本性的变化。

18.4.6 专项类

四式 50 米手、腿基本动作计时;四式 50 米合计时;400 米、800 米、1500 米自由泳计时;100 米、200 米个人混合泳计时;四式 10 米出发计时。通过四式各种距离的测验成绩,综合放映游泳运动员的专项能力,全面观察运动员的速度、速度耐力素质,了解运动员的动作连贯性、协调性和节奏感以及全身力量发展是否均衡。

18.4.7 心理类

一个优秀的运动员必须具备良好的神经类型。优秀的游泳运动员必须具备以下心理素质:对艰苦训练有强烈的兴趣,能集中精力,为自己的目标不断努力,有一拼到底的意志,在比赛最后阶段能够准确冷静地判断自己所处位置,并迅速采取对策以获得比赛的胜利等。

1. 气质类型

测试方法:受试者填写《气质类型测试量表》,根据得分判断气质类型。

通过《气质类型测试量表》便可得出自己属于哪种气质类型,一般来说,每个人都具有多种气质类型。运动员成绩的好坏除受身体形态、生理机能等多种因素影响外,心理素质在比赛中有时也占有决定性因素,因此,选材时提前知道运动员属于哪种气质类型,可根据运动员本人特性加以干预和指导。

2. 简单反应时

测试方法:受试者呈坐位,用优势手拇指轻按在按键上,或者用右脚轻放在测试踏板脚动按键上,注视屏幕上的小灯。当出现亮点(红灯)后,立刻用手按键,或用脚前掌轻点开关,越快越好。共测 5 次,去掉最大值和最小值,剩下的 3 次取平均值,取整数记录。

18.4.8 教练员评定

1. 水感

水感就是指游泳运动员在水中游进时随身体的变化对水的特性懂得、感知和利用的能力。游泳运动员处于水这一特殊环境,优秀运动在水中游泳显得轻松、流畅、速度快。有人天生在水中就能保持平衡。教练员经验评定纳入选材评价体系,重点考察游泳运动员的水性和专项能力。由于水感是看得见、觉得到而摸不到的,所以在现有条件下,难以定量分析。

水感主要概括为"轻、漂、浮、粘"。水感的准确、全面的含义应当是水感是游泳者对水的特性的一种特殊的主观感觉和水的某些物理特性所赋予的客观反应。它既包含游泳者对水的特性的感知而表现出的生理上和心理上的综合反应能力,又包括了人体受到水的某些物理特征(水的压力、浮力、阻力)作用时,所表现出的外部特征。因此,考虑水感时既要考虑主观因素,又考虑客观影响,二则兼顾。

2. 水感的测试

随着科技的进步和人们不断研究,水感的测试方法主要包括浮力、关节的退让和肌肉的减波程度、水中平衡感觉、皮肤触觉、本体感觉和水中定向能力等六个方面,这六个方面是对前人研究的总结和自己的探索的结晶的结合。这六个指标可以全面测试"轻、漂、浮、粘"和其他一些比较有代表性的指标和测试内容。

教练选材现在统一标准是身材,其次是水感。其实有些身材不好的运动员有时往往就是水感好、柔韧性好,而这些内在因素,教练员是最容易忽略的,也是日后在竞技赛场上影响发挥最好成绩的重要因素,因此要加强教练对内在因素的重视。先天素质固然重要,但是后天培养也很重要,因此不能全针对有这方面天赋的人进行重点训练培养,还要针对其项目有强烈热爱的人群进行训练培养。

19 跆拳道选材

跆拳道这项运动是以同场竞争、腿法为主的直接对抗性项目,在不违反规则的情况下以击打人体的头部与躯干为得分目标,需要运动员精准并且有力地击打对方腰以上部位,还要尽力避免被对方击中。因此运动员需要在对抗中具备一定的空中优势,这就要求运动员有较高的身材,腿要相对更长,以实现在对抗中更有效地掌控对局。此外,跆拳道动作快速多变,更好的灵敏性也显得尤为重要。

19.1 身体形态

跆拳道运动员科学选材在身体形态主要有 5 项二级指标(身高、下肢长/身高、体重/身高、皮脂厚度、小腿长/下肢长)。最新人才选拔测试有 7 项指标:身高、体重/身高、指距—身高、髂宽/肩宽×100、下肢长 B/身高×100、小腿长、踝围/跟腱长×100。选拔时,运动员主要由各省市教练员进行测量,主要测量指标有身高、体重、下肢长、小腿长、跟健长、小腿围。

体重/身高是运动员形态发育水平和匀称度评价的重要指标,相对体重可以有效反映运动员胖瘦程度和营养状况,身体的充实度可以更加直观、清晰地反映出来。在日益激烈的现代跆拳道运动竞争中,运动员的力量素质与身高在选材中显得的尤为重要,既要求运动员有良好的肌肉力量,又要具备较高的身材,以适应对抗日益激烈的竞技比赛。通常情况下,人体肌肉力量与肌肉的横截面积成正比,体重/身高指数越大,表明运动员在同等身高的情况下肌肉力量更有优势。世界优秀跆拳道运动员的体重/身高指数一般都比较大,身材较好且体型匀称的运动员在身高接近的运动员选材中是选择的重点。

19.1.1 身高

测量方法:受试者以立正姿态站于计高底板,并赤足,两肩胛骨骶骨和足跟与测高仪器立柱相接触,双眼平视前方,头部放正,身体自然正直。测量者位于被测者的侧面,将支柱上的身高测量压板水平下移,轻放于头顶最高处,观察并记录数据。误差不得超过 0.5 厘米。

生长发育水平和骨骼发育情况一般可以通过身高来表现,这是一个最基础的形态指标。跆拳道运动员的科学选材对身高要求较高,身高过低不利于专项对抗。

19.1.2 指距—身高

指距测量方法:将测量尺(超过2米的钢尺或皮尺)固定在测试平台,受试者双脚自然分开,双臂保持侧平举,上体接触在测量尺上,一手中指固定于测量尺零位,两只手臂尽量远伸,形成一条直线。测试人员测量受试者两中指之间的距离。测量误差不得超过0.5厘米。

人体上肢长短和肩部宽窄的情况一般可以通过指距—身高这一指标反映,上肢的相对长度也可通过这个指标反映。该指数数值适度较大时,可在专项对抗中有效地扩大防守范围。

19.1.3 下肢长B/身高×100

下肢长B的测量方法:地面到股骨大转子上缘最高点的垂直距离。

下肢与身高的比例关系可以通过该指标清楚地反映出来,运动员想要在完成技术动作时保证动作舒展、幅度较大时就需要适度较长的下肢。跆拳道竞技中,技术动作的完成主要由下肢动作为主,很多动作的用力强度、幅度和难度都很大,而较长的下肢可有效获取对抗优势。

19.1.4 踝围/跟腱长×100

踝围的测试方式:受试者双脚分开与肩宽大致相同,双腿自然站立,测试人员使用测量尺在左侧踝关节上方,以水平位置测量其最细处的围度,误差不得超过0.5厘米。

跟腱长的测试方法:受试者双脚并拢面向墙壁站立,扶墙提踵使小腿三头肌充分收缩,测试人员在腓肠肌内侧腹下缘做出测量标志,受试者还原成原始站立姿势,测量地面到其内侧肌腹下缘标志线的垂直距离,误差不得超过0.5厘米。

该指数可以有效反映小腿的形态。踝围较小而跟腱较长,则小腿肌肉收缩的作用力集中,有利于踝关节的蹬伸动作的完成,小腿爆发力会更强,从而有利于各种踢腿动作的完成。

19.1.5 髂宽/肩宽×100

肩宽测试方法:受试者自然站立,双脚分开与髋关节宽度相同,两肩自然放松,测试人员位于其身后,先用食指沿肩胛骨向外摸到肩峰外侧缘中点,确定肩峰位置后,测量两肩峰间的距离。测量误差不得超过0.5厘米。

髂宽测试方法:受试者自然站立,双脚分开与髋关节宽度相同。测试人员确定受试者的髂嵴外缘,用测径尺量测量两髂嵴外缘间的最宽距离。误差不得超过0.5厘米。

跆拳道竞技中通常要求运动员在完成动作时准确、灵巧、迅捷,当运动员髂宽小、臀薄,则身体相对较为轻盈,更利于绕身体纵轴的转动,技术动作完成更加灵活。这一指数越小越好,但肩宽过大会影响动作的灵活性,应以骨盆窄为主,否则不利于各种转身击打技术的完成。

19.1.6 小腿长或小腿长+足高,(小腿长+足高)/身高×100

测试方法:受试者自然站立,然后将身体重心落在左脚。右脚抬起,将脚踩于凳子上保证屈膝状态,全脚掌贴于凳子水平面,小腿与凳子水平面垂直。测量人员使用游标钢尺与小腿胫骨纵轴平行,钢尺的固定齿端触凳面,移动钢尺游标,使其对准胫骨点,测量人员测量胫骨点至内踝点(小腿长)或胫骨点至凳面的距离(小腿长+足高)。测量误差不得超过 0.5 厘米。

小腿长或小腿长+足高可以有效地反映受试者的体型特点。(小腿长+足高)/身高×100,又名小腿长指数,该指数可以表示小腿的相对长短,指数越大,则说明小腿的长度越长。

在对抗中下肢适度较长可有效提高击打范围、增加防守距离,降低击头难度,提高运动员的得分率。

19.1.7 体重/身高×100

在日益激烈的现代跆拳道运动竞争中,运动员的力量素质与身高在选材中显得的尤为重要,既要求运动员有良好的肌肉力量,又要具备较高的身材,以适应对抗日益激烈的竞技比赛。体重与身高的比例可以有效地反映运动员身体的充实度。一般情况下,运动员的肌肉力量与肌肉横截面积成正比,这个指数大,表明在同等身高的情况下,指数更大的运动员在肌肉量和肌力上的更有优势,世界优秀跆拳道选手这个指数都比较大。但指数过高或运动员体重过重则会影响技术动作完成的速度,因此体重/身高指数要有一个合适的范围。

19.2 身体机能

在选材的实际情况中,身体机能指标有三项二级指标用得最多,分别是肺活量/体重、心率和血色素等。最新人才选拔指标有三项,分别为心功指数、肺活量/体重、血红蛋白。

根据比赛规则,一场跆拳道比赛采用三回合制,一回合时间为 3 分钟,中场休息 1 分钟。攻防转换的速度在比赛中非常快,运动员要在实战中施展各种技战术,踢击、防守、闪躲与对抗等技术都是在极短的时间内完成的,这就需要运动员拥有良好的身体机能,尤其是 ATP-CP 系统供能能力要强,还要具备间断性的快速移动的冲刺能力。糖酵解代谢供能能力也是评价优秀跆拳道运动员的重要机能条件。运动员的有氧能力可以通过血色素、血红蛋白等指标来评价,摄氧能力由肺活量等指标来评价,这些指标都是对跆拳道运动员的重要评价。

19.2.1 心功指数

受试者安静状态下坐立时心率标记为 P_1,受试者随后采取立正姿势按节拍器节奏,在30秒内完成30次蹲起动作,要求匀速、并且下蹲到最大限度,双腿站起时,双手向前平举,脚不离地,最后一次蹲起结束后,立即对受试者进行10秒脉搏测量,然后将测得的脉搏数换算成每分钟心率,标记为 P_2,受试者休息1分钟后再测10秒脉搏数,换算成每分钟心率,标记为 P_3,测试3次结果套入心功能指数公式:心功能指数=$(P_1+P_2+P_3-200)/10$,心功能指数评价心脏功能,见表19-1。

表19-1 心功能指数评价心脏功能表

心功能指数	≤0	0~5	6~10	11~15	≥16
心脏功能	最好	较好	一般	较差	最差

心功指数是通过运动员的静息心率和定量负荷运动后的心率变化来反映运动员心肺功能水平,该指数越小,说明运动员的心肺功能越强。

19.2.2 肺活量/体重

肺活量测试方法:受试者采取站立姿态,在深呼吸激活后,尽力深吸气至满,然后向肺活量测试仪匀速吹气,直到不能呼出为止。肺活量测试需要进行3次,取最大值。

肺活量/体重指标可用于评价人体的呼吸器官发育状况、肺容量,可以衡量肺功能水平。需要良好的呼吸机能是跆拳道运动员必备的基础,因此其肺活量/体重数值越高越好。

19.2.3 血红蛋白

测试方法:血细胞计数器。

血红蛋白指标可以反映运动员的身体机能状况与营养情况,血液中的血红蛋白含量会直接影响运动员有氧代谢能力,血红蛋白的变化还能反映运动员机体对训练的适应情况。优秀的跆拳道运动员的血红蛋白应有较高浓度。

19.3 身体素质

身体素质由五项二级指标组成(30次仰卧举腿,纵、横叉,100米跑,800米跑和50次左右横踢)。最新人才选拔指标更改了一些内容,最新测试指标为100米跑、400米跑、3000米跑、立定跳远、30次仰卧举腿、下腰、3分钟立卧撑、1分钟屈腿跳起×3组。良好的身体素质对跆拳道运动员来说是提高运动成绩的基础。在跆拳道运动中,任何技战术动作都是以优秀的身体素质为根本完成的,身体素质好的选手在比赛中就具有更好的控制和制胜能力,其技术稳定性就越强。

30次仰卧举腿是测试运动员的速度力量,100米跑和800米跑分别测试运动员的动作速度和速度耐力,而 50 次左右横踢则是用于测试运动员的动作速率。当今跆拳道运动的对抗日益激烈,攻防转换速度越来越快,对抗日益复杂,气氛高度紧张,技战术动作快速多变,因此运动员要快速判断、快速反应、快速移动、快速完成动作技术。技术动作完成的速度可以左右战术的效果。横叉和纵叉的指标是运动员身体柔韧度的重要评价。在跆拳道的竞技中完成高位踢击需要极好的髋关节活动度以及腿部肌肉的柔韧性。身体的柔韧性是动作灵敏和高质量动作完成的前提。

19.3.1 100 米跑

测试方法:400 米田径场,测试跑道选 100 米直道,受试者需要全力以赴,保证测试成绩可以反映出真实水平。发令员在起点摆动令旗并发出口令,受试者在听到口令后全力向前冲刺。计时员观察令旗动作开始计时,受试者躯干到达终点线的垂直上方停止计时。记录以秒为单位,精确到小数点后一位。

100 米主要测试 ATP-CP 供能能力,成绩可反映运动员的爆发力和速度,评价运动员的快速位移能力。

19.3.2 400 米跑

测试方法:400 米田径场跑道若干条,受试者需要全力以赴,保证测试成绩可以反映出真实水平。发令员在起点摆动令旗并发出口令,受试者在听到口令后全力向前冲刺。计时员观察令旗动作开始计时,受试者躯干到达终点线的垂直上方停止计时。记录以秒为单位,精确到小数点后一位。

400 米跑主要测试 ATP-CP 供能能力和糖酵解供能能力,成绩可反映运动员的无氧代谢能力和心肺功能水平。

19.3.3 3000 米跑

测试方法:400 米田径跑道若干条,受试者需要全力以赴,保证测试成绩可以反映出真实水平。发令员在起点摆动令旗并发出口令,受试者在听到口令后全力向前冲刺。计时员观察令旗动作开始计时,受试者躯干到达终点线的垂直上方停止计时。记录以秒为单位,精确到小数点后一位。

3000 米跑主要测试有氧耐力供能水平,可以有效反映有氧耐力水平的高低。根据比赛规则,一场跆拳道比赛采用三回合制,一回合时间为 3 分钟,中场休息 1 分钟,根据比赛安排,运动员需要在 1 天之内打完本次比赛的所有场次,所以有氧代谢能力的高低对运动员极其重要。

19.3.4 立定跳远

测试方法:受试者站立于起跳线后,双脚自然分开,屈膝蹲伏摆臂向前跳,双脚着地,测量员测量受试者最后落地点与起跳线之前的距离。受试者可跳 3 次,记录最好的成绩,以厘米为单位。

立定跳远主要测试运动员的身体协同用力能力和下肢爆发力,间接体现运动员完成场上各种步法和弹跳动作的力量基础。

19.3.5 纵、横叉和下腰

测试方法:受试者在平地上采取站立位,双手位于身体两侧撑地,双腿前后分开,髋部向下移动,直到接近地面或贴于地面,记录臀部最下端与地面之间的距离。受试者在平地上采取站立位,双手位于身体前侧撑地,双腿左右分开,髋部向下移动,直到接近地面或贴于地面,记录裆部最下端与地面之间的距离。受试者在垫子上采取仰卧位,双臂双腿用力支撑将身体中部推起,使身体呈反弓形,双手与双脚尽量靠近,当不能移动时,测量手脚之间的距离。

横叉和纵叉的指标是运动员身体柔韧度的重要评价,下腰可反映脊柱柔韧性和关节的活动度。在跆拳道的竞技中完成高位踢击需要极好的髋关节活动度以及腿部肌肉的柔韧性。身体的柔韧性是动作灵敏和高质量动作完成的前提。

19.3.6 3分钟立卧撑

测试方法:受试者取立正位,根据口令,受试者两手扶地于脚尖前进行蹲撑,双腿向后伸直做俯撑(腿与腰背伸直),再收腿做蹲撑,还原为立正姿势,即为完成一次动作。测试需要受试者连续进行3分钟,测试人员记录合格动作数,动作不合格,不予计数。

3分钟立卧撑主要测试运动员的神经系统兴奋转化能力和身体协调能力。

19.3.7 1分钟屈腿跳起×3组

测试方法:受试者站于平坦地面,自由选择优势腿作为起跳腿,另一条腿屈曲,测试人员记录1分钟跳起的次数,总共测3次,记录其中最好的成绩。

该指标主要测试运动员的连续跳跃能力,也可以观察运动员的意志品质。

19.4 心理素质

心理素质有3项二级指标(意志品质、情绪控制和判断反应力)。主要测试指标有选择反应时、光反应、上肢敲击频率、脚踏频率、速度知觉、80.8量表测试。根据跆拳道在竞技实践中发现,高水平的比赛需要运动员拥有坚定的意志品质和稳定的心理状态,良好的心理素质是充分发挥技战术的前提。跆拳道运动员在比赛中需要在极短的时间内依据比赛情况做出相应的技战术变化,还要保证判断的正确,瞬间完成攻防转换或技术动作。在现代跆拳道比赛中,高水平运动员之间的差距已经越来越小,细节决定成败。在对手实力接近的情况下,心理素质已成为决定跆拳道运动员比赛成绩的关键,直接制约了选手竞技实力的发挥。这三项心理素质指标对训练和比赛的效果影响很大。

跆拳道运动员首要的心理素质就是意志品质,跆拳道运动"礼义廉耻、克己忍耐、百折不屈"精神的充分体现,是比赛中技战术水平充分发挥的保证,其余两项指标则是反映跆拳道运动员在比赛中对对手技战术动作判断和应答能力的重要指标,在攻防速度不断加快和对抗日益激烈的比赛中,直接反映了运动员心理的稳定程度。

19.4.1 光反应

测试方法:受试者坐在心理机能综合测试仪前,手持测试键盘,注意力集中在键盘上的信号灯,主试发出预备信号口令后按键、计算机发出信号,要求受试者看到信号后立即做出反应(按键),光信号将连续出现10次(可减可增)。测试人员记录10次反应的平均值(单位:毫秒)。

光反应主要测试人对视觉刺激反应的快慢,这是一种简单反应时测试,测试的数值越小说明运动员的反应速度越快。

19.4.2 选择反应时

测试方法:使用 SANLING EP206-P 型运动时反应时测定仪对被试进行简单视觉反应时测试。测试时,受试者坐在仪器前,手指按住反应盒上的反应键,测试人员发出预备口令,受试者将注意力集中到信号盒,刺激随机呈现,即反应盒上的8个指示灯中的随机一个点亮,要求受试者以最快速度按下对应于该指示灯的目标键。其中从刺激呈现到受试者手指离开反应键的时间为反应时;被试手指离开反应键到被试按下目标键的时间为运动时。每个受试者共测量10次,剔除反应错误的试次,计算受试者的平均反应时和运动时。

在跆拳道项目中,获得过成绩的跆拳道运动员的简单反应时均显著快于尚未获得成绩的运动员;即专项水平高的运动员的反应时(简单和专项反应时)要显著更快,说明反应速度快慢是同场对抗格斗类项目克敌制胜的重要因素。在运动员选材、训练过程中,尤其要注重提高运动员的反应速度。

19.4.3 速度知觉

测试方法:受试者使用中速跑30~50米,重复跑,计算两者时间(速度)误差,测试共做3组,测试人员计算误差平均数,误差越小越好。

该测试主要反映运动员对速度感觉的能力,运动员的速度知觉能力越高,越容易做出快速准确的判断。

19.4.4 脚踏频率

测试方法:将脚踏频率测试仪定时时间设定为10~20秒,主试按"启动"键,令被试开始连续脚踏,听到声响后停止,记录快速脚踏次数。

该测试主要反映运动员下肢协调性、长时间运动肌肉耐力情况。该成绩越好,则表明运动员在场上脚步移动速度快,下肢更不容易疲劳。

19.4.5 上肢敲击频率

测试方法:受试者先练习左右及前后敲击敲击板三四次,然后,主试下令"预备","开始",同时记录时间和次数。到30秒命令"停止"。记录下敲击敲击板的次数。

该测试主要反映上肢灵活度和长时间运动肌肉耐力情况,该成绩越好,则表明运动员在场上上肢动作完成较快,上肢更不容易疲劳。

19.4.6 80.8神经类型量表测试

测验过程说明如下。

测试可个人也可集体进行,测验时要求环境明亮安静,受试者机能状态正常,准备一支笔,测试人员将80.8神经类型量表按每份3张准备好,在黑板上画好演示用的符号,并备秒表1块。

测试人员用简短、通俗的语言向受试者介绍《80.8神经类型量表》:

这是一种国际通用的心理测验,通过测验可了解受试者的反应能力、注意力集中程度、观察能力、心理稳定性水平和特点。该测试对提高心理素质、完善自我有参考作用。为了测验数据的可靠,应:①严肃认真对待,不能有任何弄虚作假;②集中注意力听测试讲解,不理解的问题在答疑时间及时提问;③受试者所有行动听从测试人员指挥,按照相应要求进行测试。该测试要求受试者准确、快速按规定找符号,在5分钟内不漏不错的情况下尽可能多地找。

评分方法:测试人员统计总符号数、漏错符号数、应招符号数。然后计算最后得分,根据分数评价神经类型。

评定出来的神经类型共有16种分别是:①最佳型;②灵活型;③稳定型;④安静型;⑤兴奋型;⑥亚兴奋型;⑦易扰型;⑧亚易扰型;⑨上中型;⑩中间型;⑪下中型;⑫低中型;⑬谨慎型;⑭泛散型;⑮抑制型;⑯模糊型。

该测试主要反映运动员的神经类型,通过对运动员的神经类型分类可以更有效地筛选合适的运动员。

19.5 运动技能(技战术)

运动技能(技战术)由3项二级指标(脚靶技术、护具技术、竞技实战)组成。运动技能指人体在运动中有效完成专门动作的能力,能够充分发挥身体潜力做出符合科学原理的人体运动,也是运动员在比赛中使用合理动作的总称。运动技能主要由两方面组成:运动战术和运动技术。运动战术有三个方面:战术意识、战术行动和战术理论。运动技术有四个方面:技术学习能力、技术质量、技术效果和技术容量。

现代跆拳道比赛朝着高速度与强烈的对抗性方向发展,攻守双重任务的全面性特征对于个人技术要求不断提高,跆拳道选手必须在最短时间内决定采取何种合理及有效技战术,快节奏比赛中的技术运用成为制约选手取胜的关键之所在。现代跆拳道项目运动技术较为复杂,对抗性强。基本技术有下劈、横踢、侧踢、后踢、后旋等,任何技术动作的变化都是在基础技术动作上发展而来的,比赛中需要依据实际情况调整战术,合理施展动作技术来得分。运动技能方面的选拔主要由脚靶技术、护具技术、竞技实战评价组成。

19.6 智能选材

运动员运动智能的提高,除了自身努力学习外,更需要实战训练和比赛的经验积累,跆拳道运动员通常成才较晚。初级选材中,主要以日常训练观察为主。跆拳道运动员科学选材指标类别权重和各指标权重分配,见表19-2。

表19-2 跆拳道运动员科学选材指标类别权重和各指标权重分配表

类别	指标	7~9岁			10~12岁			13~14岁			15~16岁		
			指标权重	类别权重		指标权重	类别权重		指标权重	类别权重		指标权重	类别权重
形态	踝围/跟腱长×100	一类	15	40	一类	15	40	一类	15	30	一类	15	20
	下肢长B/身高×100		15			18			20			20	
	身高		15			15			16			16	
	髂宽/肩宽×100	二类	15		二类	15		二类	10		二类	10	
	身高/体重		10			10			10			10	
	小腿长	三类	15		三类	15		三类	15		三类	15	
	指距-身高		15			12			14			14	
机能	心功指数	一类	50	10	一类	50	10	一类	40	8	一类	40	5
	肺活量/体重	二类	25		二类	25		二类	30		二类	30	
	血红蛋白		25			25			30			30	
心理	脚踏频率	一类	25	15	一类	25	15	一类	25	14	一类	25	18
	上肢敲击频率		25			25			25			25	
	速度知觉	二类	20		二类	20		二类	20		二类	20	
	光反应		15			15			15			15	
	选择反应	三类			三类			三类			三类		
素质	100米跑	一类	18	25	一类	17	25	一类	16	28	一类	15	22
	400米跑		17			18			19			20	
	3000米跑		15			15			15			15	
	立定跳远		10			10			10			10	
	30次仰卧举腿		15			15			13			10	
	3分钟立卧撑	二类	13		二类	13		二类	15		二类	15	
	1分钟屈腿跳起×3组		12			12			12			15	

续表

类别	指标	7-9岁				10-12岁				13-14岁				15-16岁			
		指标权重		类别权重		指标权重		类别权重		指标权重		类别权重		指标权重		类别权重	
专项	竞技实战	一类	40	10		一类	50	10		一类	50	20		一类	60	35	
	护具技术		35				30				30				25		
	脚靶技术	二类	25			二类	20			二类	20			二类	15		

20 篮球、足球、排球选材标准

20.1 篮球项目选材

现代篮球运动不同流派与风格打法创新飞跃,具体要求运动员智、高、壮、快、准、悍、巧、变的身体与技艺、智慧、谋略的科学结合,充分体现智勇、高壮、全特、快巧、精准、多变。高智慧、高身材、高体能、高速度、高强度、高技巧将是高水平篮球队的特点,所以,在选材中既要突出运动员的强项,又要尽可能地照顾全面。

20.1.1 篮球项目特征

(1) 对抗性强:对力量、速度和技术要求高。

(2) 技巧性高:优秀运动员不看球也能熟练运球;依靠精确的"时间感觉"与"空间感觉"跳起投篮;依靠敏锐的观察力进行整体配合。

(3) 运动量大:激烈的篮球比赛中,运动员在场上往返奔跑180~200次,距离在5400~6000米,强度大、密度高、时间长。运动员心率可达180~210次/分,心血管系统负担很大。比赛中跳投、上篮、盖帽、扣篮等技术动作,要求篮球运动员既要利用有氧供能又要利用无氧供能,因此该项目属于间歇性无氧供能为主的混合供能项目,运动强度较大,能量消耗较多。

20.1.2 篮球项目选材指标

1. 身体形态

身体形态包括身高、体重、臂长、肩宽等主要因素。队员的身高是首要条件,在比赛中占有相当重要的地位,现代篮球运动员高度的特殊作用愈显重要,美国职业篮球队也都在世界各国搜寻高个运动员加盟,篮球运动员身材越来越高已经成为一种必然的发展趋势。

2. 身体机能

身体的机能水平是体能结构的基础环节,机能的水平和状态促进和制约着体能的发挥。身体素质是体能的集中体现,也是反映体能水平的重要指标。身体机能测试主要包括以下方面的指标:呼吸机能、心血管系统的机能与血红蛋白的含量、血清睾酮、有氧代谢与无氧代谢机能。

3. 身体素质

身体素质是运动员体能的重要表现,身体素质训练也是体能训练的主要内容,因此体能训练必须了解运动项目对身体素质的要求。

篮球运动对速度素质的要求主要体现在:位移速度、反应—启动速度;单个技术动作速度;进攻速度;防守速度;防守转换速度;防守反击速度;运球速度;传球速度;投篮速度等。

篮球运动对力量素质的要求:篮球运动场地小、强度大、对抗强,而且为了保持战斗力换人频繁,这些特点要求篮球运动员首先要具备良好的无氧耐力,尤其是保持高强度、爆发式运动的能力,也就是长时间反复进行短距离的高强度运动能力,篮球运动专项耐力主要是体现在保持反复进行的这种间歇运动的能力。

篮球运动对灵敏素质的要求:需要运动员具备快速、协调、准备这些素质要素,这样才能与篮球运动所要求的反应迅速、应变能力等专项特点紧密结合起来,从而增进运动员技术、战术水平的发挥。

篮球运动对柔韧素质的要求:柔韧性与速度、力量和其他运动能力不同,它不能使技术产生动力,但可以帮助控制动作。柔韧素质在篮球运动中表现出来的意义主要是,运动员关节韧带、特别是腰、胯、肩、腿、踝关节韧带的韧性要强,对运动员加大实战技术动作强度、幅度,减少运动员机体受伤有着积极的意义。

4. 心理适应能力

体能具有储备性和潜在性特点,决定体能发挥的心理因素较多,主要包括以下四个方面:主观能动性;神经中枢的兴奋状态;意志品质等心理特征;对变化的外界环境的适应能力。由此可见,体能包括力量、速度、耐力、灵敏、柔韧的身体素质,同时必须有良好的思想作风、心理素质、适应能力作保障,但这些都是以良好的身体素质为前提的。

20.1.3 篮球运动素质敏感期

篮球专项化要求较高,训练年限较长,成才年龄较大。项目对运动速度、爆发力、速度耐力、力量、技巧性能力、灵敏、协调等多种能力综合体现。反应速度先天遗传主导,该项目身体素质发展敏感期为9~11岁时增长明显加快,到12岁时达到第一高峰,12~14岁时已接近成年人的指标。动作速度的快慢对移动速度影响很大,9~12岁时动作速度处在最有效的可塑期。绝对力量增长最快的时期女子为10~13岁,13~15岁增长的速度放慢,直到15~16岁又有所增长,16岁以后又开始快速增长;男子绝对力量增长最快的时期为11~13岁,速度力量增长最快的时期为7~13岁,13岁以后的力量仍以较快的速度增长,到了16~17岁增长的速度开始放慢。灵敏素质的快速增长期在13~14岁之前,这一年龄阶段的反应速度、动作速度、移动速度的发展均达到第一高峰。柔韧素质发展的敏感期在9~12岁之间,如果这一时期加大灵敏的训练力度,可为今后向更高层次的发展奠定扎实的基础。技巧性能力的发展敏感期男子在14~18岁,女子在12~16岁,三维空间意识的敏感期培养也是如此。在选材过程中,对青少年篮球项目运动员的选拔,要根据篮球运动项目的规律,根据青少年生长发育的规律,以及根据青少年各项素质发展不同敏感期的规律来进行。

20.1.4 篮球运动员选材测试项目与评分等级

根据篮球项目以上特点,将每个选材指标划分为5个等级,等级越高表示该评价指标越好。各项指标各年龄段等级的划分,一律用测试时拍摄的骨龄片,通过中华-05阅片软件来确定测试者生物学年龄,根据生物学年龄进行评定。

1. 身高

测量仪器:身高测量计。

测试方法:受试者以立正姿势站在测量计的底板上,足跟、骶骨部与两肩胛骨间与支柱相接触,耳屏上缘与外眼角呈水平,两脚分开呈60度,测量者站在受试者的侧面将支柱压板水平下移,轻放于头顶最高处,松紧度适宜,观察垂直木柱上贴有的钢尺的刻度并读取数值。

青少年男、女篮球运动员身高等级评价标准,见表20-1和表20-2。

表20-1 青少年男子篮球运动员身高等级评价标准

单位:厘米

骨龄(岁)	等级1	等级2	等级3	等级4	等级5
7	123.3	130.1	137.5	144.9	151.7
8	128.5	134.1	140.4	146.6	152.2
9	141.3	145.2	149.5	153.8	157.7
10	143.0	149.7	157.1	164.5	171.2
11	145.7	152.7	160.5	168.2	175.3
12	157.4	164.1	171.5	178.8	185.6
13	164.4	170.0	176.0	182.1	187.7
14	172.1	176.5	181.3	186.1	190.5
15	173.9	177.7	184.3	188.9	193.1
16	174.8	179.0	185.6	190.2	195.8
17	175.5	180.5	186.7	193.0	196.9
18	188.0	190.1	192.5	194.8	198.6

表20-2 青少年女子篮球运动员身高等级评价标准

单位:厘米

骨龄(岁)	等级1	等级2	等级3	等级4	等级5
8	135.4	137.8	140.4	143.0	145.4
9	140.3	143.6	147.2	150.8	154.1
10	144.2	149.0	154.3	159.5	164.3
11	150.9	155.3	160.1	164.9	169.2
12	156.2	160.3	164.1	168.2	171.9
13	160.5	162.5	167.2	171.4	174.9
14	160.3	162.8	167.6	171.9	175.9
15	158.1	163.7	167.9	172.2	176.3
16	158.2	164.2	168.2	172.9	177.6

2. 指距

指距又称指间距或肩臂长，是两个手中指末端间（不含指甲）在水平位时的最大直线距离。它是肩宽加两侧上肢长度的指标。通过它可以了解肩宽加两侧上肢与身高的比例关系。

测量仪器：带滑板的钢尺或者刻度有 2 米以上尺码的标尺。

测量方法：测量尺固定在平台或墙壁上，受试者两脚分开，两臂左右侧平举，与胸骨柄一起紧贴在平台或墙壁上的测量尺上，一只手的中指固定在标尺的零位上不动，上肢尽量向另一侧伸展，两臂呈一直线。测试人员测量受试者两手中指指尖（不含指甲）距离。

青少年男、女篮球运动员指距等级评价标准见表 20-3 和表 20-4。

表 20-3 青少年男子篮球运动员指距等级评价标准

单位：厘米

骨龄（岁）	等级1	等级2	等级3	等级4	等级5
7	121.9	129.1	137.0	144.9	152.0
8	127.7	133.1	139.0	150.9	150.3
9	141.2	145.4	150.1	154.8	159.0
10	142.3	149.7	157.9	166.1	173.5
11	145.7	153.3	161.7	170.1	177.7
12	159.1	165.8	173.2	180.6	187.4
13	166.4	172.6	179.3	186.0	192.1
14	173.6	178.8	184.5	190.2	195.4
15	176.7	181.8	187.3	192.8	197.9
16	177.2	183.1	189.6	196.1	199.4
17	176.9	185.2	188.1	194.0	200.1
18	183.9	187.8	192.0	196.3	202.1

表 20-4 青少年女子篮球运动员指距等级评价标准

单位：厘米

骨龄（岁）	等级1	等级2	等级3	等级4	等级5
8	132.8	135.9	139.3	142.7	145.7
9	136.7	140.4	144.5	148.6	152.3
10	143.9	148.6	153.8	159.0	163.7
11	151.1	155.5	160.4	165.2	169.6
12	155.0	159.2	163.7	168.3	172.5
13	156.6	161.6	165.5	172.0	175.2
14	157.5	162.7	167.3	172.6	176.6
15	159.5	163.6	168.1	173.0	177.6
16	160.2	164.5	169.2	173.9	178.2

3. 单脚助跑摸高

助跑距离 5 米，计算运动员单足起跳后手指能触摸的最高高度，每人左右脚各跳两次，取最好成绩。

青少年男、女篮球运动员单脚助跑摸高等级评价标准,见表20-5和表20-6。

表20-5 青少年男子篮球运动员单脚助跑摸高等级评价标准

单位:厘米

骨龄(岁)	等级1	等级2	等级3	等级4	等级5
7	244.5	251.4	259.0	266.6	273.5
8	227.9	237.0	247.0	257.0	266.1
9	203.2	218.4	235.1	251.8	267.0
10	222.3	237.1	253.3	269.4	284.2
11	224.7	238.5	253.8	269.0	282.9
12	226.1	244.1	263.9	283.7	310.7
13	261.8	273.6	286.5	299.4	311.1
14	283.3	291.3	300.0	308.8	316.7
15	294.6	302.3	310.8	319.3	327.0
16	295.0	305.8	310.2	316.7	326.5
17	287.6	298.7	310.9	323.0	334.1

表20-6 青少年女子篮球运动员单脚助跑摸高等级评价标准

单位:厘米

骨龄(岁)	等级1	等级2	等级3	等级4	等级5
8	175.0	180.3	186.0	191.7	197.0
9	182.4	197.1	213.2	229.3	244.0
10	153.5	187.3	224.5	261.7	295.6
11	142.0	183.8	229.7	275.7	317.5
12	210.0	232.5	257.2	281.9	304.4
13	243.0	256.3	270.9	285.6	298.9
14	245.3	261.0	270.7	285.4	295.1
15	236.6	264.0	294.0	324.0	351.4
16	260.1	263.0	266.3	269.5	272.4

4. 双脚助跑摸高

助跑距离5米,计算运动员双脚起跳后手指能触摸的最高高度,每人跳两次,取最好成绩。

青少年男、女篮球运动员双脚助跑摸高等级评价标准,见表20-7和表20-8。

表20-7 青少年男子篮球运动员双脚助跑摸高等级评价标准

单位:厘米

骨龄(岁)	等级1	等级2	等级3	等级4	等级5
7	219.9	230.7	242.5	254.3	265.1
8	225.6	227.4	229.3	231.3	233.0
9	201.1	213.4	226.9	240.4	252.7
10	216.7	229.8	244.2	258.5	271.6
11	220.1	233.4	248.1	262.7	276.1
12	227.4	242.6	259.3	276.1	291.3

续表

骨龄(岁)	等级1	等级2	等级3	等级4	等级5
13	256.3	267.2	279.1	291.1	302.0
14	276.7	284.3	292.6	301.1	308.6
15	288.8	296.1	304.1	312.1	319.3
16	283.9	292.2	303.2	309.1	319.5
17	258.0	277.2	298.2	319.2	338.4

表20-8 青少年女子篮球运动员双脚助跑摸高等级评价标准

单位：厘米

骨龄(岁)	等级1	等级2	等级3	等级4	等级5
8	161.7	169.2	177.4	185.7	193.2
9	175.1	189.3	204.8	220.3	234.5
10	204.5	217.9	232.6	247.3	260.7
11	227.1	236.4	246.7	256.9	266.3
12	238.3	247.4	257.4	267.4	276.5
13	240.3	252.5	265.9	279.3	291.5
14	243.7	252.0	266.1	275.1	288.4
15	234.9	260.3	288.3	316.2	341.6
16	254.3	257.4	260.8	264.1	267.2

5. 简单反应

青少年男、女篮球运动员简单反应等级评价标准，见表20-9和表20-10。

表20-9 青少年男子篮球运动员简单反应等级评价标准

单位：毫秒

骨龄(岁)	等级1	等级2	等级3	等级4	等级5
7	309.35	286.73	261.89	237.05	214.43
8	302.19	280.54	256.75	232.97	211.31
9	261.99	246.66	229.82	212.98	197.65
10	274.16	254.39	232.68	210.97	191.20
11	249.25	234.57	218.45	202.33	187.65
12	254.17	238.47	221.24	204.00	188.30
13	255.61	239.01	220.75	202.55	185.95
14	248.19	234.55	219.57	204.60	190.96
15	228.83	215.40	200.65	185.91	172.48
16	256.92	238.65	218.59	198.53	180.26
17	243.56	227.82	210.52	193.23	177.49
18	241.34	229.27	216.00	202.73	190.66

表 20-10 青少年女子篮球运动员简单反应等级评价标准

单位:毫秒

骨龄(岁)	等级1	等级2	等级3	等级4	等级5
8	250.37	236.11	220.44	204.77	190.50
9	257.48	241.94	224.86	207.79	192.24
10	257.31	240.05	221.08	202.11	184.45
11	257.98	240.69	221.69	202.70	185.41
12	245.09	228.23	209.70	191.18	174.31
13	245.32	229.39	211.90	194.40	178.47
14	254.21	234.25	212.33	190.40	170.44
15	269.20	250.52	230.00	209.48	190.80
16	214.81	209.30	203.25	197.20	191.69

20.1.5 教练员访谈

本文访谈了项目教练,主要是对本项目选材指标和评价标准进行审定,以反映研究成果的科学性。选材时一是要依据场上位置的不同考虑运用不同的选材指标;二是测验相关身体素质,同时要了解家系、特别是父母亲的情况,便于心中有数;三是了解和掌握青少年运动员的接受能力;四是利用训练、游戏了解青少年运动员的心理素质,特别是抗压、抗挫折、抗干扰的能力;五是合不合群,因为是集体项目,合群是非常重要的指标。

20.2 足球项目选材

足球项目的特点:①整体性。足球运动是一项集体性的技能主导类对抗性项目,其整体性主要表现在场上所有队员之间战术思想、行动的统一和配合。②多变性。足球比赛其结果具有很大的不可预测性,场上情况瞬息万变。"变"是足球运动永恒的主题,其主要体现在战术打法的多变性、比赛阵型的多变性。③对抗性。随着现代足球运动战术理念的发展,比赛中对于时间和空间上的争夺日趋激烈。高水平球队追求对球权的控制、前场丢球后的反抢、在前场对方组织进攻时展开高压防守,对抗的区域、形式和内容便有了新的变化。④快速性。"快"是足球运动的精髓和灵魂,快不仅仅体现在运动员跑动的速度,还体现在球队阵型和区域队形的整体移动变化中,以及球员技战术行为的速度上。上面是现代足球的项目特征,青少年运动员应从小按照标准去努力。

20.2.1 足球项目选材指标

1. 形态类

足球运动员与篮球、排球不同,身高不是影响比赛胜负的重要因素。足球运动中,运动员缺乏高度可能会影响比赛位置的选择,但不会成为取得成功的障碍。最近几年,为适应现代空中争夺的打法,一些教练希望选择合适位置所要求的身体特点,又具有高超技术和意识的队员。

2. 机能类

足球运动项目的特点,要求运动员具有较大的摄氧量、心脏能承受大强度的运动负荷,要求心肺功能好、安静时脉搏频率慢,但激烈运动时脉搏上得快,恢复也快,以及注意血色素、血乳酸、心电图、超声心电图等指标。

3. 素质类

足球运动员要求视觉反应能力高,动作速度训练应与专项技术相结合,让运动员在速度训练中提高躯干等各部位的协调配合能力及在空间、时间方面的速度节奏,发展专线技术所需要的动作速度的能力。

20.2.2 足球运动员选材测试项目与评分等级

根据足球项目特点,将每个选材指标划分为5个等级,等级越高表示该评价指标越好。各项指标各年龄段等级的划分,一律用测试时拍摄的骨龄片,通过中华—05阅片软件来确定测试者生物学年龄,根据生物学年龄进行评定。

1. 身高

测量仪器:身高测量计。

测试方法:受试者以立正姿势站在测量计的底板上,足跟、骶骨部与两肩胛骨间与支柱相接触,耳屏上缘与外眼角呈水平,两脚分开呈60度,测量者站在受试者的侧面将支柱压板水平下移,轻放于头顶最高处,松紧度适宜,观察垂直木柱上贴有的钢尺的刻度并读取数值。

青少年男、女足球运动员身高等级评价标准,见表20-11和表20-12。

表20-11 青少年男子足球运动员身高等级评价标准

单位:厘米

骨龄(岁)	等级1	等级2	等级3	等级4	等级5
13	157	161	164	168	172
14	162	166	170	172	174
15	167	171	175	178	180
16	168	174	178	181	184
17	170	176	180	183	185

表20-12 青少年女子足球运动员身高等级评价标准

单位:厘米

骨龄(岁)	等级1	等级2	等级3	等级4	等级5
13	157	161	164	166	168
14	159	163	167	169	171
15	161	165	169	172	174
16	162	166	170	173	175
17	164	167	171	174	176

2. 肺活量(毫升)/体重(千克)

体重测量仪器：各种型号的电子或机械立式体重秤。

测量方法：受试者站在体重秤平台中部保持稳定，面对指针，待指针稳定后读数。

肺活量测试方法：(1)将肺活量计放置于平衡的台面上调平，检查肺活量有水量是否合适、浮筒上下是否顺畅、筒和气管及连接处是否漏气漏水、计量盘上的指针是否在零位等，如若加水需要加入事先准备好的与室温相近的水，水位达到标定位置。(2)受试者站立位，做几次扩胸运动或伸展运动，而后手持气嘴，试吹2次，而后尽最大可能地深吸气，直到不能再吸后将口紧贴吹气嘴，向浮筒中尽力呼气，直到呼尽为止。此时，立即关闭进气管开关、待浮桶平稳后读数，以毫升为单位，精确到十位数，肺活量计上所显的数值，即为受试者的肺活量。呼气时如若感到鼻子漏气，可捏住鼻子。受试者每人测3次，每次间隔约15~20秒或更长时间，以免出现头晕或呼吸肌痉挛，取最大值。

青少年男、女足球运动员肺活量/体重等级评价标准，见表20-13和表20-14。

表20-13 青少年男子足球运动员肺活量/体重等级评价标准

单位：毫升/千克

骨龄(岁)	等级1	等级2	等级3	等级4	等级5
13	59	61	63	64	65
14	60	62	64	65	66
15	61	63	65	66	67
16	62	64	66	67	68
17	63	65	67	68	69

表20-14 青少年女子足球运动员肺活量/体重等级评价标准

单位：毫升/千克

骨龄(岁)	等级1	等级2	等级3	等级4	等级5
13	53	55	57	58	59
14	53	55	57	58	59
15	53	55	57	58	59
16	54	56	58	59	60
17	54	56	58	59	60

3. 心功指数

测试意义：测试心脏功能的最简易方法，只需要秒表即可，也不需要特殊场所。以相对定量的负荷，测心率变化和恢复情况。一般情况下，心功能越弱，运动心率越快，恢复时间也就越长，反映定量负荷下的心率及其恢复与心脏功能的内在关系。

测试方法：①需要受试者静坐5分钟，测15秒的心率，将所得数乘以4，得出1分钟心率，标以P_1；②在30秒内完成30次蹲起动作，最后一次站起来时，测即刻15秒心率，将测得数乘以4，标以P_2；③休息1分钟后，再测15秒心率，将测得数乘以4，即恢复期第1分钟的心率，标以P_3。

心脏功能指数(K)：

$K = (P_1 + P_2 + P_3 - 200)/10$

青少年男、女篮球运动员心功能指数等级评价标准,见表20-15和表20-16。

表20-15 青少年男子足球运动员心功指数等级评价标准

骨龄(岁)	等级1	等级2	等级3	等级4	等级5
13	10	8	6	5	4
14	9	7	5	4	3
15	9	7	5	4	3
16	8	6	4	3	2
17	7	5	3	2	1

表20-16 青少年女子足球运动员心功指数等级评价标准

骨龄(岁)	等级1	等级2	等级3	等级4	等级5
13	11	9	7	6	5
14	11	9	7	6	5
15	10	8	6	5	4
16	10	8	6	5	4
17	10	8	6	5	4

4. 30米跑

测试意义:反映运动员的反应速度、动作速度和位移速度的快速能力指标。观察急速状态下调动步长步幅、使用肌肉力量的连贯性、协调性,发挥一定程度的灵敏性和爆发力的能力。

测试方法:按田径规则进行,用站立式起跑(允许一手扶地),不允许穿钉鞋,只测一次成绩。

青少年足球运动员30米跑等级评价标准,见表20-17。

表20-17 青少年足球运动员30米跑等级评价标准

单位:秒

骨龄(岁)	等级1	等级2	等级3	等级4	等级5
13	5.6	5.3	5	4.7	4.4
14	5.6	5.3	5	4.7	4.4
15	4.7	4.6	4.5	4.4	4.3
16	4.7	4.6	4.5	4.4	4.3
17	4.9	4.7	4.5	4.2	3.9

20.2.3 教练员访谈

大多数教练员认为,足球选材育才需要一套测量评价模式,主要包括品德、文化程度、素质、作风、技术意识。第一要考虑运动员的品德,足球是一个集体项目,需要强烈的团队合作精神,因此对球员的品德有较高的要求。第二是文化程度,包括运动员的智力水平。第三是素质,包括速度、耐力和爆发力。第四是作风,包括训练作风,比赛作风和日常作风。第五是技术意识,包括特长、球感和技术运用。这些主要是凭教练员的经验来判断,一个丰富的教练员可以通过一场比赛来挑选出具有潜力的运动员。

20.3 排球项目选材

排球运动的特点是争夺制空权,击球时间短促,每方每次不得超过3次,技巧性强。选材应注意选择身材高、弹跳好、反应快、动作灵活、力量大的少年儿童。排球运动员对时间和空间判断能力上的要求高,不仅需要动作速度快,更需要反应速度快而准确,而且还需要连续多次快速起跳的爆发力。排球运动属间歇运动形式,即短时间爆发式的身体运动被短暂的间歇分隔开。短时间爆发式的扣球、拦网主要是无氧非乳酸系统供能,而短促的动作重复,或连续的多回合争夺,则是无氧乳酸系统供能居主导。总体看,排球运动主要是以无氧供能为主,同时还需要具有一定的有氧代谢水平,选材时要注意选取最大吸氧量高和血色素含量高的选手。

20.3.1 排球项目选材指标

1. 形态类

排球运动员以选择身材高大(预测身高男子1.95米以上,女子1.80米以上)、体型匀称、手臂长、指距减身高差值大、腿长(特别是小腿长)、手大、五指长且能分得开、手掌宽厚、跟腱清晰、足弓深、肩宽、腰短、臀部不下垂、关节灵活柔韧性好、肌肉线条清楚、皮下脂肪少、克托莱指数大(体重/身高×1000)、踝细、髋展幅度大者。

总的形态特征是身要高、头要尖、颈要长、臂要长、手要大、肩要宽、体重大、胸要直、臀不垂、关节灵、脚弓深、髋展大、踝要细。

2. 机能类

排球选材的生理机能方面主要是指人体各器官系统的功能状况,如要求心肺功能好、安静时脉搏频率慢,但激烈运动时脉搏上得快,恢复也快,以及注意血色素、最大吸氧量、血乳酸、心电图、超声心电图等指标。除此之外,对本体感觉、视觉、味觉的要求也相当高。

3. 素质类

身体素质是掌握排球各项技术的基础。良好的身体素质是提高技术、战术水平的保证。排球运动员最重要的素质是弹跳力、挥臂速度、反应速度、速度和灵敏反应等。不同年龄段的身体素质基础指标是不可忽视的因素。

4. 心理类

心理选材内容主要包括运动员心理过程和个性心理特征两个方面。心理素质是影响运动技战术水平发挥的重要因素,尤其在高水平的比赛中其作用更大。根据排球运动的特点,运动员的反应能力、思维能力、神经类型、气质类型和意志品质等都是心理选材的重要指标。

5. 智力类

排球是一项充满变化的运动,运动员在比赛中要应付各种复杂情况,就必须具有较高的运动智力水平。在选材时应进行一般智力水平的测试,尽可能选智力水平高、善于思考、理解能力强、想象力丰富,特别是在各种情况下随机应变能力强,在比赛场上运动智力、决策能力高超且具有创造性的运动员。

20.3.2 排球运动员选材测试项目与评分等级

根据排球项目以上特点,将每个选材指标划分为 5 个等级,等级越高表示该评价指标越好。各项指标各年龄段等级的划分,一律用测试时拍摄的骨龄片,通过中华—05 阅片软件来确定测试者生物学年龄,根据生物学年龄进行评定。

1. 身高

测量仪器:身高测量计。

测试方法:受试者以立正姿势站在测量计的底板上,足跟、骶骨部与两肩胛骨间与支柱相接触,耳屏上缘与外眼角呈水平,两脚分开呈 60 度,测量者站在受试者的侧面将支柱压板水平下移,轻放于头顶最高处,松紧度适宜,观察垂直木柱上贴有的钢尺的刻度并读取数值。

青少年男、女排球运动员身高等级评价标准,见表 20-18 和表 20-19。

表 20-18 青少年男子排球运动员身高等级评价标准

单位:厘米

骨龄(岁)	等级1	等级2	等级3	等级4	等级5
13	167	171	176	178	181
14	173	178	182	184	187
15	176	182	188	191	193
16	178	185	190	193	196
17	180	187	192	195	198

表 20-19 青少年女子排球运动员身高等级评价标准

单位:厘米

骨龄(岁)	等级1	等级2	等级3	等级4	等级5
13	164	169	173	175	178
14	167	172	176	179	181
15	167	173	179	182	184
16	168	174	180	183	186
17	169	175	181	184	187

2. 臂展

臂展是两个手中指末端间(不含指甲)在水平位时的最大直线距离。它是肩宽加两侧上肢长度的指标。通过它可以了解肩宽加两侧上肢与身高的比例关系。

测量仪器:带滑板的钢尺或者刻度有 2 米以上尺码的标尺。

测量方法:测量尺固定在平台或墙壁上,受试者两脚分开,两臂左右侧平举,与胸骨柄一起紧贴在平台或墙壁上的测量尺上,一只手的中指固定在标尺的零位上不动,上肢尽量向另一侧伸展,两臂呈一直线。测试人员测量受试者两手中指指尖(不含指甲)距离。

青少年男、女排球运动员臂展等级评价标准,见表20-20和表20-21。

表20-20 青少年男子排球运动员臂展等级评价标准

单位:厘米

骨龄(岁)	等级1	等级2	等级3	等级4	等级5
13	169	175	180	184	187
14	175	181	187	191	194
15	179	187	193	196	200
16	181	189	196	201	204
17	183	190	198	203	207

表20-21 青少年女子排球运动员臂展等级评价标准

单位:厘米

骨龄(岁)	等级1	等级2	等级3	等级4	等级5
13	165	171	176	180	183
14	168	175	180	184	187
15	169	177	183	187	190
16	170	178	185	189	193
17	171	179	186	190	194

3 心功指数

测试意义:测试心脏功能的最简易方法,只需要秒表即可,也不需要特殊场所。以相对定量的负荷,测心率变化和恢复情况。一般情况下,心功能越弱,运动心率越快,恢复时间也就越长,反映定量负荷下的心率及其恢复与心脏功能的内在关系。

测试方法:①需要受试者静坐5分钟,测15秒的心率,将所得数乘以4,得出1分钟心率,标以P_1;②在30秒内完成30次蹲起动作,最后一次站起来时,测即刻15秒心率,将测得数乘以4,标以P_2;③休息1分钟后,再测15秒心率,将测得数乘以4,即恢复期第1分钟的心率,标以P_3。

心脏功能指数(K):

$$K = (P_1+P_2+P_3-200)/10$$

青少年男、女排球运动员心功指数等级评价标准,见表20-22和表20-23。

表20-22 青少年男子排球运动员心功指数等级评价标准

骨龄(岁)	等级1	等级2	等级3	等级4	等级5
13	12	10.5	8.5	6.5	5
14	11	9	7.5	6.5	4
15	11	8.5	7.5	6.5	4
16	10	7	6.5	4.5	3
17	9	7	5.5	4	2

表 20-23　青少年女子排球运动员心功指数等级评价标准

骨龄(岁)	等级 1	等级 2	等级 3	等级 4	等级 5
13	13	11.5	9.5	8	6
14	13	11	9.5	7	6
15	12	10.5	8.5	6.5	5
16	12	10	8.5	6.5	5
17	12	10	8.5	6.5	5

4. 助跑摸高

测试意义:反映运动员双脚起跳的弹跳能力。

测试方法:测双脚起跳摸高,助跑距离和方向不限,测两次,以最高一次计算成绩,两次犯规可再测一次。

青少年男、女排球运动员助跑摸高等级评价标准,见表 20-24 和表 20-25。

表 20-24　青少年男子排球运动员助跑摸高等级评价标准

单位:米

骨龄(岁)	等级 1	等级 2	等级 3	等级 4	等级 5
13	2.72	2.81	2.90	2.96	3.00
14	2.82	2.92	3.00	3.05	3.10
15	2.92	3.01	3.10	3.15	3.20
16	2.95	3.12	3.18	3.24	3.30
17	2.98	3.17	3.25	3.33	3.40

表 20-25　青少年女子排球运动员助跑摸高等级评价标准

单位:米

骨龄(岁)	等级 1	等级 2	等级 3	等级 4	等级 5
13	2.60	2.68	2.74	2.78	2.81
14	2.67	2.74	2.81	2.85	2.88
15	2.74	2.81	2.88	2.92	2.95
16	2.75	2.84	2.93	2.98	3.03
17	2.80	2.90	2.98	3.03	3.08

5. 30 米跑

测试意义:反映运动员的反应速度、动作速度和位移速度的快速能力指标。观察急速状态下调动步长步幅、使用肌肉力量的连贯性、协调性,发挥一定程度的灵敏性和爆发力的能力。

测试方法:按田径规则进行,用站立式起跑(允许一手扶地),不允许穿钉鞋,只测一次成绩。

青少年男、女排球运动员 30 米跑等级评价标准,见表 20-26 和表 20-27。

表 20-26　青少年男子排球运动员 30 米跑等级评价标准

单位：秒

骨龄(岁)	等级 1	等级 2	等级 3	等级 4	等级 5
14	6.30	6.05	5.78	5.50	5.25
15	5.80	5.54	5.25	4.97	4.71
16	5.20	5.01	4.81	4.60	4.41
17	4.87	4.74	4.61	4.47	4.34

表 20-27　青少年女子排球运动员 30m 跑等级评价标准

单位：秒

骨龄(岁)	等级 1	等级 2	等级 3	等级 4	等级 5
14	6.32	6.05	5.76	5.46	5.20
15	5.81	5.65	5.47	5.29	5.13
16	5.83	5.62	5.39	5.15	4.94
17	5.65	5.46	5.24	5.03	4.84

6. 教练员访谈

大多数教练员认为排球选材分别是从选材年龄、身体形态、生理机能、身体素质、心理素质、智力水平、发育类型、运动技术等几个方面进行分析,从而进行排球运动员的选材。现代排球运动的特点与发展趋势,对运动员的身高有了更高的要求,就目前情况看,男子身高应在 1.90 米以上,女子身高应在 1.80 米以上。

身体素质是掌握提高运动能力、技战术运用的基础,对初级和中级阶段的运动训练非常重要,对初级和中级选材亦具有重要意义。如果将青少年排球项目的身体素质重要排序,在优先选材身高高度的前提条件下,第一是弹跳力;第二是反应速度;第三是挥臂速度;第四是位移速度。

参考文献

1. 王金灿.运动选材原理与方法[M].北京:人民体育出版社,2005.
2. 国家体育总局竞技体育司.全国青少年奥运项目教学训练大纲[M].北京:人民体育出版社,2008.
3. 朱珂.运动员科学选材[M].河南:郑州大学出版社,2013.
4. 秦元伟,李志强.遗传选材的研究进展[J].体育科技文献通报,2008(01):111-112.
5. 杨贤罡,李燕春,胡扬.ACTN3基因R577X多态性与运动能力的关联性研究:Meta分析[J].体育科学,2011(03):44-52.
6. 杨晓琳,胡扬,李燕春,等.ACTN3基因C1747T多态位点作为举重运动员选材用分子标记的可行性研究[J].体育科学,2010(01):70-73.
7. 吴青松.基于深度学习的手腕部骨龄识别方法研究[D].四川大学,2021.
8. 葛珺,沈勋章,蔡广.运动员睾酮值在选材中的研究进展[J].中国体育教练员,2011(04):32-33.
9. 金慎.血红蛋白和睾酮等指标对男子举重运动员选材的影响探究[J].当代体育科技,2020(17):253-254.
10. 李芳辉.不同水平运动量对睾酮水平的影响[J].三峡大学学报(人文社会科学版),2017(S2):238-239.
11. 兰应泗.血乳酸指标在短跑项目训练中的应用[J].福建体育科技,2017(05):37-39.
12. 王家宏,金健秋,刘志民等.运动选材学　运动训练学　运动竞赛学[M].广西:广西师范大学出版社,2009.
13. 张志雨.青少年田径运动员科学选材与训练研究[J].田径,2023(04):45-47.
14. 齐春娟.黑龙江省中跑运动员选材现状分析与策略研究[D].苏州大学,2008.
15. 陈雪琼,吕璇.田径运动员选材现状及成材趋势的分析[J].安徽体育科技,2009(03):57-60;66.
16. 肖丽娟.青少年田径运动员的选材与训练研究[J].青少年体育,2020(02):60-61.
17. 李志强,赵广才等.青少年运动员科学选材手册[M].广东:华南理工大学出版社,2008.

18. 王向党.我国赛艇运动员中级选材标准调查研究.[J].湖北体育科技.2012(03):371-372.

19. 姜志远,张莉清.经验与启示:以奥运会为导向的英国运动员跨项选材[J].沈阳体育学院学报.2019(02):72-77.

20. 耿俊,张麟寰,熊辰晨.新时代青少年"跨项选材"的发展探讨[J].当代体育科技,2021(04):215-218.

21. 卜庆普.山东省射击后备人才培养策略研究[J].青少年体育,2022(08):76-77.

22. 刘颖,刘建军.青少年射击运动员科学选材常用指标探讨[J].辽宁体育科技,2020(06):125-128.

23. 于君妍.体教融合背景下上海市奉贤区青少年射击项目后备人才培养现状研究[D].上海:上海师范大学,2020.

24. 丁立鹏.射击项目运动员选材工作辩证学认识[J].当代体育科技,2019(19):255-256.

25. 陈皓月.青少年射击运动员选材指标与标准的相关分析[J].当代体育科技,2018(14):248-249.

26. 訾建坤.我国步枪射击运动员中级选材指标体系的构建研究[D].河北师范大学,2017.

27. 关爱君.青少年射击运动员的选材与初期训练研究[J].当代体育科技,2017(04):37-38.

28. 赵波,董德龙.我国优秀射击运动员自信心来源特征及结构分析[J].天津体育学院学报,2010(02):75-77.

29. 吴正国,景晨.游泳运动员水感及相关表型研究[J].中国体育教练员,2018(04):20-23.

30. 姜莎莎.游泳运动项目的供能特点与供能能量训练的相关探究[J].科技信息,2013(35):121-123.

31. 王乐,张廷晓.游泳运动员选材方法研究[J].体育科技,2016(06):11-12.

32. 孟凡伟.游泳运动员选材理论与方法的研究综述[J].吉林省教育学院学报(上旬),2012(07):97-98.

33. 国家体育总局青少年体育司,国家体育总局游泳运动管理中心.中国青少年游泳训练教学大纲[M].北京:北京体育大学出版社,2015.

34. 李寅翰,谭思洁.少年游泳运动员身体形态机能特征的研究[J].天津科技,2016(11):79-82.

35. 李燕春,王刘强,衣龙燕,等.ACTN3基因R577X多态位点与中、长距离游泳运动员运动能力的关联分析[J].中国体育科技,2016(01):136-140.

36. CHIU L L,WU Y F,et al. ACTN3 genotype and swimming performance in Taiwan[J]. Int J Sports Med,2011(06):476-480.

37. 丁秀娟,吴超,严昱民.儿童青少年游泳运动员天赋运动能力评价[J].中国体育教练员,2021(04):30-35.

38. 唐晓丹,薛统.AHP方法在跆拳道运动员选材中的应用[J].当代体育科技,2013(02):33-34.

39. 张越.北京队12岁-15岁跆拳道运动员选材研究[D].首都体育学院,2014.

40. 苏兴田,刘大军.跆拳道运动的供能特征及其训练方法研究[J].甘肃联合大学学报(自然科学版),2010(04):90-92.

41. 张长永.举重运动员选材的三个阶段[J].少年体育训练,2010(2):46-46.

42. 余建章.青少年竞技跆拳道运动员初级科学选材[J].体育博览,2011(13):110.

43. 王金灿.运动选材学[M].北京:人民体育出版社,2009.